高等职业教育农学园艺类"十二五"规划教材
省级示范性高等职业院校"优质课程"建设成果

园艺植物病虫害绿色防控技术

主 编 彭素琼 徐大胜 阳 淑

西南交通大学出版社
·成 都·

内容提要

本书是根据教育部《关于全面提高高等职业教育教学质量的若干意见》精神，结合学校教学改革实际而开发建设的教材。全书分园艺植物苗期及根部病虫害绿色防控技术、蔬菜病虫害绿色防控技术、果树病虫害绿色防控技术、观赏植物病虫害绿色防控技术 4 个学习模块，13 个学习单元。每个学习模块都有知识目标、能力目标、自测训练等内容，有利于学生自主学习。本书可作为高等职业院校园艺技术、都市园艺、设施园艺等专业的专业主干课教材，也可作为成人教育相关专业教材，还可供园艺生产企业的技术主管、部门经理、技术人员、农资销售人员及自主创业者参考。

图书在版编目（CIP）数据

园艺植物病虫害绿色防控技术 / 彭素琼，徐大胜，阳淑主编. —成都：西南交通大学出版社，2014.8
高等职业教育农学园艺类"十二五"规划教材
ISBN 978-7-5643-3314-0

Ⅰ. ①园… Ⅱ. ①彭… ②徐… ③阳… Ⅲ. ①园林植物－病虫害防治－无污染技术－高等职业教育－教材
Ⅳ. ①S436.8

中国版本图书馆 CIP 数据核字（2014）第 192830 号

高等职业教育农学园艺类"十二五"规划教材
园艺植物病虫害绿色防控技术
主编　彭素琼　徐大胜　阳　淑

*

责任编辑　孟秀芝
封面设计　墨创文化
西南交通大学出版社出版发行
四川省成都市金牛区交大路 146 号　邮政编码：610031　发行部电话：028-87600564
http://www.xnjdcbs.com
成都蓉军广告印务有限责任公司印刷

*

成品尺寸：170 mm×230 mm　　印张：13.5
字数：240 千字
2014 年 8 月第 1 版　2014 年 8 月第 1 次印刷
ISBN 978-7-5643-3314-0
定价：28.00 元

图书如有印装质量问题　本社负责退换
版权所有　盗版必究　举报电话：028-87600562

省级示范性高等职业院校"优质课程"建设委员会

主　任　刘智慧
副主任　龙　旭　徐大胜
委　员　邓继辉　阳　淑　冯光荣　王志林　张忠明
　　　　　邹承俊　罗泽林　叶少平　刘　增　易志清
　　　　　敬光红　雷文全　史　伟　徐　君　万　群
　　　　　王占锋　晏志谦　王　竹　张　霞

序

随着我国改革开放的不断深入和经济建设的高速发展，我国高等职业教育也取得了长足的发展，特别是近十年来在党和国家的高度重视下，高等职业教育改革成效显著，发展前景广阔。早在2006年，教育部连续出台了《教育部、财政部关于实施国家示范性高等职业院校建设计划，加快高等职业教育改革与发展的意见》(教高〔2006〕14号)、《关于全面提高高等职业教育教学质量的若干意见》(教高〔2006〕16号)文件以及近年来陆续出台了《关于充分发挥职业教育行业指导作用的意见》(教职成〔2011〕6号)、《关于推进高等职业教育改革创新引领职业教育科学发展的若干意见》(教职成〔2011〕12号)、《关于全面提高高等教育质量的若干意见》(教高〔2012〕4号)等文件，标志着我国高等职业教育在质量得以全面提高的基础上，已经进入体制创新和努力助推各产业发展的新阶段。

近日，教育部、国家发展和改革委员会、财政部《关于印发〈中西部高等教育振兴计划(2012—2020年)〉的通知》(教高〔2013〕2号)明确要求，专业设置、课程开发须以社会和经济需求为导向，从劳动力市场分析和职业岗位分析入手，科学合理地进行。按照现代职业教育体系建设目标，根据技术技能人才成长规律和系统培养要求，坚持德育为先、能力为重、全面发展，以就业为导向，加强学生职业技能、就业创业和继续学习能力的培养。大力推进工学结合、校企合作、顶岗实习，围绕区域支柱产业、特色产业，引入行业、企业新技术、新工艺，校企合办专业，共建实训基地，共同开发专业课程和教学资源。推动高职教育与产业、学校与企业、专业与职业、课程内容与职业标准、教学过程与生产服务有机融合。因此，树立校企合作共同育人、共同办学的理念，确立以能力为本位的教学指导思想显得尤为重要，要切实提高教学质量，以课程为核心的改革与建设是根本。

成都农业科技职业学院经过11年的改革发展和3年的省级示范性建设，在课程改革和教材建设上取得了可喜成绩，在省级示范院校建设过程中已经完成近 40 门优质课程的物化成果——教材，现已结稿付梓。

本系列教材基于强化学生职业能力培养这一主线，力求突出与中等职业教育的层次区别，借鉴国内外先进经验，引入能力本位观念，利用基于工作过程的课程开发手段，强化行动导向教学方法。在课程开发与教材编写过程中，大量企业精英全程参与，共同以工作过程为导向，以典型工作任务和生产项目为载体，立足行业岗位要求，参照相关的职业资格标准和行业企业技术标准，遵循高职学生成长规律、高职教育规律和行业生产规律进行开发建设。按照项目导向、任务驱动教学模式的要求，构建学习任务单元，在内容选取上注重学生可持续发展能力和创新创业能力的培养，具有典型的工学结合特征。

本系列教材的正式出版，是成都农业科技职业学院不断深化教学改革的结果，更是省级示范院校建设的一项重要成果，其中凝聚了各位编审人员的大量心血与智慧，也凝聚了众多行业、企业专家的智慧。该系列教材在编写过程中得到了有关兄弟院校的大力支持，在此一并表示诚挚感谢！希望该系列教材的出版能有助于促进高职高专相关专业人才培养质量的提高，能为农业高职院校的教材建设起到积极的引领和示范作用。

诚然，由于该系列教材涉及专业面广，加之编者对现代职业教育理念的认知不一，书中难免存在不妥之处，恳请专家、同行不吝赐教，以便我们不断改进和提高。

龙 旭
2013 年 5 月

前　言

近年来，随着我国国民经济的高速发展和城乡统筹的快速推进，人民的生活水平和生活质量不断提高，人们对无公害农艺产品、绿色食品和有机食品的需求日益增长，农艺产品质量安全受到广泛关注，保障农艺产品安全的呼声日益高涨。当今社会对于如何安全、高效地控制植物病虫害的问题显得尤为突出，这对农业高职院校植物病虫害控制类课程的教学也提出了更高的要求。为此，根据教育部《关于全面提高高等职业教育教学质量的若干意见》精神，结合本校的教学改革实际，开发建设了与《园艺植物保护基础》配套的《园艺植物病虫害绿色防控技术》教材。

本教材以职业能力培养为核心，以园艺植物病虫害识别、制订防控方案、组织实施的工作过程为主线，体现"教、学、做"相结合，理论与实践为一体。同时将植物保护的新理念和国家职业标准有机融入到教材中，增强了教材的科学性、先进性、实用性和职业性。采用简洁、直观的表格和插图形式表述病害症状特点、害虫识别特征及友好型农药的应用技术，使之简明扼要、条理清晰、一目了然、便于比较和理解。

全书分为园艺植物苗期及根部病虫害绿色防控技术、蔬菜病虫害绿色防控技术、果树病虫害绿色防控技术、观赏植物病虫害绿色防控技术4个学习模块，13个学习单元。每个学习模块都有知识目标、能力目标、实训指导、自测训练等内容，有利于学生自主学习。

本教材可作为高等职业院校园艺技术、都市园艺、设施园艺、现代农业等专业的专业主干课教材，也可作为成人教育相关专业教材，还可供园艺生产企业的技术主管、部门经理、技术人员、农资销售人员及自主创业者参考。

本教材的编写人员均为成都农业科技职业学院教师。全书由彭素琼执笔，徐大胜制作全部插图、编辑及校对书稿，阳淑审阅书稿。

在教材出版之际，谨对为本教材编写提供各种支持和帮助的单位领导和同事表示最衷心的感谢！在教材编写过程中，参考、借鉴和引用了各位专家学者的有关文献资料，在此表达诚挚的谢意！

由于编者水平有限，时间仓促，书中错误、疏漏之处在所难免，敬请各位专家和同行批评指正，以便及时改进、补充和完善。

编　者
2014年6月

目录

模块一　园艺植物苗期及根部病虫害绿色防控技术 ·· 1
　　单元一　园艺植物苗期及根部病害绿色防控技术 ·· 1
　　单元二　园艺植物苗期及根部害虫绿色防控技术 ·· 5
　　小　　结 ·· 15
　　自测训练 ·· 16

模块二　蔬菜病虫害绿色防控技术 ·· 17
　　单元一　十字花科蔬菜病虫害绿色防控技术 ··· 17
　　单元二　茄科蔬菜病虫害绿色防控技术 ·· 38
　　单元三　葫芦科蔬菜病虫害绿色防控技术 ·· 60
　　单元四　豆科蔬菜病虫害绿色防控技术 ·· 73
　　小　　结 ·· 80
　　自测训练 ·· 80

模块三　果树病虫害绿色防控技术 ·· 82
　　单元一　柑橘病虫害绿色防控技术 ··· 82
　　单元二　苹果病虫害绿色防控技术 ··· 95
　　单元三　梨病虫害绿色防控技术 ·· 106
　　单元四　葡萄病虫害绿色防控技术 ··· 116
　　单元五　桃病虫害绿色防控技术 ·· 124
　　小　　结 ·· 129
　　自测训练 ·· 129

模块四　观赏植物病虫害绿色防控技术……………………………… 131
　　单元一　观赏植物病害绿色防控技术 ……………………………… 131
　　单元二　观赏植物害虫绿色防控技术 ……………………………… 150
　　小　　结 ……………………………………………………………… 202
　　自测训练 ……………………………………………………………… 202

参考文献 ………………………………………………………………… 203

园艺植物苗期及根部病虫害绿色防控技术

【知识目标】

1. 了解当地园艺植物苗期及根部病虫的种类及危害发生的特点。
2. 明确当地常见园艺植物苗期及根部病害的主要症状及害虫的形态特征。
3. 掌握当地常见园艺植物苗期及根部病虫的绿色防控技术与措施。

【能力目标】

1. 正确区别当地常见园艺植物苗期及根部病虫的种类。
2. 根据当地常见园艺植物苗期及根部病虫的发生特点制订绿色防控方案。
3. 组织实施绿色防控方案,有效控制当地常见园艺植物苗期及根部病虫。

单元一 园艺植物苗期及根部病害绿色防控技术

园艺植物苗期和根部病害,分布范围广泛。苗期病害可危害多种园艺植物的幼苗,常导致死苗、烂苗,甚至毁床。根部病害造成根部腐烂、畸形,影响水分和养分的运输,给园艺植物生产造成重大经济损失。

一、苗期病害

(一) 立枯病

1. 症状识别

发病初期,幼苗茎基部产生椭圆形,暗褐色病斑,病株停止生长,叶片失水,萎蔫下垂。以后病斑绕茎一周扩展,缢缩、干枯,根部变黑直立枯死。潮湿条件下,病部有褐色菌丝体和土粒状菌核(图1.1)。

2. 病原

立枯丝核菌 *Rhizoctonia solani* Kuhn,属半知菌亚门、丝核菌属真菌。

3. 发病特点

以菌核在土壤中和病残体上越冬。病菌在土壤中能够长期存活,在适宜的环境条件下,从伤口或表皮直接侵入危害。病菌可借雨水、农具等传播。苗床高湿,播种过密,光照不足,通风条件差,均有利于发病。

图 1.1 幼苗立枯病

4. 防控技术

(1)选择土质疏松、排水良好的地段种植。

(2)实行轮作,合理密植。

(3)盆栽植株,雨后要排出盆中积水。

(4)定植后每隔 10 d 喷施 1 次 50% 甲基硫菌灵可湿性粉剂 800 倍液,或 50% 福美双可湿性粉剂 500 倍液,或 70% 代森锰锌可湿性粉剂 600~800 倍液防控。

(二)猝倒病

1. 症状识别

发病初期幼苗茎基部呈水渍状斑,后逐渐变为淡褐色,并凹陷缢缩。病斑迅速绕茎基部一周,幼苗倒伏,幼叶依然保持绿色。最后病苗腐烂或干枯。当土壤湿度较高时,病苗及附近土表常有白色絮状物出现,即菌丝体(图1.2)。

2. 病原

由多种真菌引起,其中最主要的是瓜果腐霉菌 *Pythium aphanidermatum* (Eds.) Fitzp.,属鞭毛菌亚门、腐霉属。病菌腐生性较强,能在土壤中长期存活。

3. 发病特点

病菌以卵孢子在土壤或病残体上越冬。在适宜的环境条件下,卵孢子萌发,产生孢子囊或游动孢子,借气流、灌溉水和雨水传播,也可由带菌的播种土和种子传

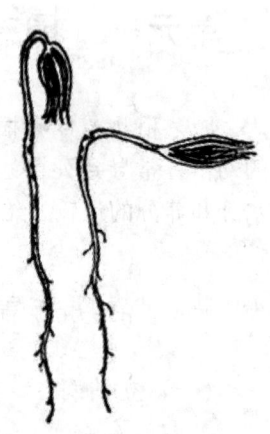

图 1.2 幼苗猝倒病

播，引起幼苗发病和蔓延。育苗土湿度大、播种过密，有利于猝倒病的发生。连作或重复使用病土，发病严重。

4. 防控技术

（1）选择排水较好、通风透光的地段育苗。

（2）苗期要控制浇水量，土壤不宜过湿，播种不宜过密。

（3）病害严重的地区，避免连作，或播种前对土壤进行消毒，使用50%多菌灵可湿性粉剂，或50%福美双可湿性粉剂600～1 000倍喷施，用塑料布覆盖7d左右，1周后方可播种。

（4）发病初期，使用25%甲霜灵可湿性粉剂800倍液，或40%乙磷铝可湿性粉剂200～400倍液，或75%百菌清可湿性粉剂600倍液喷雾。

二、根部病害

（一）根癌病

1. 症状识别

主要发生于植株主干基部，有时也发生于根颈或侧根上。发病初期病部产生乳白色或肉色肿瘤，逐渐变成褐色或深褐色，圆球形，表面粗糙，凹凸不平，有龟裂。根系发育不良，细根极少，地上部生长缓慢，树势衰弱，严重时叶片黄化、早落，甚至全株枯死（图1.3）。

2. 病原

根癌土壤杆菌 *Agrobacterium tume facins*（Smith et Towns）Conn.，属细菌域、薄壁菌门、土壤杆菌属细菌。

3. 发病特点

病菌在寄主癌瘤组织皮层内和土壤中越冬。病菌可随癌瘤组织在土壤中存活几个月到1年左右。病菌通过伤口侵入寄主，侵入后刺激细胞加速分裂，产生大量分生组织，从而形成癌瘤。苗木带菌是病害远距离传播的重要途径。呈碱性而潮湿的土壤，伤口多的寄主，发病严重。

4. 防控技术

（1）严格检疫，有肿瘤的苗木必须集中销毁。

（2）苗木栽种前用1%硫酸铜液浸5 min，用水洗净后栽植。

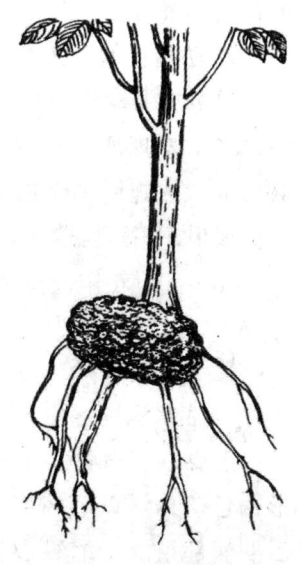

图1.3 樱花根癌病

(3) 挖除病根后，周围的土壤用硫磺粉 50~100 g/m² 消毒。

(4) 苗圃应设在无根癌病的地区，如病区可实行 2 年以上轮作。

(二) 根结线虫病

园艺植物根结线虫病种类很多，常危害植物根部及球茎等，导致地上部生长发育不良，叶片发黄，严重时可造成全株萎蔫枯死。

1. 症状识别

线虫危害根部，在幼根上产生许多小根结，长大后似绿豆大小，近圆形，上生有细根毛。地上部长势衰弱，新生叶片尖、缘皱缩，呈黄白色，后渐变枯黄，提早落叶，严重者全株死亡（图1.4）。

2. 病原

有北方根结线虫 *Meloidogyne hapla* Chitwood、南方根结线虫 *Meloidogyne incognita*（KofoidetWhite）Chitwood 等。属动物界，线虫门，根结线虫属。可危害多种蔬菜、果树及观赏植物。

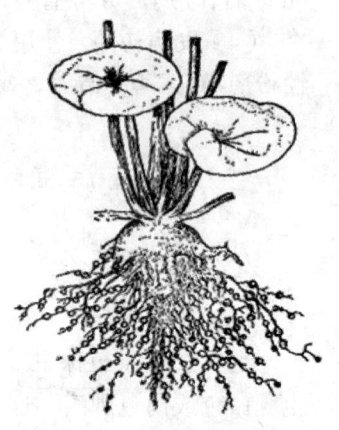

图1.4 仙客来根结线虫病

3. 发病特点

以卵和幼虫在根结和土壤中越冬。次年春天，土壤中幼虫开始侵染新的须根，并借土壤、灌溉水等不断传播、繁殖、危害。

4. 防控技术

(1) 加强检疫，勿栽植带线虫的苗木。

(2) 发现病根及时处理，在病株周围穴施或沟施 98% 棉隆微粒剂 30~40 g/m²，或施用 10% 福气多颗粒剂 2 kg/667m²，或用 1.8% 阿维菌素乳油 2 500 倍液灌根，用药后盖土。

(3) 实行轮作，及时清除紫花地丁等野生寄主，减少病源。

(三) 白纹羽病

1. 症状识别

主要危害植物根部和根颈部。发病初期，病部皮层组织松软，出现近圆形褐色病斑。以后病部呈水渍状腐烂，深达木质部，并有黄褐色汁液渗出。后期病部组织干缩纵裂，木质部枯朽，表面有白色柔嫩的根状菌索缠绕，后转变为灰褐色或棕褐色。树势衰弱，叶片自上而下变黄凋萎，枝条干枯，最后全株枯死（图1.5）。

2. 病原

褐座坚壳菌 *Rosellinia necatrix*（Hart.）Berl.，属子囊菌亚门、褐座坚壳属。可危害多种果树及观赏植物。

3. 发病特点

病菌以菌核和菌索在土壤或病残体上越冬。当菌丝体接触到寄主植物时，菌丝体即从根部表面皮孔侵入。根部死亡后，菌丝穿出皮层，在表面缠结成白色或灰褐色菌索。菌索可以蔓延到根际土壤中，或铺展在树干基部土表。一般从3月中、下旬开始发生，6~8月为发病盛期，10月以后停止发生。

图1.5 树木白纹羽病

4. 防控技术

（1）严格实行苗木检疫制度，对可疑苗木用1:1:100倍波尔多液浸根1 h，或用1%硫酸铜液浸根3 h，或用2%石灰水浸根0.5 h，浸后用清水洗净栽植。

（2）选用无菌土壤和肥料栽培。

（3）重病区应实行轮作。

（4）加强栽培管理，促使植株根系发达，生长旺盛，提高植株抗病力。

（5）轻病株应刮去病部腐烂变色的组织或切除腐朽的根并销毁，对伤面可用70%酒精消毒，然后再涂以5%硫酸铜。亦可在病穴内灌70%甲基硫菌灵可湿性粉剂1 000倍液或50%代森铵水剂400倍液防控。对重病株应及时挖除，集中销毁，并用20%石灰水进行土壤消毒处理。

单元二 园艺植物苗期及根部害虫绿色防控技术

园艺植物根部害虫又称地下害虫，是指生活于土壤中，主要以成、幼（若）虫危害植物的地下部分（如种子、地下茎、根等）和近地面部分的一类害虫，造成死株缺苗，是园艺植物害虫中的一个特殊生态类群。我国已知地下害虫320多种，主要包括地老虎类、蝼蛄类、蛴螬类、金针虫类、蟋蟀类、地蛆类。

一、地老虎类

地老虎属鳞翅目，夜蛾科，是重要的地下害虫。地老虎的种类很多，危害园艺植物严重的有小地老虎 *Agrotis ypsilon* Rottemberg、大地老虎 *A.segetum* Schiffermuller 和黄地老虎 *A.tokioni* Butler 等。其中小地老虎分布于全国各地，危害茄科、豆科、十字花科、葫芦科、百合科蔬菜、果树、花卉、苗木等 100 多种园艺植物。地老虎低龄幼虫昼夜活动，取食子叶、嫩叶和嫩茎，3 龄后昼伏夜出，可咬断近地面的嫩茎，造成缺苗断垄甚至毁种。

1. 形态识别（表 1.1、图 1.6、图 1.7、图 1.8）

表 1.1　三种地老虎形态特征

虫态＼种类	小地老虎	大地老虎	黄地老虎
成虫	体长 16~23 mm，暗褐色，较深。前翅黑褐色；内、外横线将翅分为三部分，中部有明显环形斑和肾状纹；在肾状纹外有一尖端向外的剑状纹，外缘内侧有 2 个尖端向内的剑状纹	体长 20~25 mm，暗褐色，较浅。前翅灰褐色，肾状纹和环形斑明显，但肾状纹外无黑色剑状纹；前缘靠基部三分之二处呈黑色	体长 14~19 mm，黄褐色或灰褐色。前翅黄褐色，横线不明显，肾状纹和环形斑较明显，均有黑褐色边，斑中央暗褐色；翅面上散布褐色小点
幼虫	体长 37~50 mm。体表布满大小不等的黑色颗粒。臀板黄褐色，有两条深褐色纵带	体长 41~60 mm。体表多皱纹，颗粒不明显。臀板全部深褐色	体长 33~43 mm。体表颗粒不明显。臀板为两块黄褐色斑

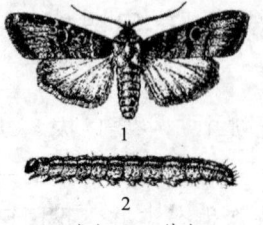

1—成虫；2—幼虫

图 1.6　小地老虎

图 1.7　大地老虎成虫

图 1.8　黄地老虎成虫

2. 发生特点（表1.2）

表1.2　三种地老虎发生特点

项目＼种类	小地老虎	大地老虎	黄地老虎
发生特点	1年发生世代数因地而异。从北至南2~7代，以第一代发生量大，危害重。以蛹或老熟幼虫在土中越冬。成虫日伏夜出，飞翔能力强。具有趋光性、趋化性。卵散产于杂草、落叶及土缝中。初孵幼虫昼夜取食幼嫩杂草，或观赏植物嫩叶成孔洞、缺刻。3龄后日伏夜出，咬断幼苗基部或扦插植物幼芽。老熟幼虫在土壤中化蛹。在多雨潮湿的年份，地势低洼及杂草丛生的地块发生量大，危害严重	1年发生1代。以幼虫在田埂杂草丛及绿肥田中表土层越冬，长江流域3月初出土危害，5月上旬进入危害盛期，气温高于20℃则滞育越夏，9月中旬开始化蛹，10月上中旬羽化为成虫	1年发生2~4代。以幼虫在麦田、菜田以及田埂、沟渠等处10 cm左右土层中越冬。春季均以第一代幼虫发生多，危害严重。成虫趋化性弱，但喜食洋葱花蜜。卵散产在干草棒、根须、土块及麻类、杂草的叶片背面

3. 防控技术

（1）设置灭虫灯，或糖酒醋毒液诱杀成虫。

（2）清除苗圃杂草，减少着卵量及恶化低龄幼虫食料条件。

（3）泡桐树叶诱集，或清晨于断苗周围人工捕杀幼虫。

（4）在低龄幼虫期，叶面喷施50%辛硫磷乳油1 000倍液，或2.5%溴氰菊酯乳油3 000倍液。防控3龄后的幼虫用青草拌90%晶体敌百虫毒饵诱杀，或用50%辛硫磷乳油1 000倍液灌根。

二、蝼蛄类

蝼蛄，俗称土狗、地狗、拉拉蛄等，属直翅目，蝼蛄科。常见的有东方蝼

蛄 *Gryllotalpa orientalis* Burmeister、华北蝼蛄 *G. unispina* Saussure 两种。东方蝼蛄几乎遍及全国，但以南方为多。华北蝼蛄主要分布于北方。蝼蛄食性很杂，危害菊花、一串红、翠菊等多种花卉和草坪草。以成虫、若虫在土中危害多种植物种子、幼根、幼苗、茎、块根、块茎，被害处呈乱麻状。此外，蝼蛄在表土层活动时，造成纵横隧道，拱倒幼苗，使幼苗根部与土壤分离，因失水而枯萎，造成缺苗断垄。

1. 形态识别（表1.3、图1.9、图1.10）

表1.3　两种蝼蛄形态特征

虫态＼种类	东方蝼蛄	华北蝼蛄
成虫	体长 30～35 mm，灰褐色。全体密被细毛。头呈圆锥形，中央有一个凹陷明显的暗红色斑。前翅灰褐色，较短，仅达腹部中央；后翅卷折如尾状，超过腹部末端，腹末有尾须1对。前足为开掘足，后足胫节背面内侧有3～4个距	体长 36～55 mm，黄褐色。前胸背板心形凹陷不明显。后足胫节背面内侧仅有1个距，或完全消失
若虫	成熟若虫体长 24～28 mm，体色接近成虫	体色、体形与成虫相似

 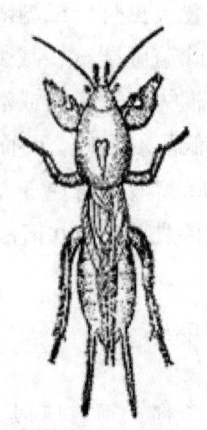

图1.9　东方蝼蛄成虫　　图1.10　华北蝼蛄成虫

2. 发生特点（表1.4）

表1.4 两种蝼蛄发生特点

项目 \ 种类	东方蝼蛄	华北蝼蛄
发生特点	南方1年完成1代，在北方2年完成1代，以成虫或6龄若虫越冬。越冬代成虫3月下旬开始活动，4、5月为活动危害盛期；5月中旬开始产卵，5月下旬至6月上旬为盛期；产卵前先在腐殖质较多或未腐熟的厩肥土下筑土室产卵其中，6月中旬为盛期，10月下旬以后开始越冬。东方蝼蛄昼伏夜出，具有趋光性、趋湿性和趋厩肥习性，喜在潮湿和较黏的土中产卵。此外，对香甜食物嗜食	3年完成1代，若虫达13龄，于11月上旬以成虫及若虫越冬。越冬成虫3~4月开始活动，6月上旬开始产卵，6月下旬至7月中旬为产卵盛期

3. 防控技术

（1）施用厩肥、堆肥等有机肥料要充分腐熟，减少蝼蛄产卵机会。

（2）灯光诱杀成虫。在闷热天气或雨前的夜晚在19:00—22:00时开灯诱杀。

（3）鲜草或鲜马粪诱杀。在苗床的步道上每隔20 m左右挖一小土坑，将鲜草、马粪放入坑内，次日清晨捕杀，或施药毒杀。

（4）毒饵诱杀。用炒香的麦麸、豆饼等加90%晶体敌百虫30倍液拌匀，于傍晚撒施，诱杀成虫及若虫。

（5）在蝼蛄产卵盛期，挖产卵洞（洞口下5~10 cm）捕杀卵及成虫。

（6）灌药毒杀。在受害植株根际或苗床浇灌50%辛硫磷乳油1000倍液毒杀成虫和若虫。

三、金龟甲类（蛴螬类）

金龟甲类害虫的幼虫统称蛴螬，属鞘翅目，鳃金龟科。危害园艺植物严重的有铜绿丽金龟 *Anomala corpulenta* Motschulsky、黑绒鳃金龟 *Serica orientalis* Motschulsky 等。金龟甲类害虫广泛分布于全国各地。成虫咬食樱花、梅花、桃花、海棠、月季、木槿、金橘、榆、刺槐、唐菖蒲、大丽花、杨、柳、柿、葡萄、桑等植物叶片，造成不规则缺刻，严重时，食尽叶片，仅剩叶柄。或将花瓣、雄蕊、雌蕊吃光。幼虫咬食植物根部，影响植物正常生长，甚至枯萎。

1. 形态识别（表 1.5、图 1.11、图 1.12）

表 1.5　两种金龟甲形态特征

虫态＼种类	铜绿丽金龟	黑绒鳃金龟
成虫	体长 15～18 mm，椭圆形，铜绿色，有金属光泽。额及前胸背板两侧边缘黄色。鞘翅铜绿色。虫体腹面及足均为黄褐色	体长 6～9 mm，椭圆形，褐色、棕色或黑褐色。密被灰褐色绒毛，略具光泽。头部有脊皱和点刻，前胸背板宽短，鞘翅上具纵刻点沟 9 条，密布绒毛，呈天鹅绒状。胸、腹部密被棕褐色长毛
幼虫	成熟幼虫体长 40 mm 左右，头黄褐色，胴部乳白色。臀节腹面有钩状毛，并有排列成 2 纵列的刺状毛，14～15 对	成熟幼虫体长 14～16 mm，头部黄褐色，体黄白色

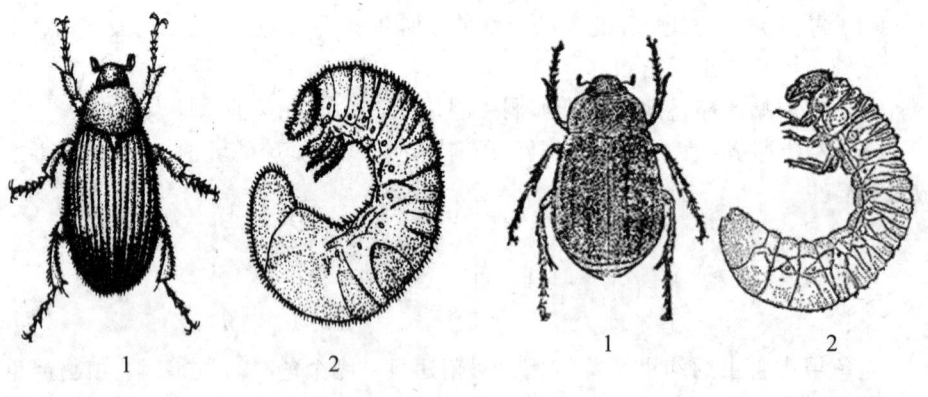

1—成虫；2—幼虫　　　　　　　　1—成虫；2—幼虫
图 1.11　铜绿丽金龟　　　　　　图 1.12　黑绒鳃金龟

2. 发生特点（表1.6）

表1.6 两种金龟甲发生特点

项目 \ 种类	铜绿丽金龟	黑绒鳃金龟
发生特点	1年发生1代，以幼虫在土中越冬。次春越冬幼虫开始活动取食，老熟幼虫作土室化蛹。6月中旬是成虫发生高峰期。成虫傍晚活动，白天多栖息于疏松、潮湿的土壤中，有假死性和强烈的趋光性。卵散产于根系附近土中。初孵幼虫昼夜危害植物根系，3龄后食量大增，10月上、中旬幼虫开始向深土层中移动越冬	1年发生1代，主要以成虫在土中越冬。翌年4月成虫出土，5～7月交尾产卵。8月中旬至9月下旬化蛹，蛹期15 d，羽化后不出土即越冬。少数发育迟者以幼虫越冬。成虫有假死性和趋光性，飞行力强

3. 防控技术

（1）人工捕杀，或设置灭虫灯诱杀成虫。

（2）深耕土壤，促进幼虫、蛹、成虫死亡。

（3）成虫危害期喷施90%晶体敌百虫800倍液，或40%乐斯本乳油1 000倍液杀成虫。在幼苗生长期用90%晶体敌百虫30倍液拌于豆饼、油饼上，撒施于土穴（沟）中，诱杀幼虫。是用3%辛硫磷颗粒剂施于土中，也可用50%辛硫磷乳油1 000倍液灌根杀幼虫。

四、叩头甲类（金针虫类）

叩头甲类害虫的幼虫统称金针虫，俗名铁丝虫。在我国危害园艺植物的主要有沟金针虫 *Pleonomus conaliculiatus* Faldemann 和细胸金针虫 *Agriotes fusicollis* Miwa 两种。细胸金针虫分布广泛，主要是幼虫咬食园艺植物的种子和幼芽，也能咬食幼茎，受害部分不完全被咬断，切口不整齐。幼苗长大后，便蛀入根茎内取食，也能蛀入大粒种子及薯块内危害，被害严重时，植物逐渐枯黄而死。

1. 形态识别（表1.7、图1.13、图1.14）

表1.7 两种叩头甲形态特征

虫态 \ 种类	沟叩头甲	细胸叩头甲
成虫	体长14～18 mm，栗褐色。鞘翅长为前胸4～5倍，纵列刻点不明显。当虫体被压住时，头和前胸能做叩头状的活动	体长8～9 mm，暗褐色，密被灰色短毛，有光泽。前胸背板略呈圆形，鞘翅上有9条纵列刻点，足赤褐色

续表1.7

虫态 \ 种类	沟叩头甲	细胸叩头甲
幼虫	成熟幼虫体长20~30 mm，金黄色，圆柱形，腹末二分叉；叉的内侧各有一小齿	成熟幼虫体长23 mm，体细长，圆筒形，淡黄色，有光泽。前胸较中、后胸略短，腹末圆锥形，近基部两侧各有1个褐色圆斑，并有4条褐色纵纹

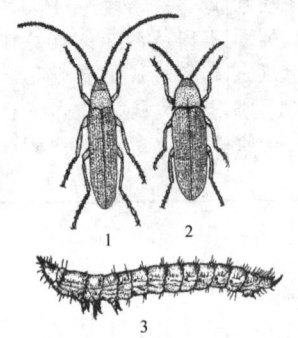

1—雌成虫；2—雄成虫；3—幼虫

图1.13 沟叩头甲

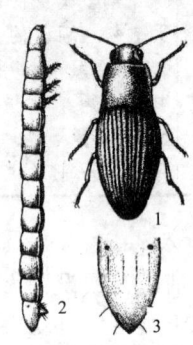

1—成虫；2—幼虫；3—幼虫腹末

图1.14 细胸叩头甲

2. 发生特点（表1.8）

表1.8 两种叩头甲发生特点

项目 \ 种类	沟叩头甲	细胸叩头甲
发生特点	3年完成1代，同前以幼虫和成虫在土壤中越冬。3月中旬至4月上旬为越冬成虫出土活动高峰期。4~6月为产卵期，卵散产于3~7 cm表土层。5月上中旬为卵孵化盛期。幼虫危害至6月底下潜越夏，到9月中下旬又上升到表土层活动，危害秋播植物幼苗。11月上中旬钻入深土层越冬。第2年春、秋上升危害，冬、夏季休眠，直至第3年8~9月老熟入土化蛹。9月成虫羽化后不出土，到第4年春季出土、交配、产卵。成虫昼伏夜出，雄虫善飞有趋光性，雌虫只能在地面或植物幼苗上爬行。耐旱力较强	3年左右完成1代。老熟幼虫5~7月多在7~10 cm土层中化蛹，6~8月陆续羽化为成虫。据观察，卵多产在3~9 cm土壤深处。卵期15~18天，幼虫历期长。有较强的抗寒力，对湿度要求高，土壤湿度大的低洼地、水浇地易发生

3. 防控技术

（1）成虫盛发期，在田埂上堆青草，诱集成虫，清晨捕杀。

（2）冬季翻地灭幼虫。

（3）用3%辛硫磷颗粒剂施于土中，或用15%毒死蜱乳油兑水灌根杀灭幼虫。

（4）毒饵诱杀。用90%晶体敌百虫1份，拌和豆饼碎渣、麦麸等16份，制成毒饵，用量为 15~25 kg/hm²。

五、蟋蟀类

蟋蟀类属直翅目，蟋蟀科。以大蟋蟀 *Brachytrypes portentosus* Lichtensein 分布较广，危害严重。成虫和若虫均可危害多种园艺植物幼苗，是重要的苗圃害虫。

1. 形态识别

成虫体长 40~50 mm，黄褐色或暗褐色，头较前胸宽。前胸背板中央有1纵线，其两侧各有1个颜色较浅的楔形斑块。后足胫节具2列4~5个刺状突起。若虫外形与成虫相似（图1.15）。

2. 发生特点

1年1代，以3~5龄若虫在洞内越冬。翌年3~4月开始活动，6~7月成虫盛发，9月开始出现若虫，12月初若虫开始越冬。大蟋蟀为穴居昆虫，昼伏夜出，常在洞口附近觅食，除就地取食外，常将嫩茎切断拖回洞中。通常5~7 d才出穴1次，但在交尾盛期外出较频繁，晴天闷热无风或久雨初晴的夜晚，出穴最多。此虫多发生于沙壤土、沙土，植被稀疏或裸露、阳光充足的休闲地，荒芜地或全垦林地等，潮湿壤土或黏土很少发生。

1—成虫；2—若虫

图1.15 大蟋蟀

3. 防控技术

（1）毒饵诱杀。用敌百虫、辛硫磷等拌炒过的米糠、麦麸或炒后捣碎的花生壳，或切碎的蔬菜叶，施于其洞口附近，或直接放在苗圃的株行间，诱杀成虫或若虫。用毒饵诱杀，在播种前或者苗木出土前进行，效果较好。

（2）白天寻找大蟋蟀洞穴，拨开洞口封土，用80%敌敌畏乳油1000倍液或1%灭虫灵乳油2 000~3 000倍液灌入洞内，使其爬出或死于洞中。

六、地蛆类

地蛆又名根蛆，是对危害园艺植物地下部分蝇类幼虫的统称。国内分布广泛，危害严重的有种蝇 *Hylemyia platura* Meigen 和韭蛆 *Bradysia odoriphaga* Fang et zhang 等。种蝇属双翅目，花蝇科，分布于全国各地，危害白菜、甘蓝、萝卜、瓜类、豆类、葱蒜类、月季、蔷薇、玫瑰、杜鹃、仙客来、马蹄莲等多种园艺植物。其幼虫在土中取食发芽的种子或幼苗的根茎部，轻者缺苗断垄，重者毁种重播。韭蛆属双翅目，蕈蚊科，全国各地均有分布，主要危害韭菜、葱、蒜等百合科蔬菜，也可危害青菜、芹菜、花卉和中草药材等，以韭菜受害最重。其幼虫聚集在韭菜地下部的鳞茎和柔嫩的茎部危害。初孵幼虫先危害叶鞘基部和鳞茎的上端。春、秋两季主要危害韭菜幼茎，使韭叶枯黄而死。夏季幼虫向下活动蛀入鳞茎，使整个鳞茎腐烂。严重时会使大片韭菜枯死。

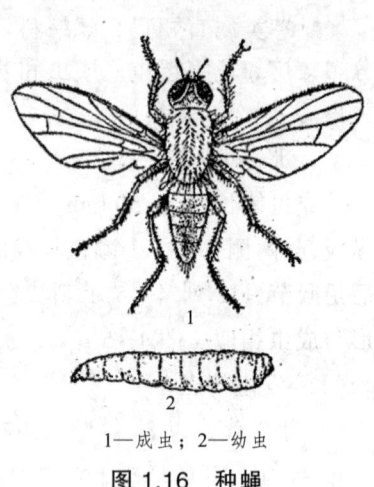

1—成虫；2—幼虫

图1.16　种蝇

1. 形态识别（表1.9、图1.16）

表1.9　两种地蛆形态特征

虫态 \ 种类	种　蝇	韭　蛆
成虫	体长4~6 mm，头部银灰色，体暗褐色，胸部背板有3条明显的黑色纵纹。前翅透明，后翅退化为平衡棒。腹部背面有1条纵纹，各腹节间均有1黑色横纹，全身有黑色刚毛	雌成虫体长2~4.5 mm，体背黑褐色，腹面暗灰黄色。头小，胸背部高度隆起。前翅前缘脉及亚前缘脉较粗，后翅退化为平衡棒。腹末粗大，并生有1对分节的尾须。雄虫稍瘦小，腹部细长，腹末有1对钳状抱握器
幼虫	成熟幼虫体长7~10 mm，蛆状，腹末有7对肉质突起	成熟幼虫体长6~9 mm，头部黑色，具光泽，体白色，无足

2. 发生特点（表 1.10）

表 1.10　两种地蛆发生特点

项目＼种类	种　蝇	韭　蛆
发生特点	1年发生 2~4 代，以蛹在土中越冬。次年 4 月羽化，成虫白天活动，有趋粪肥习性。卵多产土壤中。初孵幼虫危害种子或幼根、嫩茎，以 4~5 月危害最严重，老熟后在土壤中化蛹	1年发生 3~6 代，以老熟幼虫或蛹在韭菜鳞茎内及根际表土中越冬。成虫善爬行，对葱蒜类及腐败物质有明显趋性。卵多堆产于韭菜根际土壤中。幼虫孵化后即分散，先危害韭菜地下叶鞘、嫩茎及芽，再蛀入茎内及鳞茎下部危害。幼虫老熟后大多在表土中化蛹

3. 防控技术

（1）合理施用充分腐熟的有机肥。

（2）冬灌或春灌可消灭部分幼虫，减轻危害。

（3）成虫发生期，用糖醋毒液诱杀。

（4）及时清除受害植株，集中处理。

（5）成虫羽化盛期，用 10% 菊马乳油 3 000 倍液，或 2.5% 溴氰菊酯、20% 氰戊菊酯乳油 3 000 倍液，或 50% 辛硫磷乳油 1 000 倍液等喷雾防成虫；在幼虫危害盛期，用 50% 辛硫磷乳油 1 000 倍液，或 2.5% 功夫乳油 1 500~2 000 倍液灌根。

小　结

园艺植物苗期及根部病虫种类很多，常见而又危害严重的有幼苗立枯病和猝倒病、白纹羽病、根癌病、根结线虫病；地老虎、蝼蛄、蛴螬、金针虫、大蟋蟀、根蛆类等。常导致死苗、烂苗、缺苗断垄，植株枯萎死亡等，给园艺植物生产造成重大经济损失。防控这些病虫，应采取严格检疫，加强田间管理，在病虫发生初期施用高效、低毒、低残留化学药剂，结合物理防控方法的绿色防控措施。

自测训练

1. 园艺植物幼苗猝倒病与立枯病的症状有哪些异同？应如何有效地进行防控？
2. 园艺植物白纹羽病的典型症状特征是什么？应怎样加以防控？
3. 根据园艺植物根癌病的发病特点，制定有效的防控措施。
4. 园艺植物根结线虫病的主要症状特征是什么？应怎样有效地进行防控？
5. 根据当地园艺植物苗期及根部病害的发生特点，拟订绿色防控方案。
6. 地老虎、蝼蛄、地蛆、金针虫、蛴螬怎样危害植物？被害植物有哪些表现？对这类害虫应怎样防控？
7. 根据小地老虎幼虫的危害习性，应怎样有效地进行药剂防控？

蔬菜病虫害绿色防控技术

【知识目标】
1. 了解当地常见蔬菜病虫害的种类及危害发生的特点。
2. 明确当地常见蔬菜病害的主要症状及害虫的形态特征。
3. 掌握当地常见蔬菜病虫的绿色防控技术与措施。

【能力目标】
1. 正确区别当地常见蔬菜病虫的种类。
2. 根据当地常见蔬菜病虫害的发生特点制订绿色防控方案。
3. 组织实施绿色防控方案,有效控制当地常见蔬菜病虫的危害。

单元一　十字花科蔬菜病虫害绿色防控技术

十字花科蔬菜种类很多,主要有大白菜、小白菜、甘蓝、花椰菜、萝卜、青菜等。它们在生长过程中,常遭受多种病虫危害,造成严重的经济损失。现已知这类蔬菜病害达30余种,害虫有130余种。重要的病害有病毒病、霜霉病、菌核病、黑斑病、软腐病等。主要的害虫有菜蚜、菜粉蝶、菜蛾、菜螟、夜蛾类、跳甲类、猿叶虫类等。这些病虫的危害严重影响了十字花科蔬菜高产、优质和市场供应。

一、十字花科蔬菜病害

(一)软腐病

软腐病俗称烂葫芦、烂疙瘩或水烂等,是十字花科蔬菜上的重要病害,全国各地都有发生。十字花科蔬菜在田间生长发育及贮藏、运输过程中都可发生软腐病,常造成重大经济损失。该病除危害白菜、甘蓝、萝卜、花椰菜等十字花科蔬菜外,还危害马铃薯、番茄、辣椒、大葱、洋葱、胡萝卜、芹菜、莴苣等多种蔬菜。

1. 症状识别

一般从植株包心期开始发病。常见症状有三种,一是在植株外叶上,叶柄基部与根茎交界处先发病。初呈水渍状,后变灰褐色腐烂,病叶瘫倒露出叶球,并伴有恶臭;二是病菌先从菜心基部开始侵入引起发病,而植株外叶生长正常,由心叶逐渐向外腐烂,充满黄色黏液,病株用手一拔即起,湿度大时腐烂并散发出恶臭;三是从叶球顶部的叶片开始发病,叶片呈水渍状淡褐色腐烂,干燥时呈薄纸状紧贴于叶球上(图2.1)。

2. 病原

胡萝卜软腐欧氏杆菌、胡萝卜软腐致病型 *Erwinia carotovora* Dv. *carotovora*(Jones)Bergey et a1.,属细菌域,薄壁菌门、欧文氏菌属。除危害十字花科蔬菜外,还侵染茄科、百合科、伞形花科及菊科蔬菜。

3. 发病特点

病菌在土壤、堆肥以及害虫体内越冬。借雨水、灌溉水、带菌肥料、昆虫等传播。病菌易通过自然裂口、机械伤口和虫伤口侵入。梅雨季节、多雨年份、连作、地势低洼、虫害严重地块发病严重。贮藏期内缺氧,温度高,湿度大,通风散热不及时,容易烂窖。

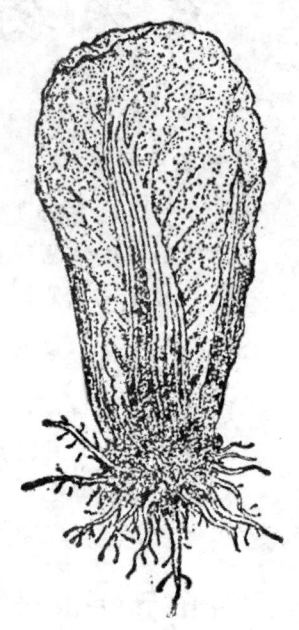

图2.1 白菜软腐病

4. 防控技术

(1)选用适宜本地种植的丰产优质抗病品种。

(2)实行轮作,避免连作。

(3)选择地势高、地下水位低的地种植;提前2~3周深翻晒垡,促进病残体腐烂分解;适期晚播,高垄栽培;增施有机栏肥。

(4)发现病株及时拔除,并用生石灰消毒。

(5)及时防控黄条跳甲、猿叶甲、小菜蛾等害虫,减少伤口。

(6)发病初期及时用15%~20%农用链霉素可湿性粉剂3 000~4 000倍液,或47%加瑞农可湿性粉剂750倍液,或新植霉素3 000~4 000倍液,或20%龙克菌悬浮剂500倍液喷洒病株基部及近地表。

（二）黑腐病

十字花科蔬菜黑腐病各地都有发生，可危害多种十字花科蔬菜，但以甘蓝、花椰菜和萝卜受害较重。

1. 症状识别

黑腐病是细菌性的维管束病害，苗期至成株皆可发病。幼苗被害，子叶水渍状，真叶叶脉上出现小黑斑或细黑条，根髓部变黑，幼苗枯死。

成株发病，多从叶缘和虫伤处开始，出现"V"字形的黄褐斑，病斑外围有黄色晕圈；局部叶脉变为黑色或紫黑色，病菌能沿叶脉蔓延到根茎部，使基部维管束变黑，植株叶片枯死；萝卜肉质根被害，外观正常，但切开后可见维管束环变黑，严重时，内部组织干腐、中空。黑腐病与软腐病的不同之处是，黑腐病病组织不软化，也无恶臭味（图2.2）。

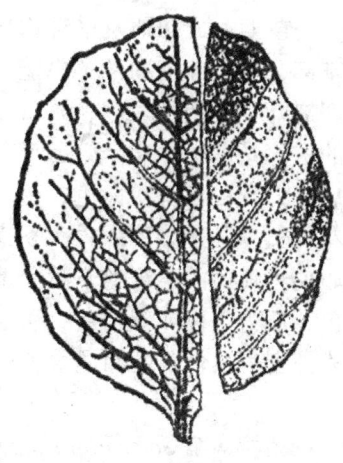

图 2.2　白菜黑腐病

2. 病原

野油菜黄单胞杆菌，野油菜黑腐病致病变种 *Xanthomonas campestris v. campestris* (Pa. mmel) Dowson，属细菌域，普罗特斯门，黄单胞杆菌属细菌。

3. 发病特点

病菌在种子、病残体和土壤中越冬。干燥条件下，病菌在土壤中可存活1年。病菌多从叶缘水孔或虫伤侵入，经繁殖后，迅速进入维管束，上下扩展，造成系统性侵染，并可进入种子而使种子带菌，病菌在种子上可存活28个月。带菌的种子是该病远距离传播的主要途径。在田间，病菌主要借雨水、昆虫、肥料等传播。高温多雨或高湿条件下，叶面结露，叶缘吐水，利于病菌侵入而发病。十字花科蔬菜连作地往往发病重。此外，植株早衰、虫害严重、暴风雨频繁发病重。

4. 防控技术

（1）采用无病种或种子消毒。用 50 ℃ 温水浸种 20 min，或用 45% 代森铵水剂 300 倍液浸种 15 min，洗净晾干播种。

（2）加强栽培管理。与非十字花科蔬菜进行 2 年以上轮作；适时早播，合理浇水；收获后及时清除病残体并销毁。

（3）药剂防控。发病初期拔除病株后可用药剂为 72% 农用链霉素可溶性粉剂或新植霉素 3 000 倍液，或 50% 氯溴异氰尿酸水溶性粉剂 1 000 倍液，或 30% 琥胶肥酸铜 500 倍液喷雾。

(三) 菌核病

菌核病是十字花科蔬菜的重要病害之一，在我国南北方地区普遍发生。除危害十字花科蔬菜外，还侵染茄科、豆科及葫芦科的多种蔬菜。

1. 症状识别

苗期、成株期及采种株均可发生。主要发生在茎基部，叶、叶柄和种荚也能受害。春季留种株先从基部老叶及叶柄处发病，以后蔓延到茎部和根部。也有的根部先发病，然后发展到茎基部。病斑初为黄褐色，后变为青白色至灰白色，最后全株腐烂。已抽苔、开花的植株迅速萎蔫死亡。秋播的大白菜、甘蓝，在包心期近地面的菜帮上产生水渍状凹陷病斑，初为淡褐色，后为褐色或灰白色，引起烂帮、烂心。潮湿时，病部密生白色菌丝和黑褐色鼠粪状菌核（图2.3）。

图 2.3 甘蓝菌核病

2. 病原

菌核病菌 *Sclerotinia sclerotiorum* (Lib.) de Bavy，属子囊菌亚门、核盘菌属真菌。

3. 发病特点

主要以菌核在土壤或混杂在种子中越夏、越冬，也可在种株上越冬。菌核抵抗不良环境的能力极强，在土中可存活数年。春、秋季遇雨或浇水后，菌核便萌发，产生子囊孢子，通过风、雨传播，侵染老黄脚叶，引起初侵染和进行多次再侵染，使病害不断扩散蔓延。春、秋季多雨发病重。地势低洼，排水不良，大水漫灌均易发病。病株入窖后，窖温高、湿度大，可在窖内继续侵染引起腐烂。

4. 防控技术

（1）与非寄主植物实行轮作，播前翻地，深埋菌核，减少土壤菌源。

（2）用10%盐水或20%硫酸铵水选种，除去混杂在种子中的菌核。

（3）挑选健株留种，摘除老黄脚叶，切断侵染桥梁。

（4）雨后及时排水，低洼地采用高畦栽培；窖藏期加强管理，防止腐烂。

（5）发病初期用50%速克灵可湿性粉剂1 000～2 000倍液，或50%扑海因可湿性粉剂1 000～1 500倍液，或40%菌核净可湿性粉剂500倍液喷雾防控。

(四) 黑斑病

十字花科蔬菜黑斑病是十字花科蔬菜的常见病害，全国各地都有分布。白菜、油菜、甘蓝、花椰菜、萝卜等都可受害,但以白菜、甘蓝及花椰菜受害最重。本病仅发生在十字花科蔬菜上。

1. 症状识别

主要危害叶片,也可侵害叶柄、花梗和种荚。叶片发病,多从外叶开始,病斑近圆形,灰白色至灰褐色。病斑上有明显的轮纹,周围有黄色晕圈,湿度大时,病斑上产生黑色霉状物。严重时,外叶干枯,菜心裸露。叶柄上病斑梭形,暗褐色,稍凹陷(图2.4)。

2. 病原

芸苔链格孢菌 *Alternaria brassicae* (Berk) sacc.,属半知菌亚门、链格孢属真菌。

3. 发病特点

图2.4　白菜黑斑病

以菌丝体及分生孢子在病残体、土壤、采种株以及种皮内越冬,成为第二年田间发病的初侵染源。分生孢子借风雨传播,不断进行再侵染,使病害扩展蔓延。低温高湿条件有利于病害发生流行。秋季多雨,提早播种,与十字花科蔬菜连作,离早熟白菜地近,都有利于病害的发生。不同品种间抗病性有差异。

4. 防控技术

(1)选用抗病品种。

(2)用50℃温水浸种,或以种子重量0.4%的50%福美双可湿性粉剂,或70%代森锰锌可湿性粉剂拌种,消灭初侵染源。

(3)轮作倒茬;清除田间病残株;及时排水,高畦栽培;增施磷、钾肥,提高白菜的抗病力。

(4)发病初期用58%甲霜灵锰锌可湿性粉剂400~500倍液,或75%百菌清可湿性粉剂600倍液,或50%扑海因可湿性粉剂1 000倍液喷雾防控。

(五)霜霉病

十字花科蔬菜的白菜、油菜、花椰菜、甘蓝、萝卜、芥菜、荠菜、榨菜等皆可发生霜霉病。

1. 症状识别

十字花科蔬菜整个生育期都可受害。主要危害叶片,也可危害种株茎秆、花梗和果荚。多从下部叶片开始,初期在叶背出现水浸状斑,后在叶面可见黄色或白色病斑,萝卜、花椰菜、甘蓝病斑多为黑褐色。病斑受叶脉限制而呈多角形,常多个病斑融合呈不规则形。病叶干枯,不堪食用。空气潮湿时,叶背布满白色至灰白色霉层。茎秆、花梗受害，弯曲肿胀呈"龙头"状，故有"龙头拐"之称。空气潮湿时，表面可产生茂密的白色至灰白色霉层（图2.5）。

2. 病原

十字花科霜霉菌 Peronospora parasitica (Pers.) Fr.，属鞭毛菌亚门、霜霉属真菌。霜霉菌为专性寄生菌，存在明显的生理分化现象。

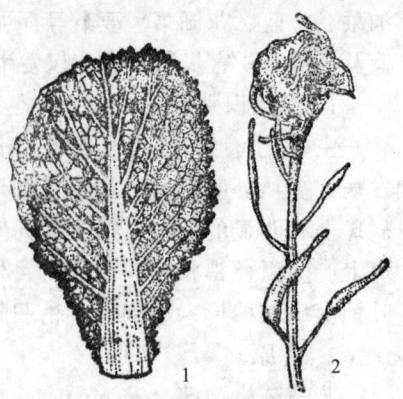

1—叶部症状；2—种株症状

图2.5 白菜霜霉病

3. 发病特点

病菌主要以卵孢子在土壤和病残体中越冬，种子也可带菌。次年卵孢子萌发侵染春菜引发病害。在春菜发病的中后期，植株的病组织内又可形成大量卵孢子，这些卵孢子经1~2月份的休眠，又可成为当年秋季大白菜、萝卜、甘蓝等蔬菜的初侵染来源。卵孢子和孢子囊主要靠气流和雨水传播。多雨高湿，或田间湿度大、昼暖夜凉、夜露重或多雾，即使无雨量，病害也会发生和流行。连作、早播、基肥不足、追肥不及时、生长过于茂密、通风不良、排灌不畅的田块，也会加重病害的发生。白菜品种间抗性差异明显。

4. 防控技术

（1）选用抗病品种。

（2）选用无病种子及种子消毒。无病株留种。用25%甲霜灵可湿性粉剂，或50%福美双可湿性粉剂，按种子重量0.3%拌种。

（3）加强栽培管理。与非十字花科植物实行2年轮作，或1年的水旱轮作；秋季收获后，及时清洁田园、深翻土壤；适期迟播；合理密植、适时排灌，低洼地宜深沟、高畦种植，降低田间湿度；施足基肥、合理追肥，可定期喷施增产菌或植宝素，以防早衰。

（4）药剂防控。发现中心病株及时拔除后用药。可用72.2%普力克水剂600~800倍液，或72%杜邦克露可湿性粉剂800倍液，或58%甲霜灵·锰锌可湿性粉剂600倍液，或25%甲霜灵可湿性粉剂600倍液，或40%乙磷铝可湿性粉剂300倍液，或64%杀毒矾可湿性粉剂500倍液。7~10 d 1次，连续2~3次。

（六）白斑病

白斑病发生普遍，除危害大白菜外，还能危害油菜、萝卜、芜菁等，以秋季蔬菜发病严重。以老叶和成熟叶感病最多。

1. 症状识别

主要危害叶片,病斑初为散生的灰褐色圆形小斑点,后扩大为中央灰白色,边缘淡黄色,近圆形。潮湿条件下病斑背面产生稀疏的灰白色霉层。病斑后期变为白色半透明状,常破裂穿孔。病斑多时连片,叶片提早枯死。病株叶片由外向内层层干枯,似火烤状(图2.6)。

2. 病原

白斑小尾孢菌 *Cercosphrella albo-maculans*(Ell.et Ev.)Sacc.,属半知菌亚门、小尾孢属真菌。

图2.6 白菜白斑病

3. 发病特点

病菌主要以菌丝体在土表的病残体或采种株上越冬,也可以分生孢子黏附于种子表面越冬。田间借风雨传播,进行初侵染和多次再侵染。8~10月份气温偏低、连阴雨天气可促进病害的发生。

4. 防控技术

(1)种子消毒。可用50 ℃温水浸种15 min,冷却后晾干播种。也可用0.4%福美双拌种。

(2)与非十字花科植物轮作。

(3)药剂防控可选用64%杀毒矾可湿性粉剂600倍液,或40%克菌丹可湿性粉剂400倍液喷雾。

(七)炭疽病

炭疽病在全国各地均有分布,近年有明显加重之势。主要危害白菜、萝卜、芜菁、芥菜等。

1. 症状识别

主要危害叶片。发病初期产生苍白色或褪绿水浸状小斑点,扩展后为圆形至长圆形病斑。病斑苍白色,中央略下陷,呈薄纸状,边缘褐色,微隆起。后期病斑易穿孔。叶柄上病斑梭形、长圆形,凹陷,淡褐色或灰褐色。湿度大时病斑上有红褐色黏质物溢出(图2.7)。

2. 病原

芸薹炭疽菌(希金斯刺盘孢)*Colletotrichum higginsianum* Sacc.,属半知菌亚门、炭疽菌属真菌。

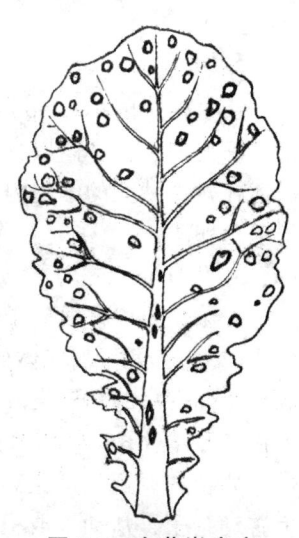

图2.7 白菜炭疽病

3. 发病特点

病菌在土壤中越冬,种子也可以带菌。病菌在田间借风、雨传播。病菌侵入后经 3~5 d 即可发病。条件适宜,病菌再侵染频繁,病害发展很快。高温、高湿条件有利于发病,日平均温度 24~28 ℃,且多雨时病害易流行。

4. 防控技术

(1) 与非十字花科植物实行轮作,以减少田间病菌来源。

(2) 选用无病种子或种子处理。从无病留种株上采收种子,商业种子可用 54 ℃ 温水浸种 5 min,立即移入冷水中冷却后播种;或用 50% 福美双可湿粉剂 200 倍液浸种 20 min,清洗晾干后播种。

(3) 加强栽培管理。生长期加强肥水管理,增施磷、钾肥,雨后及时排水。收获后清除田间病残体,并深翻土壤。

(4) 药剂防控。发病初期可用 70% 甲基托布津可湿性粉剂 600 倍液,或 40% 灭病威可湿性粉剂 400 倍液,或 80% 炭疽福美可湿性粉剂 800 倍液喷雾。

(八) 根肿病

1. 症状识别

根肿病主要危害十字花科植物,是一种世界性土传病害,近年来危害呈现加重趋势。发病初期植株生长缓慢、矮小,后期基部叶片变黄、枯萎,严重时整株枯死。主根、侧根上长出大小不等的瘤状突起,初期光滑,后期粗糙、龟裂(图 2.8)。

2. 病原

芸薹根肿菌 *Plasmodiophora brassicae* Wornin,属鞭毛菌亚门、根肿菌属真菌。它是一种专性寄生菌。病菌在寄主肿大的细胞内形成休眠孢子囊、散生,密集呈鱼卵块状。

3. 发病特点

病菌主要以休眠孢子囊随病残体遗留在土壤中越冬或越夏,土壤、病残体或未腐熟的厩肥等都能带菌,成为田间发病的初侵染源。休眠孢子抵御环境的能力很强,可存活 6~7 年。病菌的田间传播主要靠雨水、灌溉水、昆虫和农事操作,带土病苗的调运是远距离传播的主要途径。病菌休眠孢子囊在适宜的环境下产生游动孢子,从幼根或根毛侵入寄主表皮细胞,经过一定的发育阶段,在寄主细胞内发育为无定形、没有细胞壁的变形体,变形体能穿过细胞壁或随寄主细

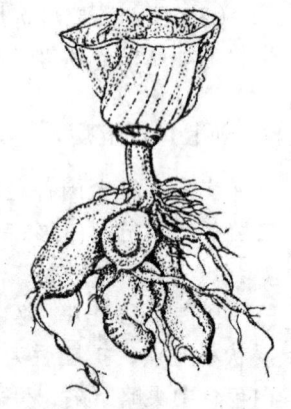

图 2.8 白菜根肿病

胞的分裂而增殖、扩展蔓延，最后变形体形成许多休眠孢子囊。同时变形体对寄主细胞进行干扰和刺激，使细胞分裂加快、体积增大，使根部出现肿瘤。

4. 防控技术

（1）引进或选用抗病品种。实践证明，引进或选用抗病品种能有效控制病害的发生和危害。

（2）选用无病菌苗床或合理轮作。应选择排灌方便、土壤确实不带菌的田块作苗床。对病田实行 5 年以上的水旱轮作或与非十字花科作物轮作。

（3）及时清除病株，减少田间菌源。蔬菜收后或病田换茬时及时清除病株残体，生长期发现病株要及时拔除，并带出田外深埋或烧毁，并在病穴内撒施生石灰消毒，以减少田间菌源。

（4）深沟高畦栽培。采用深沟高畦栽培，有利于控制土壤湿度，减轻病害发生，切忌大水漫灌。多施腐熟农家肥和磷钾肥，控制氮肥施用量，可抑制病害的发生。

（5）调节土壤酸碱度。对重病田块适当施用草木灰或生石灰，每亩施生石灰 35~50 kg 或熟石灰 75~100 kg 于土表，然后翻挖做畦，调节土壤酸碱度至弱碱性（pH 值为 7.5 左右），可抑制病菌生长，减轻发病。

（6）药剂防控。① 苗床整地时，用 50% 福帅得（氟啶胺）悬浮剂 8 000 倍液，或 10% 科佳（氰霜唑）悬浮剂 8 000 倍液施药；或每 667 m^2 用 70% 敌克松粉剂 3 kg，混细土 30 kg 于土壤表面施药，均匀混土后播种。用 30% 恶霉灵（土菌消）水剂 800 倍液喷洒苗床，晾干后播种，并用新土盖种。② 出苗移栽前，用 50% 福帅得悬浮剂 12 000 倍液，或 10% 科佳悬浮剂 2 000 倍液，穴灌施药后移栽。③ 菜苗定植后用 2% 石灰水灌根，可减少病害发生的机会。

（九）根腐病

根腐病又名黑胫病、根朽病，全国各地均有发生。可危害甘蓝、白菜、花椰菜、芜菁、萝卜、油菜等十字花科植物。此病在幼苗期、成株期均可发生，以苗期发病危害最重。严重地区病苗率可达 20% 以上，严重影响蔬菜的产量和品质。

1. 症状识别

苗期发病，子叶、真叶和幼茎上产生圆形至椭圆形灰色病斑，重病苗很快死亡。轻病苗移栽后病害沿茎基和根部蔓延，形成长条状暗褐色病斑，病部皮层腐朽，露出木质部，植株枯死。成株期发病，多在老叶和成熟叶片上形成不规则坏死斑块。后期在病部均可产生黑色小点。纵剖根、茎可见维管束变褐（图 2.9）。

2. 病原

黑胫茎点霉菌 *Phoma lingam*（Tode exSchw.）Desm.，属半知菌亚门、茎点霉属真菌。

3. 发病特点

病菌以分生孢子器和菌丝体在病残体上越冬，种子的种皮也可带菌。病菌还可在土壤内、肥料中或野生寄主上越冬，在土中可存活 3 年。田间以分生孢子借风雨及昆虫传播，由植株气孔、皮孔或伤口侵入。种子带菌，病菌可直接侵害幼苗子叶和幼茎，发病后分生孢子可重复侵染使病害蔓延。高温高湿利于发病。潮湿、多雨，尤其是雨后高温易引起发病。育苗期雨日多、雨量大，田间高湿，病害发生严重。此外，播种过密、浇水过多、地面过湿、田间管理不良、植株生长衰弱等均易诱发此病。

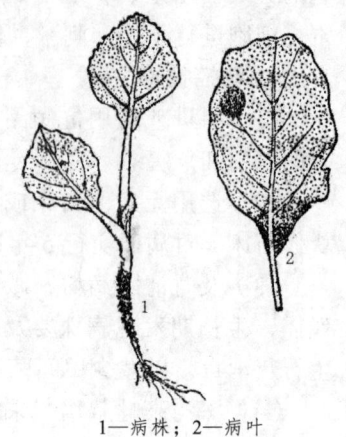

1—病株；2—病叶

图 2.9　白菜根腐病

4. 防控技术

（1）重病地块与非十字花科蔬菜实行 3 年以上轮作。

（2）选用无病种子或进行种子处理。可用 50 ℃温水浸种 20 min，或用种子重量 0.3%~0.4% 的 50% 扑海因可湿性粉剂，或 70% 甲基托布津可湿性粉剂拌种。

（3）旧苗床土壤消毒。用 98% 恶霉灵可湿性粉剂 3 000 倍液喷浇苗床，或用敌克松原粉、70% 甲基托布津可湿性粉剂 3~5 kg/667 m^2，拌细土 40~60 kg，2/3 药土均匀撒施在备好的苗床表面，1/3 药土覆盖种子。

（4）加强栽培管理。施用充分腐熟的农家肥，采用高垄栽培，避免田间积水，及时清除重病株。

（5）药剂防控。发病初期可用 50% 扑海因可湿性粉剂 1 200 倍液，或 50% 敌菌灵可湿性粉剂 500 倍液，或 45% 特克多悬浮剂 1 000 倍液，或 80% 大生可湿性粉剂 600 倍液喷雾。

（十）病毒病

十字花科蔬菜病毒病在全国各地普遍发生，危害较重，是蔬菜生产上的主要问题之一。以大白菜受害最重，统称为"孤丁病"或"抽风"。其他十字花科植物如芥菜、小白菜、萝卜等也普遍发生，称为花叶病。

1. 症状识别

由于毒源、蔬菜品种以及环境条件的差异，症状表现为多样性。

苗期发病，心叶呈花叶皱缩，明脉或叶脉失绿。

成株期发病早则症状较重，叶片严重皱缩，质地硬、脆，生有许多褐色斑点，叶背叶脉上亦有褐色坏死条斑，病株严重矮化、畸形，生长停滞，不结球或结球松散；发病晚则症状轻，病株轻度畸形、矮化，有时只呈现半边皱缩，能结球，但内叶上有许多灰褐色小点，品质与耐贮性都较差。带病种株不抽薹或抽薹缓慢，花薹扭曲、畸形，新叶明脉或花叶；花蕾发育不良或畸形，不结实或者果荚瘦小，籽粒不饱满，发芽率低；老叶上生坏死斑，植株矮小。甘蓝病苗叶片上生褪绿圆斑，直径 2~3 mm。生长中后期叶片呈斑驳或花叶症状。老叶背面有黑色的坏死斑。病株发育缓慢，结球迟且疏松（图 2.10）。

图 2.10　白菜病毒病

2. 病原

我国十字花科蔬菜病毒病主要由芜菁花叶病毒（TpMV）、黄瓜花叶病毒（CMV）和烟草花叶病毒（TMV）、萝卜花叶病毒（RMV）单独或复合侵染所致。

3. 发病特点

病毒在白菜、甘蓝、萝卜及越冬菠菜及多年生杂草上越冬。病毒由蚜虫和汁液摩擦传染，但田间病毒传播以蚜虫为主。桃蚜、菜缢管蚜（萝卜蚜）、甘蓝蚜及棉蚜等都可传毒，且为非持久性传播。病株种子不带毒。

病害发生程度与白菜受侵染的生育期关系很大。幼苗 7 叶期以前最感病，染病后病状表现最严重，多不能结球。后期受侵染发病轻。侵染越早，发病越重，危害越大。苗期高温干旱，地温高或持续时间长，利于蚜虫繁殖和活动，而不利于寄主生长，植株抗病性弱，病毒病发生常较严重。白菜的感病生育期若与蚜虫的发生高峰期相吻合，病毒病发生严重。此外，十字花科蔬菜互为邻作，发病重；秋季早播，发病重；白帮品种比青帮品种发病严重。

4. 防控技术

（1）选用抗病品种。可选用叶色深绿，花青素含量多，叶片组织肥厚，叶肉组织细密，生长势强的品种。

（2）加强栽培管理。调整蔬菜布局，避免与十字花科蔬菜间作、套作、轮作和邻作，及早发现并拔除病株；秋白菜适期早播，使幼苗期避开高温及蚜虫猖獗季节，防止发病；加强苗期管理，早间苗、早定苗，在播后、齐苗至 7~8 片真叶时勤浇水，可降低土温，减轻发病。

（3）防控蚜虫。在大白菜出苗后至 7 叶期前，消灭幼苗上的蚜虫。可用 10% 吡虫啉可湿性粉剂 1 000~1 500 倍液，或 2.5% 天王星乳油 3 000 倍液等。

（4）药剂防控。发病初期可用20%病毒A可湿性粉剂500倍液，或1.5%植病灵乳剂1 000倍液，或83增抗剂100倍液喷雾。每10 d 1次，连续2~3次。

二、十字花科蔬菜害虫

（一）菜蚜

危害十字花科蔬菜的蚜虫种类很多，主要有桃蚜（烟蚜）*Myzus persicae* Sulzer、菜缢管蚜（萝卜蚜）*Lipaphis erysimi*（Kaltenbach）、甘蓝蚜 *Brevicoryne brassicae* L.，均属同翅目，蚜科。桃蚜在全国各地均有分布。除危害十字花科蔬菜外，还危害茄科蔬菜、桃、李、杏、梅、石榴、柑橘、月季、菊花、海棠、芍药、牡丹、兰花、蜀葵、茉莉、蔷薇等300多种植物。

1. 形态识别（表2.1、图2.11）

表2.1 三种菜蚜形态特征

虫态＼种类	桃蚜	菜缢管蚜	甘蓝蚜
有翅胎生雌蚜	头胸黑色，腹部绿色或红褐色，翅透明。腹部有一大黑斑，腹管细长，尾片粗短，有3对侧毛	体长1.6~1.8 mm，头胸部背面黑色具有光泽。各腹节两侧有黑斑，腹管后各节有一淡黑色横带。腹管圆筒形，淡黑色，中部略膨大，端部缢缩如瓶颈。尾片圆锥形，两侧各具毛2~3根，有时体上覆有稀疏白色蜡粉	体长约2.2 mm，头、胸部黑色，复眼赤褐色。腹部黄绿色，有数条不很明显的暗绿色横带，两侧各有5个黑点，全身覆有明显的白色蜡粉。腹管很短，中部稍膨大
无翅胎生雌蚜	体长2 mm左右，春季为绿色，夏季为黄绿色或黄白色，秋季为红褐色。腹管端部黑色。尾片圆锥形，黑色，有6~7根曲毛	体长1.8 mm，黄绿色，稍覆白色蜡粉。腹部背面各有一黑色横纹，两侧有纵列黑点。其余特征与有翅蚜相似	体长2.5 mm左右，暗绿色，被有较厚的白蜡粉，复眼黑色，触角无感觉孔；腹管短于尾片；尾片近似等边三角形，两侧各有2~3根长毛

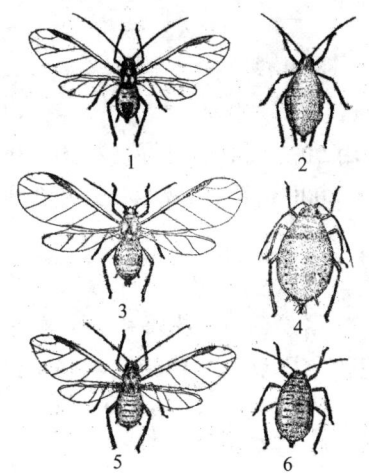

1、2—桃蚜；3、4—菜缢管蚜；5、6—甘蓝蚜

图2.11 菜蚜

2. 发生特点（表2.2）

表2.2 三种菜蚜发生特点

项目 \ 种类	桃蚜	菜缢管蚜	甘蓝蚜
发生特点	1年发生10~20代，以卵或无翅雌蚜在木本寄主的芽上越冬。在十字花科蔬菜上，次年3月下旬卵孵化，植物展叶后，成、若蚜群集叶背取食，致叶发黄，呈不规则卷曲，严重时被害叶片干枯脱落，并传播多种病毒病。4~5月产生有翅蚜扩散，10~11月迁至木本寄主上产生性蚜，交配产卵越冬	1年发生10余代，主要以无翅胎生雌蚜及若蚜在油菜、蔬菜心叶内或菜根附近土中越冬。在冬季气温比较高的地区，无明显越冬现象。次年春季气温回升，越冬蚜虫开始活动，在十字花科植物上繁殖、危害，并产生大量有翅蚜及无翅胎生雌蚜，在田间扩散，到抽苔开花期虫量最多。以后随着气温升高、植株老化，天敌的抑制，有翅蚜迁出油菜田，虫口下降。秋季油菜播种出苗后，有翅蚜又迁到油菜田繁殖危害	1年发生8~10代，世代重叠。以卵越冬，主要在晚甘蓝上，其次是在球茎甘蓝、冬萝卜和冬白菜上。在温暖地区也可终年营孤雌生殖。越冬卵一般在翌年4月开始孵化，先在留种株上繁殖危害，5月中、下旬迁移到春菜上危害，再扩大到夏菜和秋菜上，10月份即开始产生性蚜，交尾产卵于留种或贮藏的菜株上越冬，少数成蚜和若蚜亦可在菜窖中越冬

3. 防控技术

（1）选用抗虫品种。

（2）利用黄板诱蚜或银色薄膜避蚜。

（3）在点片发生阶段用50%抗蚜威可湿性粉剂1 000~2 000倍液，或10%吡虫啉可湿性粉剂2 000~4 000倍液，或2.5%功夫乳油3 000倍液等喷雾防控。

（二）菜粉蝶

菜粉蝶 *Pieris rapae* L.，属鳞翅目，粉蝶科。全国各地均有分布。危害白菜、甘蓝、萝卜、花椰菜、芜菁、旱金莲、草桂花、一串红、醉蝶花、大丽花等多种植物。

1. 形态识别

成虫体长12~20 mm，灰黑色，有白色绒毛。前翅基部和前缘灰黑色，顶角有三角形黑斑，中央有两个黑色圆斑，后翅近前缘有1个黑斑。成熟幼虫体长28~35 mm，青绿色，背线淡黄色。体表密被瘤状小突起，上有细毛。各体节有4~5条横皱纹，体侧有黄斑（图2.12）。

2. 发生特点

发生世代数因地而异，从北向南发生3~9代。以蛹在向阳的屋檐、篱笆、枯枝落叶下越冬。成虫白天活动，喜食花蜜。卵散产于叶背。初孵幼虫先食卵壳，后取食叶肉，留下表皮，长大后食叶成孔洞或缺刻，甚至吃光叶片，仅剩叶脉和叶柄。幼虫老熟后，在叶背、叶柄、枝条等处化蛹。

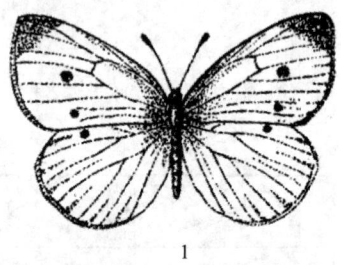

1—成虫；2—幼虫

图2.12 菜粉蝶

3. 防控技术

（1）清除枯枝落叶集中处理，减少虫源。

（2）人工捕杀受害植株上的幼虫和蛹。

（3）保护利用自然天敌，如茧蜂、金小蜂等。

（4）在低龄幼虫期用5%农梦特乳油1 000~1 500倍液，或5%卡死克乳油1 000~1 500倍液，或Bt乳剂500倍液喷雾防控。

（三）菜蛾

菜蛾 *Plutella xylostella* L.，属鳞翅目，菜蛾科。属世界性害虫，全国各地均有分布。危害白菜、甘蓝、紫罗兰、桂竹香、香雪球等40多种十字花科植物。

1. 形态识别

成虫体长 6~7 mm,灰黑色。前后翅有长缘毛。前翅后缘有黄白色 3 度曲折的波状纹,停息时,两翅折叠呈屋脊状,翅尖翘起如鸡尾,黄白色部分合并成 3 个斜方块。成熟幼虫体长 10~12 mm,淡绿色,纺锤形,腹部第 4~5 节膨大,臀足伸向后方(图 2.13)。

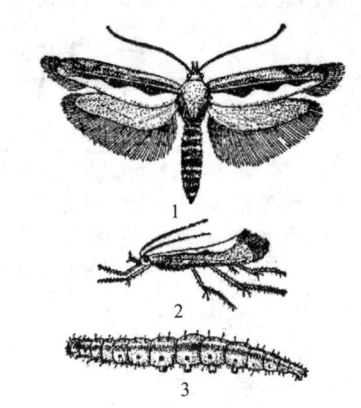

1—成虫;2—成虫静止时侧面观;3—幼虫

图 2.13 菜蛾

2. 发生特点

发生世代数因地而异,从北向南递增。黑龙江一年发生 2~3 代,广西一年发生 17 代,世代重叠明显。以蛹在土中越冬。成虫昼伏夜出,有趋光性和取食花蜜习性。卵散产于叶背。初孵幼虫潜入表皮取食叶肉,或集中心叶吐丝结网,取食心叶;3~4 龄食叶成孔洞或缺刻。幼虫活泼,受惊扭动身体,倒退,吐丝下垂。幼虫老熟后,在叶背或枯叶等处结茧化蛹。

3. 防控技术

(1)避免十字花科植物连作或邻作,减少虫源。

(2)十字花科蔬菜和花卉收获后,清除枯枝落叶集中处理。

(3)利用灯光或性诱剂诱杀成虫。

(4)在低龄幼虫期用 Bt 乳剂 500 倍液,或 5% 农梦特乳油 1 000~1 500 倍液,或 5% 卡死克乳油 1 000~1 500 倍液,或 2.5% 功夫乳油 3 000 倍液喷雾防控。

(四)夜蛾

危害十字花科蔬菜的夜蛾类害虫种类较多,主要有甘蓝夜蛾 *Barathra brassicoe* L.,斜纹夜蛾 *prodenia litura* Fabr.,银纹夜蛾 *Argyrogramma aganata* Staudiner,甜菜夜蛾 *Laphygma exigua* Hübner 等。属鳞翅目,夜蛾科,常混和发生。分布于全国各地。寄主范围广泛,以幼虫危害十字花科蔬菜等多种植物。初孵幼虫取食叶肉,2 龄后分散危害,食叶成孔洞、缺刻,大发生时将叶片吃光。

1. 形态识别（表2.3、图2.14~图2.17）

表2.3 四种夜蛾形态特征

虫态 \ 种类	甘蓝夜蛾	斜纹夜蛾	银纹夜蛾	甜菜夜蛾
成虫	体长18~25 mm，棕褐色。前翅有明显白色和灰黑色环状纹，外缘有7个小白点，下方有2个白点。前缘近端部有3个白点，后翅外缘有一黑斑	体长14~20 mm，深褐色。前翅灰褐色，多斑纹，从前缘中部到后缘有1条灰白色带状斜纹；后翅白色	成虫体长14~17 mm，灰褐色。前翅深褐色，其上有2条银色横纹，中央有一显著的U形银纹和1个近三角形银斑，后翅暗褐色，有金属光泽	体长10~14 mm，灰褐色。前翅灰黄褐色，内、外横线黑色，亚外缘线灰白色，外缘有1列三角形黑斑。肾状纹、环状纹黄褐色。后翅白色，翅缘褐色
幼虫	成熟幼虫体长26~40 mm，头部黄褐色。体背两侧各有1个倒"八"字纹	成熟幼虫体长38~51 mm，头部黑褐色，体背各节有1对半月形或三角形黑斑	成熟幼虫体长25~30 mm，淡绿色。背线、亚背线白色。第1、2对腹足退化，行走时体背拱曲状	成熟幼虫体长约25 mm。头褐或黑褐色，体色变化较大，有绿色、深绿色、黄绿色、褐色至黑褐色

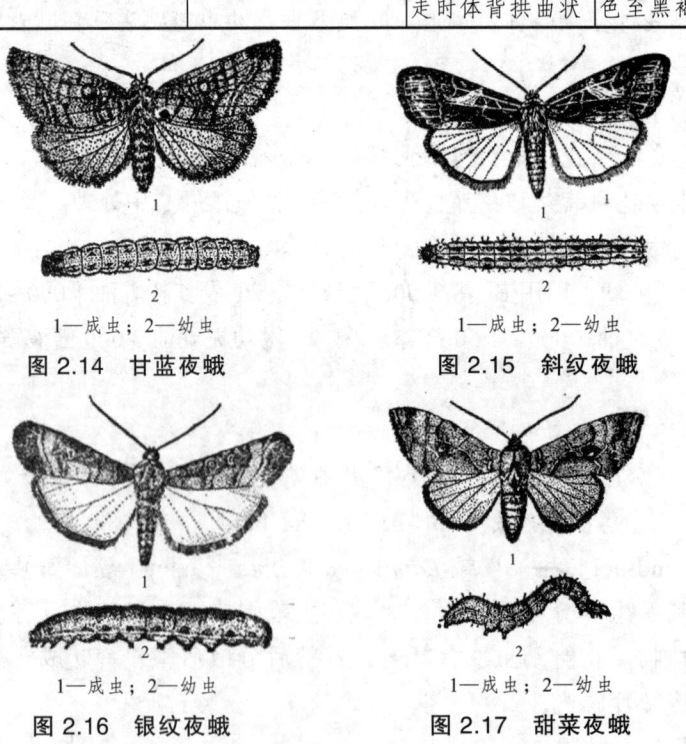

1—成虫；2—幼虫
图2.14 甘蓝夜蛾

1—成虫；2—幼虫
图2.15 斜纹夜蛾

1—成虫；2—幼虫
图2.16 银纹夜蛾

1—成虫；2—幼虫
图2.17 甜菜夜蛾

2. 发生特点（表2.4）

表2.4 四种夜蛾发生特点

种类 项目	甘蓝夜蛾	斜纹夜蛾	银纹夜蛾	甜菜夜蛾
发生特点	1年发生2~3代，以蛹在土壤中越冬。成虫日伏夜出，有强烈趋光性和趋化性。卵产于叶背。初孵幼虫群集叶背危害后分散，4龄后日伏夜出，食料缺乏时有成群迁移习性。幼虫老熟后入土结茧化蛹	1年发生4~9代，主要以蛹或幼虫在土壤中越冬。南方无明显越冬现象。成虫早晚及夜间活动。对糖酒、醋液及黑光灯有强烈趋性。卵块产于叶背，上覆灰黄色绒毛。初孵幼虫群集叶背危害，2龄后分散，日伏夜出，食料缺乏时有成群迁移习性。幼虫老熟后入土化蛹	1年发生3~7代，以蛹在土壤中越冬。成虫昼伏夜出，有趋光性，趋化性弱。卵散产于叶背。幼虫危害植物叶片，老熟后多在叶背结粉白色茧化蛹	1年发生4~5代，以蛹在土室内越冬。成虫日伏夜出，有趋光性。卵多块产在植株叶背面，其上覆盖白色鳞片。1~2龄幼虫群集，吐丝结网危害。3龄后分散危害，有假死性和互残性。一般5~9月发生，以7~8月受害严重

3. 防控技术

（1）在成虫盛发期，利用糖醋毒液或灯光诱杀成虫。

（2）结合园艺植物管理，人工摘除卵块和初孵幼虫危害叶片，集中处理。

（3）保护利用自然天敌，如各种寄生蜂、寄生蝇等，充分发挥其自然控制作用。

（4）在低龄幼虫期用Bt乳剂500倍液，或5%卡死克乳油1 000~1 500倍液，或50%辛硫磷乳油1 000~2 000倍液在下午或傍晚喷雾防控。

（五）菜螟

菜螟 *Hellula undalis* Fabricius，又名钻心虫，属鳞翅目，螟蛾科。广泛分布于全国各地。主要危害十字花科白菜类、甘蓝类、芥菜类和萝卜等根菜类蔬菜，还可危害菠菜。以萝卜、白菜、甘蓝受害最重。

低龄幼虫蛀食幼苗心叶，吐丝结网，轻则影响菜苗生长，重者可致幼苗枯死，造成缺苗断垄。高龄幼虫除啃食心叶外，还可蛀食茎髓和根部，并可传播细菌软腐病，引致菜株腐烂死亡。

1. 形态识别

成虫体长约7 mm，灰白色。前翅灰褐色，有3条明显的灰白色波状横纹，肾状纹深褐色，周围灰白色。后翅灰白色。成熟幼虫体长12~14 mm，头黑色，胸腹部淡黄褐色，体背有5条灰褐色纵线。中后胸各有6对成行排列的毛瘤，腹部各节背面有2行毛瘤，前排8个，后排2个（图2.18）。

2. 发生特点

1年发生3~9代，以老熟幼虫结丝囊在避风向阳的菜地里越冬。次春，越冬幼虫在土内化蛹。成虫白天潜伏在叶片下，夜间活动。趋光性不强，飞翔力也弱。卵多散产于菜苗嫩叶上。幼虫有转株危害习性。气候及土壤干燥均有利于菜螟大发生。

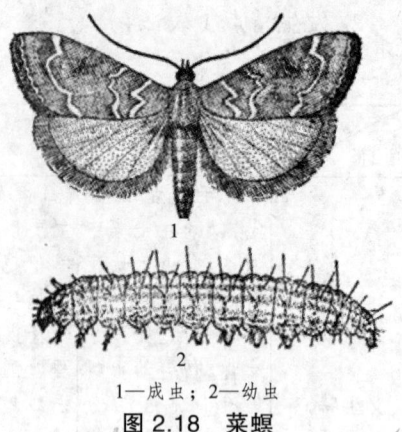

1—成虫；2—幼虫

图2.18 菜螟

3. 防控技术

（1）春、秋季深耕翻土，消灭部分虫源。

（2）与非十字花科蔬菜轮作。

（3）适当调整播种期，使植株3~5片真叶期与菜螟盛发期错开，以减轻危害。

（4）及时拔除虫苗集中处理。

（5）药剂防控。低龄幼虫期用5%农梦特乳油4 000倍液，或5%卡死克乳油4 000倍液，或25%灭幼脲3号悬浮剂500~1 000倍液，或40%菊马乳油2 000~3 000倍液喷雾。

（六）黄条跳甲

黄条跳甲又名地蹦子，是世界性害虫。危害蔬菜的黄条跳甲有四种，即黄曲条跳甲 *PhYlIotreta strialata* Fabr.，黄直条跳甲 *P. reetiIineata* Chen.，黄狭条跳甲 *P.vittula* Rede. 和黄宽条跳甲 *P. humilis* Weise.。其中以黄曲条跳甲分布最广，危害严重。主要危害十字花科蔬菜幼苗，受害较重的有白菜、油菜、萝卜、芥菜、菜花等。成虫主要咬食叶片，食叶成孔洞。受害严重的幼苗不能继续生长而死亡，造成缺苗毁种。幼虫在土中蛀食根表皮，形成弯曲虫道，咬断须根，致使地上部分的叶片变黄而萎蔫枯死，影响齐苗。成虫和幼虫还能传播软腐病。

1. 形态识别

成虫体长约2.2 mm，椭圆形，黑色，有光泽。鞘翅上有两条黄色曲纹，后足腿节膨大，善于跳跃。成熟幼虫体长约4 mm，长圆筒形，头部及前胸背板淡褐色，胸腹部黄白色，各节都有突起的肉瘤（图2.19）。

2. 发生特点

在我国1年发生4~8代,世代重叠。以成虫在地面的菜叶反面或残株落叶及杂草丛中越冬。翌年气温上升到10 ℃以上开始活动、取食。在华南地区可终年繁殖,无越冬现象。成虫善于跳跃,高温时还能飞翔,一般中午前后活动最盛。成虫有趋光性,对黑光灯敏感。卵散产于植株周围湿润的土隙中或细根上。初孵幼虫即在土中危害根部,老熟幼虫在3~7 cm土中筑土室化蛹。一般春秋季危害严重,并且秋季重于春季。

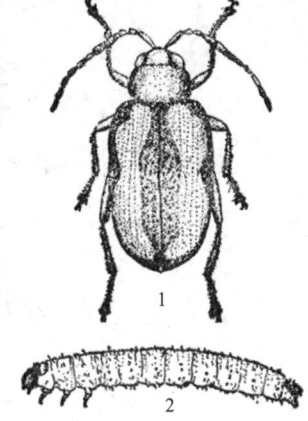

1—成虫;2—幼虫
图2.19 黄曲条跳甲

3. 防控技术

(1)与非十字花科蔬菜轮作,减轻危害。

(2)清除残株落叶和杂草,以减少虫源。

(3)播种前深耕晒土,消灭部分幼虫、蛹。

(4)成虫发生初期用50%辛硫磷乳油1 500倍液,或20%速灭杀丁、2.5%敌杀死乳油2 500倍液,从田边向田内喷雾;幼虫危害期用50%辛硫磷乳油1 500倍液,或40%乐斯本乳油灌根。

(七)猿叶虫

猿叶虫成虫俗称乌壳虫,幼虫俗称癞虫、弯腰虫,属鞘翅目,叶甲科。各蔬菜产区均有分布。它包括大猿叶虫 *Colaphellus owringi* Baly 和小猿叶虫 *Phaedon brassicae* Baly 两种。以成、幼虫主要危害白菜、芥菜、萝卜等的叶片,致叶片呈孔洞或缺刻,严重时食叶成网状,仅留叶脉及虫粪污染,不能食用,造成叶菜减产。

1. 形态识别(表2.5、图2.20)

表2.5 两种猿叶虫形态特征

虫态＼种类	大猿叶虫	小猿叶虫
成虫	成虫体长4~5 mm,长椭圆形。前胸背板及鞘翅上有不规则大刻点,小盾片三角形	成虫体长3~4 mm,近圆形。鞘翅上有11行小刻点,小盾片圆形
幼虫	成熟幼虫体长约7 mm,灰黄色。头黑色,各体节有大小不同的黑色肉瘤20个左右	成熟幼虫体长约6~7 mm,灰黑色,各体节有排列成行的黑色肉瘤8个,其上有刚毛

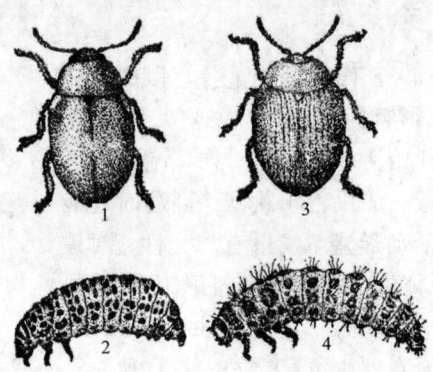

1、2—大猿叶虫；3、4—小猿叶虫

图 2.20 猿叶虫

2. 发生特点（表 2.6）

表 2.6 两种猿叶虫发生特点

项目 \ 种类	大猿叶虫	小猿叶虫
发生特点	1 年发生 2～6 代，以成虫在枯枝落叶、土缝石块下越冬。成、幼虫均有假死性。卵成行或成堆产于心叶、叶腋或菜根附近土表。幼虫老熟后，入土作土室化蛹	1 年发生 3 代，以成虫在枯枝落叶、土块下越冬。成、幼虫均有假死性。卵散产于叶脉、叶柄组织内。幼虫老熟后，入土化蛹

3. 防控技术

（1）清除田间杂草及枯叶，集中处理，减少虫源。

（2）人工振落捕杀成、幼虫。

（3）点片发生期，用 50% 辛硫磷乳油 1 500 倍液，或 20% 速灭杀丁、2.5% 敌杀死乳油 2 500 倍液，或 20% 菊马乳油 2 000～3 000 倍液喷雾。

（八）黄翅菜叶蜂

黄翅菜叶蜂 *Athalia rosae japonensis*（Rhower），属膜翅目，叶蜂科。分布于全国各地。初孵幼虫啃食芜菁、白菜、甘蓝、萝卜、芥菜等十字花科植物叶肉，使叶片呈纱布状。稍大后咬食叶片成孔洞或缺刻，严重时食光叶片，仅剩叶脉。也可危害留种株嫩茎、花和嫩荚。

1. 形态识别

成虫体长 7～8 mm，橙黄色，头部和中后胸黑色，其余部分橙黄色。翅淡黄色，前翅前缘有一黑色带。成熟幼虫体长约15 mm，头部黑色，身体蓝黑色。体多皱纹并密生很多小颗粒（图2.21）。

2. 发生特点

1年发生5~7代。以老熟幼虫在土中结茧越冬。成虫白天活动。卵散产于叶缘组织内。成、幼虫均有假死性。幼虫老熟后入土结茧化蛹。

3. 防控技术

（1）蔬菜收获后耕地灭虫。

（2）利用其假死习性，清晨人工振落捕杀成、幼虫。

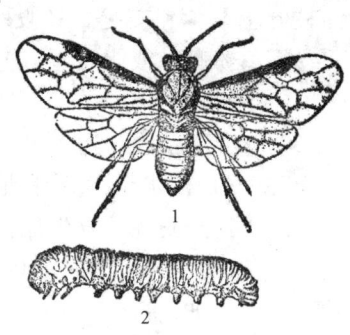

1—成虫；2—幼虫

图2.21 黄翅菜叶蜂

（3）低龄幼虫期，用25%灭幼脲3号悬浮剂500~1 000倍液，或5%农梦特乳油4 000倍液，或5%卡死克乳油4 000倍液，或40%菊马乳油2 000~3 000倍液喷雾。

（九）菜蝽

菜蝽 *Eurydema dominulus*（Scopoli），属半翅目，蝽科。国内除少数省份外均有分布。以成虫和若虫刺吸甘蓝、花椰菜、白菜、萝卜、油菜、芥菜等十字花科蔬菜汁液，尤喜刺吸嫩芽、嫩茎、嫩叶、花蕾和幼荚。被刺处留下黄白色至微黑色斑点。幼苗子叶期受害则萎蔫甚至枯死；花期受害则不能结荚或籽粒不饱满。此外，还可传播软腐病。

1. 形态识别

成虫体长6~9 mm，橙红或橙黄色，有黑色斑纹。头部黑色，侧缘上卷，橙色或橙红。前胸背板上有6个大黑斑，略成两排，前排2个，后排4个。小盾片基部有1个三角形大黑斑，近端部两侧各有1个较小黑斑，小盾片橙红色部分成Y字形，交会处缢缩。翅革片具橙黄或橙红色曲纹，在翅外缘形成2黑斑；膜片黑色，具白边。足黄、黑相间。腹部腹面黄白色，具4纵列黑斑。若虫与成虫相似，虫体与翅芽均有黑色与橙红色斑纹（图2.22）。

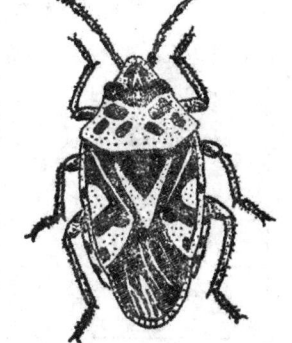

图2.22 菜蝽成虫

2. 发生特点

主要以成虫在田边、地埂、荒地、林带、果园残枝落叶层中越冬。成虫寿命长，产卵期长。具有趋嫩、喜光特性，多栖息在植株顶端幼嫩处和阳光直射的枝叶上取食和交配。具假死性，受惊后即假死坠落，或振翅飞走。若虫稍遇震动即纷纷爬散或假死坠落，1~2 min后才恢复活动。

3. 防控技术

（1）早春清除田边、渠边、林带及果园内野生的十字花科杂草。

（2）适时浇水，淹杀产在地面的第一代卵块，一般浸水8 d可淹杀50%的卵块。

（3）药剂防控。发生危害初期可选用10%吡虫啉可湿粉剂2 000~2 500倍液，或2.5%敌杀死乳油3 000倍液，或50%辛硫磷乳油1 000倍液，或2.5%功夫乳油3 000倍液。

单元二　茄科蔬菜病虫害绿色防控技术

茄科蔬菜病虫害种类较多，病害主要有番茄病毒病、早（晚）疫病、叶霉病、青枯病、灰霉病、枯萎病；茄子黄萎病、褐纹病；辣椒炭疽病、病毒病、疫霉病；马铃薯晚疫病、环腐病、病毒病等。重要的害虫有棉铃虫、烟草夜蛾、茶黄螨、朱砂叶螨、茄黄斑螟、马铃薯瓢虫、马铃薯块茎蛾等。这些病虫危害番茄、茄子、辣椒、马铃薯，严重影响产量和品质。

一、茄科蔬菜病害

（一）番茄病毒病

番茄病毒病是番茄生产上的重要病害之一。症状表现主要有三种类型，即花叶型、蕨叶型、条斑型，其中以条斑型最为严重。

1. 症状识别（表2.7，图2.23）

表2.7　番茄病毒病症状特征

症状类型	症状特征
花叶型	叶片上出现黄绿相间的斑驳，叶脉透明，叶片略有皱缩，病株略矮，新叶和果实小，果表多呈花脸状
蕨叶型	由上部叶片开始全部或部分变成条状，中、下部叶片向上微卷，花瓣增大，植株不同程度矮化
条斑型	叶片上表现茶褐色斑点或花叶，叶脉紫色，茎上出现暗绿色到黑褐色下陷的油渍状坏死条斑，病茎质脆，易折断，果实上多形成不同形状的褐色斑块，但变色部分仅在表层组织，不深入到茎和果肉内部，随着果实发育，病部凹陷而成为畸形僵果

2. 病原

番茄病毒病的毒源有 20 多种。其中烟草花叶病毒（TMV）主要引起花叶症状；黄瓜花叶病毒（CMV）主要引起蕨叶症状；烟草卷叶病毒（TLMV）引起卷叶症状。

3. 发病特点

一般春季大棚番茄生长前期发病较轻，进入 5 月以后，蕨叶和花叶症状开始加重。秋延后番茄病毒病比春大棚严重，主要为蕨叶和条斑病毒。棚室昼夜温差小，播期早，定植苗龄大，均可加重病毒病的危害。高温、干旱，蚜虫危害重，植株生长势弱，重茬等，均易引起病毒病的发生。病毒病主要通过田间操作接触传播，也可通过蚜虫、机械传播。

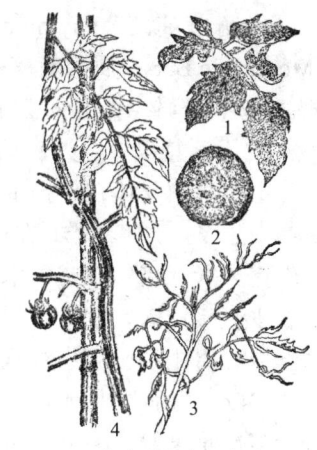

1、2—花叶型病叶和病果；
3—蕨叶型病叶；4—条斑型病株

图 2.23 番茄病毒病

4. 防控技术

（1）选用抗病品种。

（2）选留无病种子，培育无病壮苗。

（3）在播前用清水浸泡种子 4 h 后放入 10% 磷酸三钠液中浸 20 min，捞出用清水冲洗干净后催芽播种。

（4）及时清除病株和病残体；田间操作时，注意手和工具的消毒，防止病害扩展蔓延。

（5）蚜虫点片发生时，用 10% 吡虫啉可湿粉剂 2 000～2 500 倍液，或 0.4% 杀蚜素水剂 200～400 倍液喷雾，减少蚜虫的传毒机会。发病初期可用 2% 宁南霉素水剂 300 倍液，或 20% 病毒 A 可湿性粉剂 500 倍液喷雾防控。

（二）番茄晚疫病

1. 症状识别

幼苗、成株的叶、茎、果均可发病，以成株期的叶片和青果受害较重。幼苗感病，叶片出现暗绿色水渍状病斑，并向主茎发展，使叶柄和茎变细呈黑褐色而腐烂倒状，全株萎蔫。成株期发病，多从下部叶片开始，形成暗绿色水渍状边缘不明显的病斑，扩大后呈褐色。湿度大时叶背病健交界处出现白霉，干燥时病部干枯，脆而易破。茎部发病，初期病斑呈黑色凹陷，后变黑褐腐烂，引起病部以上枝叶萎蔫。青果发病，病斑呈油渍状暗绿色，病部较硬，稍凹陷，呈黑褐色腐烂，边缘呈明显的云纹状。湿度大时病部产生白色霉层（图 2.24）。

2. 病原

致病疫霉菌 Phytophthora infestans (Mont.) de Bary，属鞭毛菌亚门、疫霉属。危害番茄和马铃薯，且对番茄的致病力强。

3. 发病特点

主要以菌丝体在保护地番茄及马铃薯块茎中越冬。次年春季，在适宜的条件下，产生孢子囊，借气流或雨水传播，从气孔或表皮直接侵入，在田间形成中心病株。菌丝体在寄主细胞间或细胞内扩展蔓延，经 3～4 d，病部长出孢子囊，借风雨传播，进行多次重复侵染，引起病害流行。低温、潮湿是病害发生流行的主要条件。

1—病叶；2—病果

图 2.24 番茄晚疫病

4. 防控技术

（1）选用抗病品种。

（2）与非茄科作物实行 3 年以上轮作。

（3）合理密植，及时整枝，改善通风透光条件；晴天浇水，并防止大水漫灌，保护地浇灌后适时通风；施足底肥，采用配方施肥。

（4）及时清除中心病株后，选用 72% 杜邦克露可湿性粉剂 800 倍液，或 60% 安克锰锌可湿性粉剂 1 500 倍液，或 40% 疫霉灵可湿性粉剂 250 倍液等喷雾防控。

（三）番茄早疫病

番茄早疫病又称为轮纹病，是危害番茄的重要病害之一，各地普遍发生。近年来，一些地区由于推广抗病毒病而不抗早疫病的番茄品种，导致早疫病严重发生。此病除危害番茄外，还可危害茄子、辣椒和马铃薯等茄科蔬菜。

1. 症状识别

早疫病可危害番茄的叶、茎和果实。叶片受害，多从下部叶片开始，出现近圆形褐色病斑，有明显的同心轮纹和黄绿色晕圈，潮湿时病斑上生有黑色霉层。严重时病斑相连呈不规则形，病叶干枯脱落；茎部病斑多在分枝处产生，黑褐色、椭圆形、稍凹陷，也有同心轮纹；果实发病多在果蒂或裂缝处，病斑黑褐色、近圆形、凹陷，也有同心轮纹，上有黑色霉层，病果易腐烂（图 2.25）。

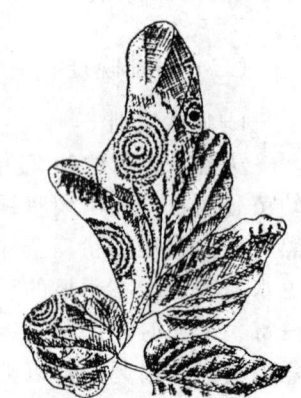

图 2.25 番茄早疫病

2. 病原

茄链格孢菌 *Alternaria solani*（Ell.et Mart.）Jones et Grout.，属半知菌亚门、链格孢属真菌。病菌有致病性分化，不同地区菌株间致病力差异明显。

3. 发病特点

病菌以菌丝体和分生孢子随病残体在土壤中或种子上越冬。第二年分生孢子借气流、雨水及农事操作传播，由寄主的气孔、皮孔或表皮直接侵入。再侵染频繁。番茄早疫病的发生、流行与温湿度、植株的生长状况及品种抗病性等关系密切。田间温度高、湿度大有利于侵染发病。多雾、阴雨，病害易流行。此外，病害多在结果后开始发病，结果盛期进入发病高峰。

4. 防控技术

（1）种植抗（耐）病品种。

（2）种子消毒。用 52 ℃ 温水浸种 30 min；或种子预浸 4 h 后，移入 0.5% 硫酸铜溶液中浸 5 min，洗净催芽。

（3）加强栽培管理。收获后及时清除田间植株残体；与非茄科蔬菜实行 2 年轮作；合理密植，以利植株通风透光，降低湿度，避免或减少叶面结露；配方施肥，施足底肥，及时追肥。

（4）药剂防控。保护地可采用粉尘剂或烟剂，如 5% 百菌清粉尘剂 1 kg/667 m^2，或 10% 速克灵烟剂 250 g/667 m^2。

发病初期用 2% 农抗 120 水剂 150 倍液，或 2% 武夷霉素 200 倍液，或 50% 扑海因可湿性粉剂 1 000～1 500 倍液，或 70% 代森锰锌可湿性粉剂 600 倍液，或 10% 世高水分散颗粒剂 1 500～2 000 倍液，或 10% 宝丽安可湿性粉剂 1 500 倍液等喷雾。间隔 7～10 d，连续用药 2～3 次。

（四）番茄叶霉病

番茄叶霉病俗称"黑毛"，是棚室番茄常见病害和重要病害之一。在我国大部分番茄种植区均有发生，以保护地番茄上发生最严重。该病仅发生在番茄上，造成严重减产。

1. 症状识别

主要危害叶片，严重时也可危害果实。叶片发病，正面为黄绿色、边缘不清晰的斑点，叶背初为白色霉层，后霉层变为紫褐色。发病严重时霉层布满叶背，叶片卷曲、干枯；果实发病，在果面上形成黑色不规则斑块，硬化凹陷，但不常见（图 2.26）。

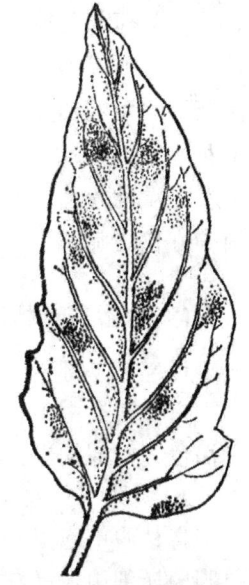

图 2.26 番茄叶霉病

2. 病原

黄枝孢菌 *Cladosporium fulvum* Cooke，属半知菌亚门、褐孢霉属真菌。

3. 发病特点

病菌以菌丝体和分生孢子在病残体和种子内越冬。翌年分生孢子借气流传播，由寄主气孔、萼片、花梗等处侵入，引起初侵染及使种子带菌；病害的再侵染频繁。

温湿度是影响发病的主要因素。保护地遇阴雨天气，棚内通风不良，光照不足，叶霉病就会扩展迅速；而晴天光照充足，棚室内短期增温至 30 ℃~36 ℃，就会对病害有明显的抑制作用。此外，种植过密，生长过旺，管理粗放，发病严重。病害从发生到流行成灾，一般在半个月左右。

4. 防控技术

（1）选用抗病品种。

（2）选用无病种或种子处理。用 52 ℃ 温水浸种 30 min，晾干播种，或 2% 武夷霉素 150 倍液浸种，或 2.5% 适乐时悬浮种衣剂 4~6 ml/kg 种子拌种。

（3）加强栽培管理。重病区与瓜类、豆类实行 3 年轮作；合理密植、及时整枝打杈、摘除病叶老叶，加强通风透光；施足有机肥，适当增施磷、钾肥，提高植株抗病力；雨季及时排水，保护地可采用双垄覆膜膜下灌水方式，降低空气湿度，抑制病害发生。

（4）药剂防控。保护地可用 45% 百菌清烟剂 250 g/667 m² 熏烟；或用 5% 百菌清、7% 叶霉净或 6.5% 甲霉灵粉 4 剂 1 kg/667 m²。8~10 d 1 次，交替轮换施用。发病初期可用 10% 世高水分散颗粒剂 1 500~2 000 倍液，或 25% 阿米西达 1 500~2 000 倍液，或 50% 扑海因可湿性粉剂 1 500 倍液，或 47% 加瑞农可湿性粉剂 800 倍液，或 2% 武夷霉素 150 倍液，或 75% 百菌清可湿性粉剂 600 倍液喷雾。每隔 7 d 喷 1 次，连续喷 3 次。

（五）番茄青枯病

1. 症状识别

病株初期中午萎蔫，傍晚恢复。2~3 d 后枯死，植株仍为青色，维管束变黑褐色，髓部变褐色腐烂，用手挤压有白色细菌黏液溢出（图 2.27）。

2. 病原

青枯假单胞菌 *Pseudomanas solanacearum* Smith，属细菌域、薄壁菌门、假单胞菌属细菌。危害番茄、茄子、辣椒、马铃薯等。

3. 发病特点

病菌主要随病残体在田间或马铃薯块茎上越冬。无寄主时，病菌可在土中营腐生生活长达 14 个月，成为该病主要初侵染源。该菌主要通过雨水和灌溉水传播，病薯块及带菌肥料也可传播。病菌从根部或茎基部伤口侵入，在植株体内的维管束组织中扩展，造成导管堵塞及细胞中毒。高温、高湿条件发病严重。

4. 防控技术

（1）与十字花科蔬菜或禾本科作物轮作 4 年以上，水旱轮作更好。

（2）采用高畦栽培，或作好排水工作。

（3）及时拔除病株，并施石灰于穴中。

（4）发病初期用康地蕾得多粘类芽孢杆菌可湿性粉剂 100 倍液，或 77% 可杀得可湿性粉剂 500 倍液，或 12% 绿乳铜乳油 500 倍液，或 20% 农用链霉素可湿性粉剂 1 000 倍液灌根。每 10 d 灌 1 次，共灌 2~3 次。

图 2.27 番茄青枯病

（六）番茄灰霉病

1. 症状识别

花、果、叶、茎均可发病。花部被害，柱头或花瓣先被侵染，后向果实或果柄扩展，致使果皮呈灰白色，并生有厚厚的灰色霉层，呈水腐状。叶片发病多从叶尖开始，沿支脉间成 V 形向内扩展。初呈水渍状，展开后为黄褐色，边缘有深浅相间的线纹。病、健组织界限分明。茎发病，初呈水渍状小点，后扩展成浅褐色、长圆形或条状病斑，严重时病部以上枯死。潮湿时，病斑表面生灰色霉层（图 2.28）。

2. 病原

灰葡萄孢菌 *Botrytis cinerea* Pets. ex Fr.，属半知菌亚门、葡萄孢属真菌。

3. 发病特点

主要发生在大棚内。病菌主要以菌核在土壤中，或以菌丝体及分生孢子在病残体上越冬或越夏。条件

1—病果；2—病果穗

图 2.28 番茄灰霉病

适宜时,菌核萌发,产生菌丝体和分生孢子。病菌借气流、灌溉水及农事操作传播。蘸花是主要的人为传播途径。病菌从伤口、衰老器官等枯死的组织上侵入,花期是侵染高峰期。一般12月至翌年5月,气温达20℃左右,相对湿度持续在90%以上易发病。

4. 防控技术

(1)定植时施足底肥,避免阴、雨天浇水,晴天浇水后应放风排湿,发病后控制浇水和施肥。

(2)及时摘除病果、病叶,清除病残体集中处理。

(3)移栽前用50%速克灵可湿性粉1 500～2 000倍液,或50%扑海因可湿性粉剂1 500倍液喷淋幼苗;定植后结合蘸花,在配好的防落素稀释液中加入0.1%的50%扑海因可湿性粉剂,或0.2%～0.3%的25%甲霜灵可湿性粉剂进行蘸花或涂抹;初发病时,选用60%防霉宝超微粉剂600倍液,或2%武夷霉素水剂150倍液,或50%农利灵可湿性粉剂1 500倍液等喷雾防控。

(七)番茄枯萎病

番茄枯萎病又称萎蔫病或"发瘟",是一种局部受害全株显病的土传维管束病害。多在开花结果期发病,盛果期枯死。常与青枯病并发,严重影响其经济价值。

1. 症状识别

主要危害根茎部。发病初期,植株中、下部叶片在中午前后萎蔫,早、晚恢复正常。以后病情逐渐加重,叶片自下而上逐渐变黄,不脱落,直至枯死。有时仅在植株一侧发病,另一侧的茎叶生长正常。横剖病茎,病部维管束呈褐色。高湿条件下,病株茎基部有粉红色霉层(图2.29)。

2. 病原

番茄尖镰孢菌 *Fusarium oxysporumf*.sp. *Lycopersici* Snyder et Hansen,属半知菌亚门、镰孢菌属真菌。

3. 发病特点

病菌以菌丝体和厚坦孢子随病残体遗留于土中越冬,也可以在土中进行腐生生活达多年。病果种子也能被感染,菌丝即潜伏在种子上过冬。番茄苗移植时,如根部或茎部受伤,土壤中病菌即从伤口侵入,后在植株的维管束内蔓延,并产生有毒物质,称为番茄凋萎素。这种有毒物质随输导组织逐渐扩散,

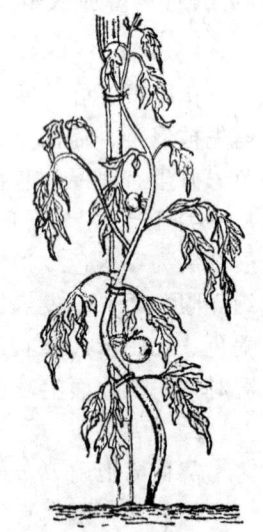

图2.29 番茄枯萎病

因而引起叶片发黄。播种带病种子，也可引起幼苗发病。连作地，土质黏重、偏酸，土壤中积存的枯萎病菌多的田块，氮肥施用过多、磷、钾不足的田块，种子带菌、育苗用的营养土带菌；或有机肥带菌，病菌从伤口侵入而危害。连阴雨后或大雨过后骤然放晴，气温迅速升高；或时晴时雨、高温闷热天气，发病严重。

4. 防控技术

（1）与非本科作物轮作，水旱轮作最好。

（2）选用抗病品种，选用无病、包衣的种子，如未包衣则种子须用拌种剂或浸种剂灭菌。

（3）种子及苗床消毒。播种前用 52 ℃ 温水浸种 30 min，或用 50% 多菌灵可湿性粉剂 500 倍液浸种 1 h，或用硫酸铜 1 000 倍液浸种 5 min，也可用种子重量 0.3% 的 70% 敌克松，或 50% 扑海因粉剂拌种后再播种。配制营养土时，可按 1 m^2 苗床用 50% 多菌灵可湿性粉剂 8~10 g，与 10 kg 干细土配成药土，播种时用药土垫底、盖种。

（4）移栽前或收获后，清除田间及四周杂草，集中烧毁或沤肥；深翻地灭茬、晒土，促使病残体分解，减少病源。

（5）加强栽培管理。采用高畦栽培和测土配方施肥技术，适当增施磷钾肥，增强植株抗病力；及时防控地下害虫，减少植株伤口；发现病株及时清除，并带出田外烧毁，病穴施药或生石灰。

（6）嫁接防病，用野生水茄、毒茄或红茄作砧木，栽培茄作接穗，采用劈接法嫁接，防控效果明显。

（7）药剂防控。发病初期，可向茎基部及周围土壤喷施康地蕾得多粘类芽孢杆菌可湿性粉剂 100 倍液，或 50% 多菌灵可湿性粉剂 500 倍液，或 50% 甲基托布津可湿性粉剂 500 倍液。也可用 10% 双效灵水剂 200 倍液，或 5% 菌毒清 400 倍液，或 50% DT 可湿性粉剂 400 倍液，或 70% 敌克松可湿性粉剂 500 倍液灌根，每株灌药液 300~500 ml，每 7~10 d 灌 1 次，连灌 2~3 次。

（八）茄子黄萎病

茄子黄萎病又称半边疯、凋萎病、黑心病，是茄子的主要病害之一，也是土传病害。在茄子生长前期一般不表现症状，多在坐果后，才开始表现症状，所以常常延误防控时机，造成较大损失。一般年份发病率为 40%~50%，严重年份发病率达 70% 以上。

1. 症状识别

一般在茄坐果后开始表现症状，多自下而上或从一边向全株发展。初期先从叶缘及叶脉间变黄，逐渐发展至半边叶片或整张叶片。发病早期，病叶在晴天中午前后表现萎蔫，但早晚可以恢复正常。后期病叶萎蔫后不再恢复，病叶色泽由黄变褐，有时叶缘向上卷曲，萎蔫下垂或脱落，严重时病株叶片脱光仅留茎秆。剖视病茎和病根等部，可见维管束变褐色。病株着生的果实变小，质硬，纵切病株上成熟的果实，其维管束也呈黑褐色（图2.30）。

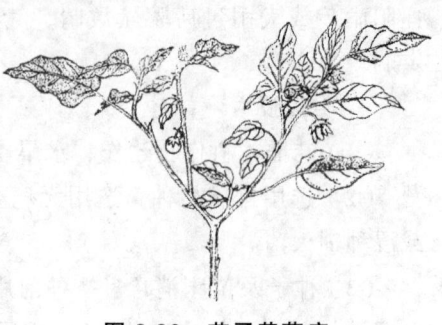

图 2.30 茄子黄萎病

2. 病原

大丽花轮枝孢菌 *Verticillium dahliae* Kleb.，属半知菌亚门、轮枝孢属真菌。

3. 发病特点

以菌丝体、厚垣孢子和拟菌核随病残体在土壤中越冬。一般在土壤中可存活6~8年。次年在环境条件适宜时，病菌从茄根部伤口，或直接从幼根的表皮及根毛侵入，引起发病。病菌在维管束内不断扩展、繁殖，并扩展到枝叶。该病在当年不再进行重复侵染。一般气温低，定植时根部伤口愈合慢，利于病菌从伤口侵入。地势低洼、施用未腐熟的有机肥，灌水不当及连作地发病重。定植过早，栽苗过深，起苗带土少，伤根多等因素，会加重发病。

4. 防控技术

（1）选用抗病品种。

（2）用温水浸种等方法进行种子处理。

（3）与非茄科作物实行4年以上轮作，实行水旱轮作1年效果更好。

（4）及时清除病残体，集中处理。

（5）发病初期用10%治萎灵水剂300倍液，或50%琥胶肥酸铜可湿性粉剂350倍液，或12.5%增效多菌灵浓可溶剂200~300倍液，或70%黄萎绝可湿性粉剂600~800倍液灌根。每株灌药液100 ml，5~7 d灌1次，连灌2~3次。

（6）用野茄2号、苏茄1号、托落巴姆、野生水茄、毒茄或红茄作砧木，栽培茄作接穗，采用劈接或插接法嫁接，防病效果显著。

（九）茄子褐纹病

茄子褐纹病又称褐腐病、干腐病，是茄子的重要病害之一，全国各地都有发生。危害茄子的叶、茎、果实，常造成烂叶、烂果，对产量影响很大。

1. 症状识别

苗期受害,茎基部出现梭形、褐色的凹陷病斑,病斑上有黑色小点。幼苗猝倒或立枯。成株期感病,下部叶片出现灰白色、水渍状小圆斑,渐扩大为不规则、边缘褐色、中央浅黄色病斑,其上轮生小黑点。后期病斑常干裂,穿孔,脱落。茎基部受害,病斑梭形,边缘褐色,中央灰白色,凹陷,后扩大为干腐溃疡斑,其上密生黑色小点。病斑绕茎1周时,常造成整株枯死。果实受害,初期呈浅褐色、椭圆形,后扩展呈黑褐色病斑,凹陷。果实腐烂,病斑上出现同心轮纹(图2.31)。

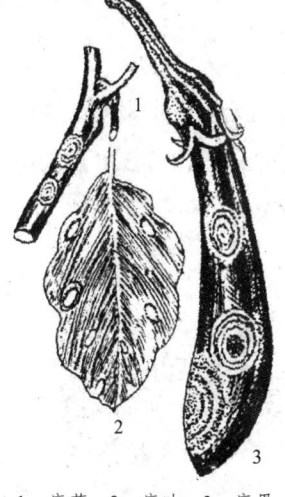

1—病茎;2—病叶;3—病果

图2.31 茄子褐纹病

2. 病原

茄子褐纹菌 *Phomopsis vexans*(Sace.et Syd.) Harter,属半知菌亚门、拟茎点霉属真菌。该病菌仅危害茄子。

3. 发病特点

以菌丝体、分生孢子器在病残体上,或以菌丝体潜伏在种皮内,或以分生孢子附着在种子表面越冬,成为来年的初侵染源。在种子上和土壤中的病菌可存活2~3年以上。种子带菌常引起苗期猝倒和立枯,土壤带菌常引起茎基部溃疡。病部产生的分生孢子由伤口或表皮直接侵入,引起多次再侵染。多年连作,氮肥过多或土质黏重,地势低洼,排水不良导致地块发病严重。品种间抗病性差异明显。

4. 防控技术

(1)选用抗病品种。

(2)清除病残体,集中烧毁。

(3)与非寄主植物轮作,或实行无病土育苗。

(4)发病初期,用40%福星乳油8 000~10 000倍液,或10%世高水分散剂6 000~8 000倍液,80%山德生可湿性粉剂600~1 000倍液喷雾防控。

(十)辣椒炭疽病

辣椒炭疽病是辣椒常见而又严重的病害,全国各地均有发生。

1. 症状识别

叶片发病,初为褪绿、水渍状斑点,逐渐变为中间淡灰色、边缘褐色的病斑,其上轮生小黑点。果柄受害,产生不规则褐色凹陷斑,易干裂。果实被害，初现水渍状黄褐色圆斑或不规则斑，斑面有隆起的同心轮纹状小黑点，低湿条件下病部干缩呈膜状，易破裂，潮湿时病斑表面溢出红色黏稠物（图2.32）。

2. 病原

引起辣椒炭疽病的有辣椒炭疽菌 *Cotletotrichum capsici*（Syd.）Butl&Bisby.和辣椒刺盘孢菌 *Vermicularia capsici* Syd.，均属半知菌亚门、炭疽菌属真菌。

3. 发病特点

以分生孢子在种子表面或以菌丝体在种子内部或随病残体在土壤中越冬。次年在适宜条件下产生分生孢子，通过风雨、昆虫等传播，从伤口侵入，引起初侵染和多次再侵染。病菌发育最适温度27 ℃，相对湿度95%左右。棚室种植条件下，由于湿度大，温度高，往往发病较重。受日灼伤害以及受各种损伤的果实炭疽病发生严重。种植密度大，排水不良以及施肥不当或氮肥过多，也会加速该病的发生、扩展和蔓延。

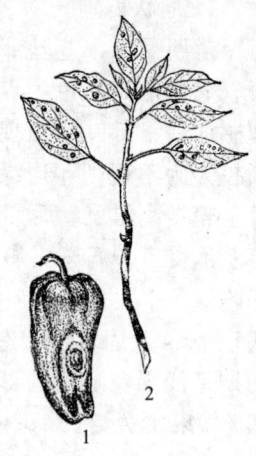

1—病果；2—病株

图2.32 辣椒炭疽病

4. 防控技术

（1）选用抗病品种，用无病株留种。

（2）实行2～3年轮作。

（3）用温水浸种等方法进行种子处理。

（4）合理密植，配方施肥，棚室适时通风，避免高温、高湿。

（5）及时清除病残体。

（6）发病初期喷洒50%炭疽福美可湿性粉剂300～400倍液，或10%世高水分散剂6 000～8 000倍液，或25%使百克乳油1 000～1 500倍液防控。

（十一）辣椒病毒病

辣椒病毒病又叫辣椒花叶病，在全国各地都有发生，在四川发生普遍，近年有危害加重趋势，是辣椒的重要病害。辣椒受害，一般减产30%左右，严重的减产达60%～70%；早期受害的植株，可造成绝产。

1. 症状识别

辣椒病毒病田间症状表现多种多样，主要有两种症状类型。

（1）畸形。发病初期幼叶叶脉退绿，出现斑驳、花叶。以后病叶增厚，狭窄呈畸形；植株矮小、丛生，呈丛簇状。病果呈现深绿与浅绿相间的花斑，并有瘤状突起，病果小而畸形，易脱落。

（2）花叶和坏死。病叶上呈现显著的浓绿与淡绿相间的花叶症状，同时叶片皱缩。有些品种则呈现褐色坏死斑，在叶片主脉、茎部发生坏死性条斑，还可引起落果，发病严重时，造成植株枯死（图2.33）。

2. 病原

引起辣椒病毒病的病原病毒，全世界已报道的有10多种。在我国主要是黄瓜花叶病毒（CMV）和烟草花叶病毒（TMV）两种。

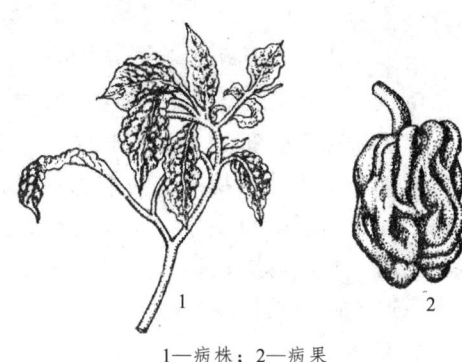

1—病株；2—病果

图2.33　辣椒病毒病

3. 发病特点

黄瓜花叶病毒寄主范围广，据调查有120余种植物。病毒可在多年生宿根杂草和保护地蔬菜上越冬。在自然条件下主要靠蚜虫（桃蚜、萝卜蚜）传毒，也可机械传毒，进行再侵染。烟草花叶病毒在土壤中病残体及种子上越冬，成为来年发病的初次侵染来源，再次侵染主要通过农事操作汁液接触传染。高温干旱的气象条件，有利于蚜虫活动和繁殖，而不利植株生长，抗病力降低，则病毒病发生严重。多年连作，毒源植物相邻种植，则病害发生严重。

4. 防控技术

（1）选用抗（耐）病品种。

（2）种子处理。选用无病地留种。在播种前用清水浸泡种子3～4 h，再浸入10%磷酸三钠溶液中浸20～30 min，然后用清水冲洗干净，再催芽播种。

（3）加强栽培管理。适期播种，培育壮苗，合理施肥。及时拔除病株烧毁或深埋。

（4）早期治蚜。从苗期开始，发现蚜虫应用50%抗蚜威可湿性粉剂2 000倍液，或20%菊马乳油3 000倍液，或40%氰戊菊酯乳油4 000倍液喷雾。

（5）药剂防控。在发病初期，可喷洒1.5%植病灵乳油500倍液，或20%病毒A可湿性粉剂1 000倍液，或83增抗剂600倍液，或5%菌毒清水剂500倍液喷雾。每隔10 d左右喷1次，连续喷3～4次。

（十二）辣椒疫霉病

辣椒疫霉病是保护地辣椒毁灭性的土传病害，发病严重时植株成片死亡。

1. 症状识别

苗期、成株期均可发病。苗期发病，主要危害茎基部，使病部腐烂缢缩，幼苗倒伏，枯萎死亡。成株期叶片发病，呈暗绿色、水渍状、圆形或近圆形病斑。以后病斑迅速扩大，叶片软腐。干燥后病斑成淡褐色，叶片脱落。茎部受害，初期产生水渍状病斑，后期病部变为黑褐色，皮层软腐，病部以上枝叶迅速凋萎，易折断。果实发病始于蒂部，先出现水渍状斑点，暗绿色，后病斑扩展成条状，果皮变褐软腐，果实多脱落或失水成僵果，残留枝上。潮湿条件下，在病部产生白色霉状物。

2. 病原

辣椒疫霉菌 *Phytophthora capsici* L.，属鞭毛菌亚门、疫霉属真菌。

3. 发病特点

主要以卵孢子随病残体上在土壤中越冬。次年春季，在适宜的条件下，产生孢子囊，借气流或雨水传播，孢子囊释放出游动孢子或直接侵入，引起植株发病，在田间形成中心病株。后又产生孢子囊，借气流或雨水传播，进行多次重复侵染，引起病害流行。在日照少、空气湿度大、土壤蒸发量小的条件下，发病严重。

4. 防控技术

（1）选用无病新土育苗或进行苗床消毒。

（2）注意通风透光，避免高温、高湿。

（3）及时拔除病株，并清除出棚室集中处理。

（4）发病初期喷洒40%疫霉灵可湿性粉剂250倍液，或58%甲霜灵锰锌可湿性粉剂500倍液，或72%霜脲锰锌可湿性粉剂800倍液防控。棚室中还可使用45%百菌清烟剂熏蒸。

（十三）马铃薯晚疫病

马铃薯晚疫病是马铃薯生产上的一种重要病害，在我国马铃薯产区普遍发生。

1. 症状识别

病害可发生在叶片、叶柄、茎和块茎上。叶片发病，多从叶尖或叶缘开始，产生圆形或半圆形暗绿或暗褐色大斑。在潮湿条件下，病斑迅速扩大，可扩及叶的大半以至全叶，并可沿叶脉侵入叶柄及茎部，形成褐色条斑，使叶片萎蔫下垂，在病斑边缘有一圈白霉，最后整个植株呈焦黑状。薯块感病，形成淡褐色或灰紫色不规则形病斑，略下陷，薯肉变褐色。病薯易被其他腐生菌侵染而软腐（图2.34）。

2. 病原

致病疫霉菌 *Phytophthora infestans*（Mont.）de Bary，属鞭毛菌亚门、疫霉属真菌。主要侵染马铃薯和番茄，马铃薯和番茄上的病原菌能交叉侵染。

3. 发病特点

以带菌种薯为主要初侵染来源。播种病薯后，多数病芽失去发芽能力或在出土前腐烂。出土的幼苗，有的因病菌侵害其生长点或环绕整个幼茎而死亡；有的幼茎抵抗力增强，茎部病斑愈合快而病斑干枯。在适宜的温湿度条件下，病部产生孢子囊，借风雨传播，成为田间

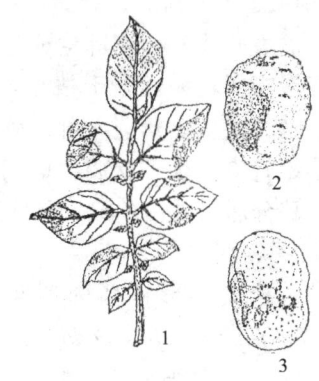

1—病叶；2—病薯；3—病薯切面

图2.34　马铃薯晚疫病

的中心病株。经多次再侵染，引起病害流行。在种植感病品种的地区，气候条件是病害流行的决定性因素。品种间抗病性差异很大。一般株形直立的品种，叶片小而多茸毛、叶肉厚、叶色深绿的品种较抗病。匍匐形的品种，叶片平滑宽大、叶色黄绿，较易感病。开花期最感病。地势低洼、排水不良的地块发病重。平作比垄作发病重。偏施氮肥引起植株徒长，土壤贫瘠使植株生长衰弱，有利于病害发生。

4. 防控技术

（1）选用抗病品种。

（2）选用无病种薯，减少初侵染源；收获前两周割蔓，避免薯块与病株接触，减低薯块带菌率。

（3）选择地势较高，排水良好的砂壤土种植；马铃薯生长后期培土，可减少游动孢子侵染薯块的机会。

（4）药剂防控。发现中心病株后及时拔除，并立即进行药剂防控。可选用47%加瑞农可湿性粉剂800倍液，或72.2%普立克水剂600倍液，或58%甲霜灵锰锌可湿性粉剂600倍液，或64%杀毒矾可湿性粉剂800倍液等喷雾。

（十四）马铃薯环腐病

马铃薯环腐病又称轮腐病，俗称转圈烂、黄眼圈，是一种世界性的由细菌引起的维管束病害。在我国，此病目前已遍及全国各马铃薯产区。据调查，在病区病株率一般在20%，重病地块减产达60%以上。此病不仅影响产量，还造成贮藏时的烂窖，影响块茎质量。

1. 症状识别

危害叶片，初期叶尖或叶缘褐色，叶脉呈黄绿或灰绿色，逐渐干枯并向叶面纵卷，以后整个植株发生萎蔫。茎部维管束变为黑褐色，块茎维管束发生环状腐烂。用手挤压，可从维管束部分涌出乳白色或黄色菌脓（图2.35）。

2. 病原

密执安棒形杆菌的环腐亚种 *Clavibacter michiganense subsp. sepedonicum*（Spieck.et Kott.）Davis et al.，属细菌域，厚壁菌门、棒形杆菌属。寄生专化性较强，在自然情况下只危害马铃薯。

3. 发病特点

是一种维管束病害，带菌种薯是主要初侵染源。病菌只能从近维管束的伤口侵入。采用切块播种时，切刀是传病的主要途径。用刀切

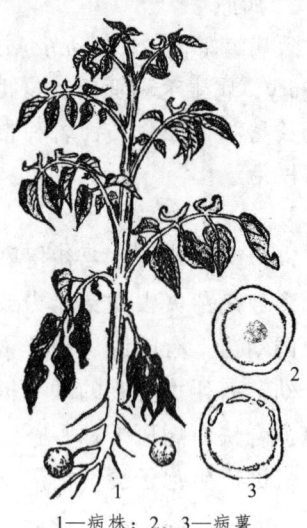

1—病株；2、3—病薯

图2.35 马铃薯环腐病

过带菌的薯块，再切健薯，就可以传病，增加田间发病率。切一刀病薯能传染24~28个健薯。病菌在土壤中不能长期存活。带菌的切块或病薯萌发时，种薯内的细菌随养分和水分的流动沿维管束向上进入新芽，以后再进入茎、叶柄和叶内。当匍匐茎长出时，病菌又从茎基沿匍匐茎的维管束进入新生薯块。病菌在维管束内破坏疏导组织，引起地上部分卷叶、矮化和萎蔫。由于病菌在维管束中分布不均匀，会出现部分茎、枝、复叶、匍匐茎或新薯发病，而其他部分无病的现象。品种间抗病性差异很大。

4. 防控技术

（1）选用抗病品种，采用无病种薯。

（2）切刀消毒。操作时准备两把刀，一盆药水。每切一薯块换一把刀。消毒药水可选用5%石炭酸、0.1%高锰酸钾、75%酒精等。

（3）药剂浸泡种薯。用0.5%硫酸铜溶液浸泡种薯10 min可获较好的杀菌效果。

（十五）马铃薯病毒病

马铃薯病毒病是马铃薯的主要病害之一，在我国马铃薯产区均有发生。一般使马铃薯减产20%~50%，严重的减产达80%以上。

1. 症状识别

马铃薯病毒病在田间表现症状复杂多样，常见的症状类型可归纳为4种类型。

（1）花叶型。叶面出现淡绿、黄绿和浓绿相间的斑驳花叶（有轻花叶、重花叶、皱缩花叶和黄斑花叶之分），叶片基本不变小，或变小、皱缩，植株矮化。

（2）卷叶型。叶缘向上卷曲，甚至呈圆筒状，色淡，变硬革质化，有时叶背出现紫红色。

（3）坏死型（或称条斑型）。叶脉、叶柄及茎枝出现褐色坏死斑或连合成条斑，甚至叶片萎垂、枯死或脱落。

（4）丛枝及束顶型。分枝纤细而多，缩节丛生或束顶，叶小花少，明显矮缩（图2.36）。

1—皱缩型；2—花叶型；3—卷叶型；4—病薯

图2.36　马铃薯病毒病

2. 病原

我国已知的毒源种类有10种以上。常见而重要的有马铃薯X病毒（PVX）、马铃薯Y病毒（PVY）、（3）马铃薯卷叶病毒（PLRV）、马铃薯S病毒（PVS）、马铃薯A病毒（PVA）。此外，还有黄瓜花叶病毒（CMV）、烟草脆裂病毒（TRV）、苜蓿花叶病毒（AMV）等。

3. 发病特点

病毒主要在杂草或茄科植物上越冬，通过蚜虫、汁液摩擦等多种方式传毒。带毒蚜虫的活动是田间病毒传播的主要途径。马铃薯品种之间抗病性差异明显。

4. 防控技术

（1）因地制宜选用抗病或耐病品种。

（2）建立无病留种基地，培育无毒种薯，推广脱毒种薯。

（3）加强栽培管理。高畦深沟，及时培土；配方施肥，避免偏施氮肥，增施磷钾肥；淘汰病株，喷药治蚜，可减轻发病。

（4）药剂防控。发病初期喷洒2%宁南霉素水剂200~300倍液，或1.5%植病灵乳剂1 000倍液，或20%病毒A可湿性粉剂500倍液。

二、茄科蔬菜害虫

（一）棉铃虫

棉铃虫 *Helicoverpa armigera* Hubner.，属鳞翅目，夜蛾科。分布于全国各地

（青海、西藏除外）。危害番茄、茄子、菊花、蜀葵、月季、大丽花、秋葵、万寿菊、向日葵等园艺植物。

1. 形态识别

成虫体长 15～17 mm，多为青灰或灰褐色。前翅多为暗黄色，环状纹、肾状纹褐色。后翅灰黄色，外缘有茶褐色宽带。成熟幼虫体长 40～45 mm，头部黄绿色，具有不规则黄褐色网状纹。背线 2～4 条，体侧有白色横线，体色变化大（图 2.37）。

2. 发生特点

华北、西北地区 1 年发生 2～3 代，华南、西南 6～7 代，有世代重叠现象。以蛹在土壤中越冬。成虫昼伏夜出，有趋光性，对枯萎杨树枝有趋性。卵散产于嫩叶和花蕾上。初孵幼虫先食卵壳，后食嫩叶，还蛀食花蕾和果实。幼虫有假死、互残、转移危害习性。幼虫老熟后入土作土室化蛹。

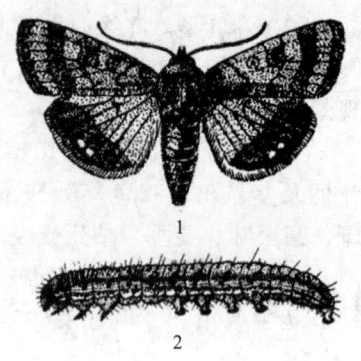

1—成虫；2—幼虫

图 2.37　棉铃虫

3. 防控技术

（1）人工清除虫蕾和捕杀幼虫和蛹。

（2）设置灭虫灯，性引诱剂，枯萎杨树枝诱杀成虫。

（3）低龄幼虫尚未蛀果前用 1.8% 阿维菌素乳油 2 000～3 000 倍液，或 Bt 乳剂 500 倍液，或 10% 菊马乳油 2 000 倍液喷雾防控。

（二）烟草夜蛾

烟草夜蛾，又名烟青虫 *Helicoverpa assulta* Guenee，属鳞翅目，夜蛾科，是烟草的重要害虫。在菜区主要危害辣椒、南瓜等蔬菜，以辣椒受害最重。一般低龄幼虫在植株上部食害幼嫩茎、叶、芽、顶梢；稍大后则开始蛀食花蕾、花；3 龄以后可全体蛀入果内啃食果肉，果实被害造成腐烂，严重影响产量和品质。

1. 形态识别

成虫体长约 15 mm，翅展 25～33 mm，体淡黄褐色。前翅肾状纹、环状纹及各横线清晰。外横线向斜后方延伸，但斜度不大，未达到肾状纹正下方；中横线斜伸，但未达到环状纹正下方。后翅黄褐色，翅外缘黑色，在黑色内方有 1 条明显的细黑线。成熟幼虫体长约 40 mm，体色多变，有淡绿色、绿色、黄褐色、黑紫色等。前胸气门前两侧毛连线在气门下方。体表不光滑，有小刺，小刺呈圆锥状，短而钝（图2.38）。

2. 发生特点

一年发生2代，以蛹在土中越冬。第一代幼虫盛发期为6月下旬至7月上旬；第二代幼虫盛发期为8月中旬至9月。以8～9月份青椒受害最重。成虫白天隐蔽，夜晚活动。有趋光性，但趋光性不强。对香甜物质和半干杨树枝叶有趋性。成虫交配、产卵在夜间进行，前期卵多产在植株上部叶片的叶脉附近，一般正反面均有；后期多产卵于萼片和果实上，也可于番茄果上产卵，但存活的幼虫极少。卵散产，偶有2～4粒在一起。幼虫夜间取食危害。初孵幼虫先啃食卵壳，然后取食嫩叶、嫩梢。3龄以后全身蛀入果实内部。幼虫有转果危害习性，每头幼虫可转3～5个果实。老熟幼虫有假死性，受惊动后可卷缩坠地。幼虫老熟后，入土化蛹。

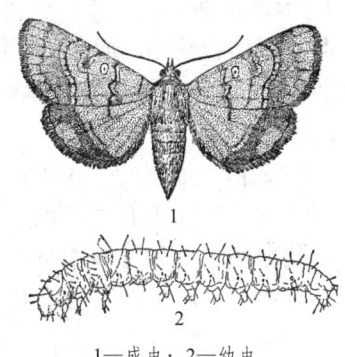

1—成虫；2—幼虫

图2.38 烟草夜蛾

3. 防控技术

（1）秋季耕翻土地，可杀死一部分越冬虫源。

（2）生物防控。在产卵高峰期，有条件的地区释放赤眼蜂；或用杀螟杆菌、青虫菌、Bt乳剂等生物农药800～1 000倍液喷雾，防控幼虫。

（3）在幼虫2龄以前及时进行药剂防控。可选用2.5%天王星乳油3 000倍液，或2.5%功夫乳油3 000倍液，或2.5%溴氰菊酯乳油2 500～3 000倍液，或20%速灭杀丁乳油2 500倍液，或10%菊马乳油2 000倍液。

（三）茶黄螨

茶黄螨 *Polyphagotarsonemus latus* Banks，又名侧多食跗线螨。属蛛形纲，蜱螨目，跗线螨科。分布于华东、华中、华北、西南、西北及台湾等地区。危害茄子、辣椒、番茄、马铃薯、瓜类、豆类、仙客来、海棠、月季、茉莉、山茶、菊花、扶桑、柑橘等，共29科，64种植物。成、若螨刺吸嫩叶、嫩茎的汁液，被害部呈黄褐色或灰褐色。严重时叶片反卷，叶肉增厚，叶质硬而脆，嫩梢卷曲畸形。危害花部，导致畸形花。

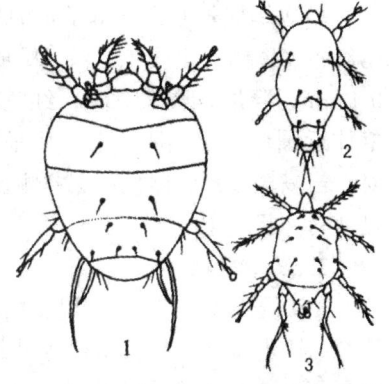

1—雌成螨；2—幼螨；3—雄成螨

图2.39 茶黄螨

1. 形态识别

雌成螨体长约 0.2 mm，椭圆形，淡黄至橙黄色，有光泽。雄成螨体小，体末端较尖，肉眼不易见到。若螨半透明，淡绿色，足 4 对（图 2.39）。

2. 发生特点

1 年发生 20 代左右，以雌成螨和卵在寄主和土中越冬。次年日平均温度上升至 15 ℃ 以上时开始危害繁殖。全年以 6～7 月危害严重。卵散产于嫩梢和幼叶上。幼螨主要在嫩叶背面危害，少数在叶片正面。可随风雨及苗木调运等作远距离传播。多雨年份发生量大，危害严重，30 ℃ 以上炎热干旱季节对其有抑制作用。

3. 防控技术

（1）实行检疫，引进苗木经检验无螨后方可使用。

（2）人工摘除被害叶、花，集中处理。

（3）保护和利用捕食螨、瓢虫等自然天敌。

（4）发生严重时，可喷施 20% 哒螨酮可湿性粉剂 3 000～5 000 倍液，或 20% 浏阳霉素乳油 1 000～1 500 倍液等防控。

（四）朱砂叶螨

朱砂叶螨 *Tetranychus cinnabarinus* Boisduval，又名棉红蜘蛛，属蛛形纲，蜱螨目，叶螨科。是世界性害螨，分布于全国各地。危害茄子、瓜类、豆类、蜡梅、樱花、桂花、月季、海棠、芙蓉、蔷薇、茉莉、牡丹、芍药等植物。成、若螨以刺吸式口器吸取叶片汁液，受害叶片初呈黄白色小斑点，严重时叶片卷曲，枯黄脱落。

1. 形态识别

雌成螨体长 0.5～0.6 mm，卵圆形，朱红或锈红色，体侧有黑褐色斑纹。雄成螨体长 0.3～0.4 mm，菱形，腹末略尖，红色或淡黄色。幼螨体近圆形，半透明，取食后呈暗绿色，足 3 对。若螨椭圆形，体色深，背侧显出块状斑纹，足 4 对（图 2.40）。

2. 发生特点

1 年发生 10～20 代，以受精雌成螨在土块缝隙、树皮裂缝及枯枝落叶等处越冬。越冬时，具群集性。次年春季气温升高，开始繁殖危害。7～8 月发生量大，危害严重，10 月中下旬开始越冬。卵多散产于叶背叶脉两侧或丝网之下。雌螨发育的最适

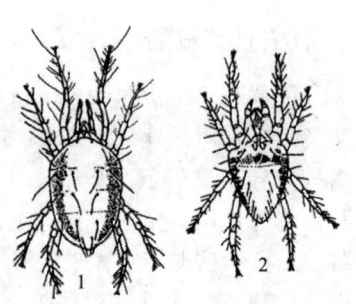

1—雌成螨；2—雄成螨

图 2.40 朱砂叶螨

湿度为 25 ℃~31 ℃，相对湿度为 35%~55%。高温干燥气候有利于发生，暴雨对其发生不利。

3. 防控技术

（1）及时清除枯枝落叶，集中处理；深翻土壤，减少虫源。

（2）保护瓢虫，植绥螨、钝绥螨、花蝽等天敌。

（3）点片发生阶段，用 20% 浏阳霉素乳油 1 000~1 500 倍液，或 20% 哒螨酮可湿性粉剂 3 000~5 000 倍液，或 20% 螨克乳油 1 000~2 000 倍液喷雾防控。

（五）茄黄斑螟

茄黄斑螟 *Leucinodes orbonalis* Guenee，又名茄子钻心虫、茄螟，属鳞翅目，螟蛾科。以幼虫钻蛀茄子顶心、嫩梢、嫩茎、花蕾及果实，造成枝梢枯萎、落花、落果及果实腐烂。秋季幼虫多蛀果，蛀孔外留有虫粪。秋茄受害比春茄严重。

1. 形态识别

成虫体长 6.5~10 mm，翅展 18~32 mm。体、翅均白色，前翅具 4 个明显的黄色斑纹，翅基部黄褐色，近后缘前端有一红色三角形纹，顶角下方有一个黑色眼形纹。后翅中室具一个小黑点。成熟幼虫体长 16~18 mm，初龄时黄白色，老龄时粉红色。头及前胸背板黑褐色，各节均有 6 个黑褐色毛斑，前 4 个大，后 2 个小，每节两侧各有一个瘤突，上生二根刚毛（图 2.41）。

2. 发生特点

一年发生 5~6 代，以老熟幼虫结薄茧附在残枝叉上、枯卷叶中、杂草根际及土表缝隙间等处越冬。翌年 4 月开始化蛹，一般 5 月份开始出现幼虫危害，世代重叠，7~9 月危害最重，其中 7 月中旬至 8 月下旬是危害最严重时期。成虫昼伏夜出，趋光性弱，具趋绿性。卵散产于枯株中、上部，尤以上部嫩叶反面最多。初孵幼虫先吃去卵壳，然后蛀入花蕾及子房或蛀入心叶、嫩梢及叶柄。一般春茄花、蕾、嫩梢受害重，秋茄果实受害重。夏季老熟幼虫多在枯株中、上部将绿叶重叠缀合化蛹其中，少数在枯叶上化蛹；

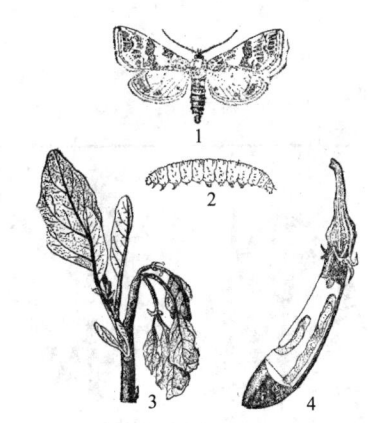

1—成虫；2—幼虫；3—被害植株；4—被害果

图 2.41 茄黄斑螟

秋季则多在枯株下部的枯枝落叶、杂草及土缝等处化蛹。

3. 防控技术

（1）及时剪除被害嫩梢及茄果。收获后拔除残株，清洁田园，减少虫源。

（2）采用性诱剂诱杀成虫。

（3）药剂防控。在幼虫孵化盛期钻蛀危害之前选用5%卡死克乳油1 000～1 500倍液，或Bt乳剂500倍液，或20%杀灭菊酯乳油2 000倍液喷雾。

（六）马铃薯瓢虫

危害马铃薯的瓢虫主要有马铃薯瓢虫 *Henosepilachna vigintioctomaculata* Motschulsky 和茄二十八星瓢虫（酸浆瓢虫）*H.sparsa*（Herbst）两种，均属翅鞘目，瓢甲科。马铃薯瓢虫主要分布在北方，茄二十八星瓢虫在长江以南发生普遍。两种瓢虫的成虫和幼虫取食茄科植物叶肉，残留表皮，形成透明密集的条状刻纹，受害叶片常皱缩干枯，严重时植株停止生长或枯萎。

1. 形态识别（表2.8、图2.42、图2.43）。

表2.8　两种马铃薯瓢虫形态特征

虫态\种类	马铃薯瓢虫	茄二十八星瓢虫
成虫	体长7～8 mm，赤褐色。全体密被黄褐色细毛。前胸背板中央有一条较大的纵向剑状大黑斑，两侧各有2个小黑斑。鞘翅各有14个黑斑，基部3个，其后方的4个黑斑不在一条直线上，两鞘翅合缝处有1～2对黑斑相连	体长5～7 mm，黄褐色。前胸背板中央有一条横向双菱形黑斑，该斑后方有一个黑斑，两侧各有2个较大黑斑。鞘翅各有14个黑斑，基部3个，其后方4个黑斑基本在一条直线上，两翅合缝处黑斑不相连
幼虫	体长9 mm，淡黄色，体表有黑色枝刺，枝刺基部有淡黑色环纹	体长7 mm，初龄幼虫淡黄色，后变白色。体表有白色枝刺，枝刺基部有黑褐色环纹

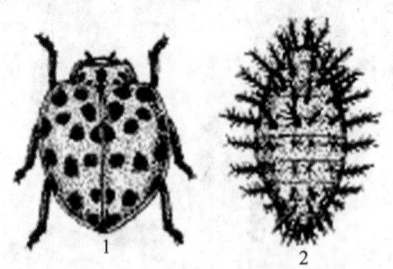

1—成虫；2—幼虫

图2.42　马铃薯瓢虫

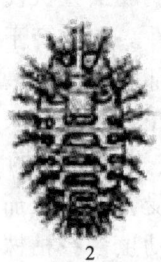

1—成虫；2—幼虫

图2.43　茄二十八星瓢虫

2. 发生特点

马铃薯瓢虫1年发生2代，酸浆瓢虫1年4~6代。以成虫在背风、向阳的石块、杂草、灌木等缝隙中越冬。翌年，越冬成虫先在龙葵等野生茄科植物上取食，当马铃薯苗高17 cm左右时，转移到马铃薯上取食。成虫早晚栖息叶背，白天取食，交尾产卵，以中午活动最盛。遇惊扰时假死坠地并分泌有特殊臭味的黄色液体。成虫有取食卵块，幼虫有自残习性。卵多产于叶片背面。初孵幼虫群集于叶背，2龄以后开始分散危害。幼虫在叶背取食，老熟后，在被害叶或附近的杂草上化蛹。化蛹时将腹部末端黏附于叶上。温暖潮湿的气候条件有利于害虫发生。两种瓢虫的捕食性天敌有草蛉、胡蜂、小蜂、蜘蛛等。夏季多雨时成虫常被白僵菌寄生。

3. 防控技术

（1）马铃薯收获后及时处理残株，压低虫源基数；结合田间管理，摘除卵块，捕杀成、幼虫。

（2）在成虫发生期或第一代幼虫孵化盛期，可选用90%晶体敌百虫1 000倍液，或50%辛硫磷乳油1 000~1 500倍液，或20%杀灭菊酯乳油、5%氯氰菊酯乳油3 000倍液喷雾防控。

（七）马铃薯块茎蛾

马铃薯块茎蛾 *Phthorimaea operculella* (Zeller)，又称马铃薯麦蛾、番茄潜叶蛾、烟潜叶蛾等，属鳞翅目，麦蛾科。国内分布于山西、甘肃、广东、广西、四川、云南、贵州等马铃薯和烟产区。以幼虫主要危害马铃薯、烟草、茄子，还可危害辣椒、番茄。幼虫潜食叶肉，留上下表皮，呈半透明状，严重时嫩茎和叶芽常被害枯死，幼苗可全株死亡。在贮藏期间幼虫蛀食马铃薯块茎，蛀成弯曲的隧道，严重时吃空整个薯块，外表皱缩并引起腐烂。它是国际和国内检疫对象之一。

1. 形态识别

雌成虫体长5.0~6.2 mm，雄成虫体长5.0~5.6 mm，灰褐色，稍带银灰光泽。触角丝状。下唇须3节，向上弯曲超过头顶。前翅狭长，鳞片黄褐色。雌虫翅臀区鳞片黑色如斑纹。雄虫腹部第七节前缘两侧背方各生一丛黄白色的长毛，毛从尖端向内弯曲。成熟幼虫体长11~13 mm，头部棕褐色，前胸背板及胸足黑褐色，臀板淡黄色（图2.44）。

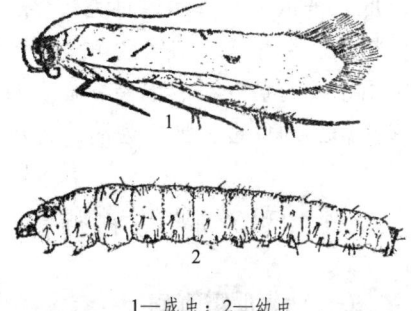

1—成虫；2—幼虫

图2.44 马铃薯块茎蛾

2. 发生特点

在西南各省一年发生 6~9 代,以幼虫或蛹在枯叶或贮藏的块茎内越冬。成虫日伏夜出,有趋光性。卵散产于近植株的叶脉、茎基部、芽眼、破皮、裂缝等处。幼虫孵化后四处爬散,吐丝下垂,随风飘落在邻近植株叶片上,潜入叶内危害,在块茎上则从芽眼蛀入。老熟幼虫在干燥的表土或带有泥土的植株茎秆或叶子背面吐丝作茧化蛹,茧外附有泥沙、虫粪及碎叶,在马铃薯储藏期间,则多在薯块外部凹陷处或堆放薯块的空隙处、地面、墙缝等处作茧化蛹。

以卵、幼虫、蛹随马铃薯块茎、茄科植物及包装物作远距离传播,尤其是种薯的调运传播性更大。另外,马铃薯块茎蛾成虫本身的飞行,幼虫借风力吹送也是其传播途径之一。

3. 防控技术

(1)严格检疫。严禁从疫区调种,控制虫源的蔓延。

(2)冬季翻耕消灭越冬幼虫和蛹;及时培土,勿让薯块露出表土,减少成虫产卵的机会。

(3)仓库熏蒸及种薯处理。彻底清除仓库的灰尘和杂物,用敌敌畏等熏蒸剂进行仓库灭虫,保证仓库不带虫。对有虫的种薯,用溴甲烷、二硫化碳或磷化铝熏蒸,也可用 25% 喹硫磷乳油 1 000 倍液喷种薯,晾干后再贮存。

(4)药剂防控。初孵幼虫期,用 1.8% 阿维菌素乳油、2.5% 溴氰菊酯乳油、20% 氰戊菊酯乳油、2.5% 功夫菊酯乳油、5% 顺式氰戊菊酯乳油、10% 氯氰菊酯乳油等 2000 倍液喷雾。

单元三　葫芦科蔬菜病虫害绿色防控技术

葫芦科蔬菜是我国夏秋季的主要蔬菜,栽培面积大的有黄瓜、冬瓜、南瓜、丝瓜、苦瓜等。其病害种类较多,苗期以猝倒病发生普遍,成株期以霜霉病、白粉病、枯萎病、细菌性角斑病、疫病、黑星病和炭疽病发生普遍且危害严重。害虫主要有黄守瓜、温室粉虱、瓜绢螟、美洲斑潜蝇、瓜亮蓟马、瓜实蝇等。这些病虫的危害,已成为葫芦科蔬菜生产的主要威胁。

一、葫芦科蔬菜病害

(一)黄瓜霜霉病

黄瓜霜霉病是黄瓜生产上最常见的病害,该病在各个黄瓜产区均有发生,且具有发生快、流行迅速等特点。黄瓜发生该病后,叶片枯黄,结瓜少而小,或未结瓜就死亡,严重影响黄瓜的产量和品质。发病田可减产 10%~30%,局部田块可导致植株死亡率 50% 以上,甚至绝收。

1. 症状识别

主要危害叶片。子叶被害,在叶正面产生不规则褪绿水渍状黄斑,潮湿时在叶背病斑上产生灰黑色霉层,造成子叶干垂,幼苗死亡。成株期发病,初期在叶背产生水渍状斑点,病斑逐渐由淡黄色转为黄色,最后呈淡褐色干枯。因受叶脉限制,病斑呈三角形,病斑边缘明显。潮湿时叶背长出灰黑色霉层。发病严重时,多个病斑连接成片,全叶变为黄褐色干枯、收缩而死亡(图 2.45)。

图 2.45 黄瓜霜霉病

2. 病原

黄瓜假霜霉菌 *Pseudoperonospora cubensis*(Berk. Et Curt.)Rostov.,属鞭毛菌亚门、假霜霉属真菌。

3. 发病特点

以孢子囊在土壤或病株残体,或以菌丝体在种子内越冬或越夏。孢子囊随风雨传播,从寄主叶片表皮直接侵入,引起初次侵染。以后随气流和雨水进行多次再侵染。浙江地区保护地栽培黄瓜霜霉病一般在 3 月上、中旬始见,4 月初至 5 月中、下旬为发病盛期。露地栽培 4 月上旬始见,5 月上、中旬至 6 月上、中旬为发病盛期。一般保护地发病重于露地。定植过密、氮肥使用过多、开棚通风不及时、肥力差、地势低的瓜地发病重。

4. 防控技术

(1)选用抗病品种。

(2)选地势高燥,通风透光,排水性能好的田块种植。

(3)施足有机肥,增施磷、钾肥;生长前期适当控制浇水次数,提高植株本身的抗病性。

(4)发病初期,选用 58% 甲霜灵锰锌可湿性粉剂 600 倍液,或 72% 杜邦克露可湿性粉剂 800 倍液,或 69% 安克锰锌可湿性粉剂 1 000 倍液等喷雾。大棚可使用 45% 百菌清烟熏剂熏蒸。

(二)黄瓜白粉病

黄瓜白粉病在全国各地都有发生,是南方各省瓜类的重要病害。从苗期到收获期均可发生，但以生长中后期危害较重。发病严重时，叶片枯黄，植株干枯，严重影响产量。除危害黄瓜外，还危害西葫芦、南瓜、甜瓜、西瓜等多种葫芦科蔬菜。

1. 症状识别

主要危害叶片。发病初期在叶片两面产生白色近圆形的白粉霉斑，其后扩大成边缘不明显的大片白粉区，上面布满白色粉状物。病害一般自下而上发展蔓延，发病严重时白粉变为灰白色，叶片枯黄、卷缩，但不脱落。后期在白色霉斑上产生很多黑色小粒点（图2.46）。

2. 病原

二孢白粉菌 *Erysiphe cichoracearum* DC.和单丝壳菌 *Sphaerotheca fuliginea*（Schlecht.）Poll., 分别属于子囊菌亚门的白粉菌属和单丝壳属真菌。病斑上的白粉即为病菌的菌丝体、分生孢子梗及分生孢子。白色霉斑上的黑色小粒点为病菌的闭囊壳，闭囊壳内着生子囊及子囊孢子。

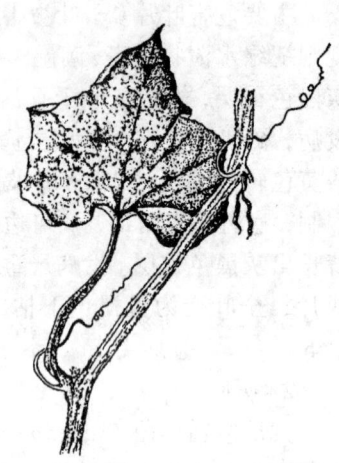

图 2.46　黄瓜白粉病

3. 发病特点

在低温干燥地区，病菌以闭囊壳在田间病残体上越冬，次年春暖产生子囊孢子引起初次侵染。在温暖地区，病菌主要以分生孢子及菌丝在病株上越冬。田间发病后，病部产生的分生孢子借气流传播，进行再次侵染，经过多次反复，使病害在田间扩大蔓延。露地栽培的瓜类作物，当田间湿度较大，温度在 16 ℃ ~ 24 ℃ 时，白粉病容易流行。在高温干旱条件下，病情即受到抑制。在温室和大棚中容易形成湿度较大，空气不流通的条件，也适于白粉病的发生，且较露地的黄瓜发病早且严重。栽培管理粗放，土壤缺水、灌溉不及时，地势低洼、排水不良施肥不足、偏施氮肥，白粉病发生严重。品种之间抗病性有差异。

4. 防控技术

（1）选用抗病品种。

（2）加强栽培管理。地势低洼田块，注意排水降湿；施足底肥，增施磷钾肥；发病初期及收获后及时清除病残体烧毁或沤肥。

（3）药剂防控。发病前喷27%高脂膜100倍液保护叶片。发病初期，用75%百菌清可湿性粉剂600~800倍液，或25%三唑酮（粉锈宁、百里通）可湿性粉剂2 000倍液，或30%特富灵可湿性粉剂1 500~2 000倍液，或2%武夷霉素水剂200倍液，或20%抗霉菌素200倍液，或12.5%速保利可湿性粉剂2 000倍液雾。大棚或温室可用45%百菌清烟剂熏蒸灭菌。

（三）黄瓜枯萎病

黄瓜枯萎病又叫蔓割病、萎蔫病，是一种由土壤传染，病菌从根或根颈部侵入，在维管束内寄生的系统性病害。该病害在各黄瓜产区均有发生。以温室、大棚黄瓜和露地春黄瓜发生较重，夏、秋黄瓜发生较轻。

1. 症状识别

根、茎发病，生长点呈失水状，根部腐烂，茎蔓稍缢缩，茎纵裂有松香状胶质物流出。湿度大时病部产生粉红色霉层，茎维管束变褐色。被害株初期表现部分叶片萎蔫，中午下垂，晚上恢复，以后萎蔫叶片增多直至全株萎蔫死亡。幼苗染病，子叶先变黄萎蔫，茎基部缢缩，变褐腐烂，易造成植株倒伏死亡。黄瓜开花期至坐果期为发病盛期（图2.47）。

2. 病原

尖镰孢菌、黄瓜专化型 *Fusarium oxysporum*（SeN.） *f.sp.cucumerinum* Owen.，属半知菌亚门、镰刀菌属真菌。据报道，此菌有生理分化现象，但国内各地多为同一专化型。

3. 发病特点

以厚垣孢子或菌核随病残体在土壤中，或以菌丝体在种子上越冬，成为次年初侵染源。病菌可在土中存活5~6年。病菌借雨水、灌溉水和昆虫等传播。可从根部伤口、自然裂口或根毛细胞侵入，也可从茎基部的裂口侵入。后进入维管束，堵塞导管，造成植株萎蔫。连作、土壤湿度大、地下害虫多的地块病重。病菌喜温暖潮湿的环境，时晴时雨或阴雨天气，病害容易发生和流行。长江中、下游地区一般在5~6月为发病盛期。

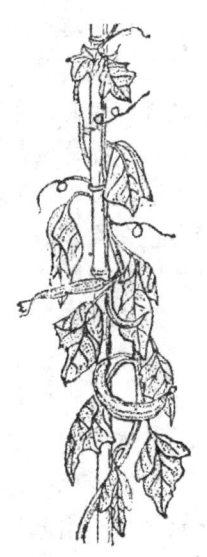

图2.47 黄瓜枯萎病

4. 防控技术

（1）选用抗病品种。

（2）避免连作，与十字花科作物实行3~5年轮作，或水旱轮作。

（3）温汤浸种；嫁接防病；采用地膜栽培；施用腐熟有机肥，增施磷、钾肥和根外追肥；雨后及时开沟排水；保护地注意通风透光，增强植株抗病力。

（4）发现中心病株，选择40%瓜枯宁可湿性粉剂1 000倍液，或10%宝丽安可湿性粉剂600倍液，或70%敌克松可湿性粉剂1 000~1 500倍液等进行灌根。

（四）黄瓜疫病

黄瓜疫病俗称死秧或死藤，是一种危害严重和难以控制的病害。无论是露地或保护地，黄瓜受害都比较严重。温室、大棚温湿度管理不善，或露地夏、秋黄瓜浇灌过量，常造成大面积死秧、烂瓜。

1. 症状识别

整个生育期均可发病。保护地栽培主要危害茎基部、叶和果实。幼苗发病，多于嫩尖产生水渍状、暗绿色病斑，幼苗萎蔫枯死，但不倒伏。茎发病多在近地面茎基部产生暗绿色、水渍状斑，后病部缢缩，全株萎蔫而死亡。叶片发病，初呈暗绿色、水渍状斑点，后扩展为近圆形或不规则的大斑，潮湿时全叶腐烂，干燥时变青白色，易破裂。瓜条发病，潮湿时长出灰白色霉层，迅速腐烂（图2.48）。

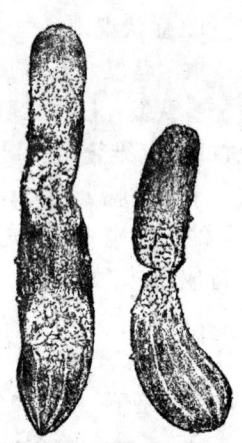

2. 病原

德氏疫霉菌 *Phytophthora drechsleri* Tucker，属鞭毛菌亚门、疫霉属真菌。

图2.48 黄瓜疫病

3. 发病特点

以菌丝体、卵孢子和厚垣孢子随病残体在土中越冬。翌春，通过风雨、灌溉水传播，引起植株发病。在病部产生大量孢子囊，借气流传播进行再侵染。平均气温18 ℃开始发病，适温为28 ℃~30 ℃。在此期间多雨则发病严重，大雨过后暴晴，最易发病和流行。长江中、下游地区，4~5月为发病盛期，华北地区7~8月为发病盛期。连作地、排水不良、浇水过多、施用未腐熟栏肥，通风透光差的田块发病较重。

4. 防控技术

（1）与非瓜类作物轮作3年以上。

（2）采用地膜覆盖栽培，施用充分腐熟的有机肥。

（3）选择地势高燥、排水良好的田块，深沟高畦种植；大棚注意通风换气。

（4）发现中心病株，及时拔除深埋；可用72.2%普力克水剂600倍液，或64%杀毒矾可湿性粉剂800倍液，或58%甲霜灵锰锌可湿性粉剂600倍液，或52.5%抑快净水分散剂3 000倍液，或47%加瑞农可湿性粉剂800倍液等喷雾防控。

（五）黄瓜细菌性角斑病

黄瓜细菌性角斑病是大棚、温室前期，露地黄瓜中、后期的常见病害，全国各地都有发生。

1. 症状识别

主要危害叶片和果实。叶片被害，初生针头大小，水渍状斑点，后扩大，受叶脉限制而呈多角形、黄褐色病斑。湿度大时，病斑上产生乳白色黏液，干后为一层白膜或白色粉末。干燥时，病斑干裂、穿孔。果实、茎、叶柄发病，初呈水渍状，近圆形，后呈淡灰色病斑，中部常产生裂纹，潮湿时病部产生菌脓。果实上的病斑常向内部扩展，后期腐烂，有臭味。幼苗发病，子叶上产生圆形或卵圆形水渍状凹陷病斑，后变褐色，干枯（图2.49）。

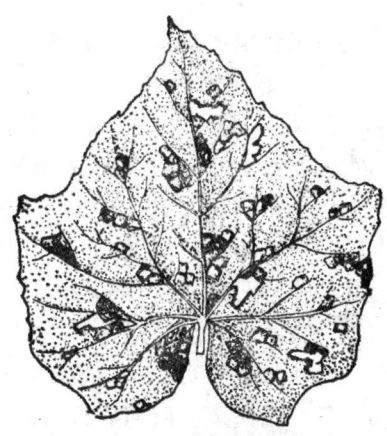

图 2.49　黄瓜细菌性角斑病

2. 病原

黄瓜角斑假单胞菌 *Pseudomonas syringae* pv.lachrymans（Smith et Bryan）young dye et wilkie，属细菌域，薄壁菌门、假单胞菌属细菌。除侵染黄瓜外，还危害南瓜、甜瓜、西瓜等多种葫芦科植物。

3. 发病特点

病菌在种子内或病残体上越冬。病菌在种子上可存活 2 年。种子萌发时，附着的细菌即侵染黄瓜子叶，造成烂种或死苗。土壤中的细菌随雨水或灌溉水溅至茎、叶片和果实上，从伤口、气孔或水孔侵入体内引起发病。病斑上的菌体借雨水、昆虫、农具、农事操作等传播，进行再侵染。病害发生的适宜温度是 18 ℃～25 ℃，相对湿度 75% 以上。降雨多、湿度大、地势低洼、管理不当、多年重茬的地块，病害严重。保护地黄瓜，通风不良，湿度高，发病严重。品种间抗病性有差异。

4. 防控技术

（1）选用抗病品种。

（2）与非瓜类作物实行 2 年以上轮作。

（3）加强田间管理，降低田间湿度。

（4）黄瓜收获后及时清洁田园，并深翻土壤，消灭菌源。

（5）播种前，用 52 ℃温水浸种 20 min；或用 50% 代森铵水剂 500 倍液浸种 1 d，清水洗净后催芽播种。

（6）定植前或发病初期，喷洒 30% DT 可湿性粉剂 500 倍液，或 47% 加瑞农可湿性粉剂 500~600 倍液，或 15%~20% 农用链霉素可湿性粉剂、90% 新植霉素可溶性粉剂 5 000 倍液喷雾防控。

（六）黄瓜炭疽病

黄瓜炭疽病是黄瓜的重要病害之一，近年来发生有危害加重趋势。

1. 症状识别

苗期和成株均可发病。叶片发病，初为水渍状小点，后为中央黄白色，周围褐色的近圆形病斑，边缘有黄色晕圈。病斑上轮生黑色小点。潮湿时病斑上有粉红色黏状物质。干燥时，病斑常开裂，并穿孔。茎上病斑灰白色至深褐色，稍凹陷，表面有粉色小点。果实发病，表面形成圆形、淡绿色凹陷病斑，后期病斑表面产生粉红色黏状物。严重时，全株枯死。幼苗期发病，子叶边缘出现褐色、近圆形、稍凹陷病斑（图 2.50）。

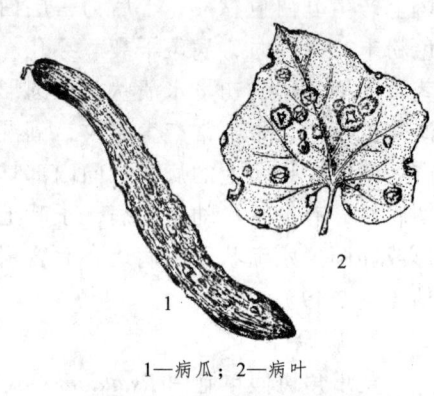

1—病瓜；2—病叶

图 2.50　黄瓜炭疽病

2. 病原

葫芦科刺盘孢菌 *Colletotrichum orbiculare*（Berk.& Mont.）Arx，属半知菌亚门、刺盘孢属真菌。

3. 发病特点

以菌丝体或拟菌核附着在种子表面或随病残体在土壤中越冬。条件适宜时，产生分生孢子靠风雨、昆虫等传播，由表皮或伤口侵入，引起发病。病株上产生的分生孢子反复侵染造成病害流行。高温、高湿是病害发生流行的主要因素。地势低洼，排水不良，连作重茬，密度过大，氮肥过多，保护地通风不良，灌水过多，发病严重。品种间抗病性有差异。

4. 防控技术

（1）选用抗病品种。

（2）与非寄主植物实行 3 年以上轮作。

（3）及时摘除病叶，清除病残体，集中深埋或烧毁。

（4）加强栽培管理，增施磷、钾肥。

（5）种子处理。用 55 ℃ 温水浸种 15 min，或用种子重量 0.3%~0.5% 的 50% 甲基硫菌磷可湿性粉剂拌种。

（6）药剂防控。发病初期，用80%炭疽福美可湿性粉剂800倍液，或25%阿米西达悬浮剂1 000~2 000倍液，或10%世高水分散粒剂2 000倍液喷雾。保护地可用45%百菌清烟剂熏烟，每250 g/667 m^2，每7~10 d熏1次。

（七）黄瓜黑星病

黄瓜黑星病是一种世界性病害，在欧洲、北美、东南亚等地区严重危害黄瓜生产。近年来，随着我国保护地生产的发展，黄瓜黑星病在部分地区危害严重。黄瓜黑星病在黄瓜整个生育期均可侵染发病，危害部位有叶片、茎、卷须、瓜条及生长点等，以植株幼嫩部分如嫩叶、嫩茎和幼果受害最重。一般造成产量损失15%~20%，重者可造成幼苗死顶或植株枯死，结瓜少而小或畸形，失去经济价值。

1. 症状识别

幼苗期发病，心叶枯萎，植株停止生长，甚至全株枯死，造成毁苗。叶片受害，出现近圆形的淡黄色病斑，后期病斑呈星状开裂。潮湿时病斑上长出灰黑色霉层。果实被害，初生暗绿色圆形至椭圆形病斑，后凹陷，龟裂，呈疮痂状。病部溢出白色胶状物，后变为琥珀色。果实畸形，湿度大时可见明显的灰色霉层，一般不软腐。

2. 病原

瓜枝孢霉菌 *Cladosporium cucumerinum* Ell & Arth，属半知菌亚门、枝孢属真菌。

3. 发病特点

以菌丝体随病残体在土壤中或保护地支架上越冬，也可以分生孢子附着在种子表面或以菌丝体潜伏在种皮内越冬。次年侵染幼苗，引起发病。病斑上产生大量分生孢子，靠风雨、灌溉水、农事操作等传播，使病害不断扩展蔓延。阴冷多雨的天气容易发病。定植过密的保护地黄瓜，发病严重。品种之间抗病性有明显差异。

4. 防控技术

（1）加强检疫，不从病区引种。

（2）选用抗病品种。

（3）清洁田园。收获后彻底清理田间病残株，集中烧毁或深埋。

（4）种子及苗床消毒。用55 ℃温水浸种15 min；或25%多菌灵可湿性粉剂300倍液浸种1~2 h，洗净后催芽播种；或用种子量0.3%的50%多菌灵可湿性粉剂拌种。苗床土用25%多菌灵可湿性粉剂16 g/m^2，均匀撒在土里再播种。

（5）药剂防控。发病初期用40%福星乳油8 000倍液，或50%多菌灵可湿性粉剂600倍液，或50%扑海因可湿性粉剂1 000倍液，或70%代森锰锌可湿性粉剂500倍液，或30%特富灵（氟菌唑）可湿性粉剂1 500倍液喷雾。特别注意的是，喷药主要针对植株幼嫩部分，每隔7~10 d喷1次，连续防控2~3次。

二、葫芦科蔬菜害虫

（一）黄守瓜

黄守瓜 *Aulacophora femoralis chinensis* Weise 又名黄萤、黄油子、瓜叶虫，属鞘翅目，叶甲科。分布于全国各地。主要危害瓜类，也可危害豆科、十字花科蔬菜及多种果树。成虫主要食害子叶及第一到第五片真叶，咬成圆形或半圆形缺刻。幼虫在土中咬食瓜根，或钻入主根髓部及近地面茎内危害，使瓜苗生长不良、黄萎，以至死亡。还可危害贴地瓜果，造成腐烂，不堪食用。

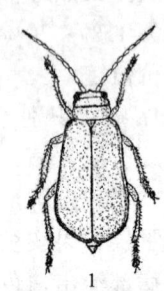

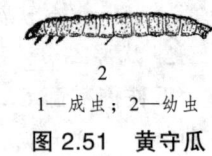

1—成虫；2—幼虫

图2.51 黄守瓜

1. 形态识别

成虫体长8~9 mm，呈椭圆形，橙黄色。前胸背板长方形，中央有一波状横沟，鞘翅上密布小点刻。腹末露在鞘翅外面。成熟幼虫体长约12 mm，黄白色，头褐色。各体节都有小黑点，上生细毛。腹部末端有1对肉质突起（图2.51）。

2. 发生特点

1年发生1~3代，以成虫在背风向阳的枯叶、土缝、草堆、石块等处群集越冬。次年3~4月，越冬成虫先在菜地、豌豆、果树或杂草上取食，再迁移到瓜地危害。成虫白天活动，以晴天中午前后活动最盛，清晨和黄昏后栖息在叶背。成虫有假死性，但行动灵活，稍受惊动，即展翅飞行。卵多散产或堆产在根际附近土中。初孵幼虫即潜入土中危害根部，老熟后在被害根际附近作土室化蛹。

3. 防控技术

（1）瓜菜收获后及时耕地灭蛹。

（2）采用地膜栽培，或在瓜苗附近土面撒秕糠、锯末、草木灰或废烟末，可防止成虫产卵。

（3）瓜苗移栽前后到4~5片真叶前，可喷洒2.5%敌杀死乳油3 000倍液，或50%辛硫磷乳油1 000倍液，或2.5%功夫乳油3 000倍液防控成虫。幼虫危害严重时，用50%辛硫磷乳油1 000倍液，或30倍烟草水灌根毒杀幼虫。

(二)温室白粉虱

温室白粉虱 *Trialeurodes vaporariorum* Westwood,属同翅目,粉虱科。分布于华南、西南、华东、华中、华北等地区及北方温室。危害瓜类、茄子、青椒、豆类、扶桑、月季、蔷薇、菊花、杜鹃、芍药、羽衣甘蓝、大丽花、倒挂金钟、虞美人等 47 科 200 多种植物,是设施园艺栽培的重要害虫。

1. 形态识别

成虫体长 1~1.5 mm,淡黄色,体翅覆盖有白粉。若虫体扁圆形,黄绿色。体表具长短不一的蜡质丝状突起(图 2.52)。

2. 发生特点

北方温室 1 年发生 10 余代,世代重叠,无越冬现象。南方温暖地区可在菊科植物上以卵越冬;华南地区自然条件下全年危害。成虫活动力较弱,受惊动时作短距离飞行。具有趋黄、避白色及银灰色习性。卵散产于叶背面。初孵若虫在叶背面作短距离爬行后,固定刺吸危害。

3. 防控技术

(1)严格检疫。
(2)黄板诱杀成虫或用银灰色膜驱虫。
(3)结合栽培管理摘除带虫枝叶,减少虫源。
(4)保护利用自然天敌,如中华草蛉、粉虱黑蜂等。
(5)在若虫孵化期交替喷洒 20% 扑虱灵可溶性粉剂 1 500 倍液,或 10% 吡虫啉可湿性粉剂 2 000~4 000 倍液防控。也可在保护地用 80% 敌敌畏乳油熏蒸。

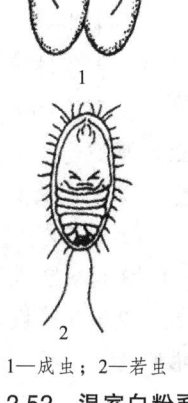

1—成虫;2—若虫

图 2.52 温室白粉虱

(三)瓜绢螟

瓜绢螟 *Diaphania indica* (Saunders.),又名瓜螟、瓜野螟,属鳞翅目,螟蛾科。主要危害葫芦科各种瓜类及番茄、茄子等蔬菜。低龄幼虫在瓜类的叶背取食叶肉,使叶片呈灰白斑,3 龄后吐丝将叶或嫩梢缀合,匿居其中取食,使叶片穿孔或缺刻,严重时仅剩叶脉,直至蛀入果实和茎蔓危害,严重影响瓜果产量和质量。

1. 形态识别

成虫体长 11 mm,头、胸黑色,腹部白色,第 1、7、8 节末端有黄褐色毛丛。前、后翅白色透明,略带紫色,前翅前缘和外缘、后翅外缘呈黑色宽带。成熟幼虫体长 23~26 mm,头部、前胸背板淡褐色,胸腹部草绿色,亚背线呈两条较宽的乳白色纵带,气门黑色(图2.53)。

2. 发生特点

一年发生6代,世代重叠。以老熟幼虫或蛹在枯叶或表土越冬。翌年4月底羽化,5月幼虫危害。7~9月发生数量多,危害严重。11月后进入越冬期。成虫夜间活动,稍有趋光性。卵散产于叶背。低龄幼虫在叶背啃食叶肉,留下白斑,3龄后卷叶危害。幼虫老熟后于卷叶或落叶中化蛹。

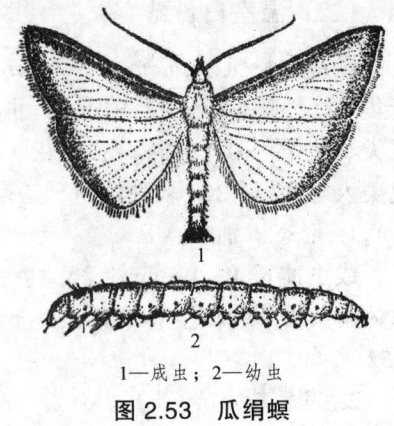

1—成虫;2—幼虫

图2.53 瓜绢螟

3. 防控技术

(1)有条件可采用防虫网,防控瓜绢螟兼治黄守瓜。

(2)清洁田园。瓜果采收后将枯藤落叶收集沤埋或烧毁,可压低下代或越冬虫口基数。

(3)人工摘除卷叶,捏杀部分幼虫和蛹。

(4)保护利用螟黄赤眼蜂等天敌昆虫。

(5)药剂防控。低龄幼虫期用5%氟虫腈悬浮剂1 500倍液,或20%氰戊菊酯乳油2 000倍液,或5%氯氰菊酯乳油1 000倍液,或1.8%阿维菌素乳油2 000倍液喷雾。

(四)美洲斑潜蝇

美洲斑潜蝇 *Liriomyza sativae* Blanchard,属双翅目,潜蝇科。分布于华南、华北、华东、华中、西南、东北等地区。危害葫芦科、豆科、菊科、十字花科蔬菜及锦葵科、旋花科、伞形科、藜科、大戟科花卉等100多种植物。

1. 形态识别

成虫体长1.5~2.4 mm,淡灰黑色。头部和小盾片后缘鲜黄色,胸背黑色,有光泽,腹面黄色。成熟幼虫体长3 mm左右,橙黄色,后气门突三分叉(图2.54)。

2. 发生特点

1年发生10~12代,世代重叠。以蛹在枯叶下或土壤中越冬。成虫白天活动,具有趋黄习性,取食补充营养。卵散产于叶面表皮下。

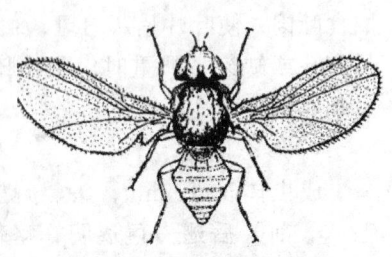

图2.54 美洲斑潜蝇成虫

幼虫潜食叶肉，形成蛇形虫道，虫道两侧缘有黑色虫粪。老熟后在叶面或表土层化蛹。

3. 防控技术

（1）严格检疫。

（2）清洁田园。

（3）实行轮作。

（4）黄板诱杀成虫。

（5）在卵孵化高峰期喷洒73%潜克可湿性粉剂2 500～3 000倍液，或10%赛波凯乳油3 000倍液，或1.8%爱福丁乳油2 000倍液，或0.5%楝素杀虫乳油（川楝素）800倍液，或40%绿菜宝乳油1500倍液。

（五）瓜亮蓟马

瓜亮蓟马 *Thrips flevas* Schrank，属缨翅目，蓟马科。分布于华南、华中、华东南部各省区。成虫和若虫刺吸黄瓜、苦瓜、西瓜、冬瓜等植物的顶心、心叶、嫩梢、嫩芽及花蕾和幼果的汁液，被害株的生长点变硬而萎缩，植株生长缓慢，节间缩短，茸毛呈褐色或黑褐色。受害叶片向正面卷缩，受害的心叶不能展开，幼瓜受害后出现畸形，茸毛变黑，有的脱落。对产量和品质都影响极大。

1. 形态识别

雌虫体长1.0 mm，雄虫略小，体淡黄色。复眼稍突出，褐色，单眼3个，红色，排成三角形，单眼间鬃位于三角形连线外缘。触角7节。若虫体黄白色。1～2龄若虫无翅芽。3龄触角向两侧弯曲，复眼红色，鞘状翅芽伸达第3至第4腹节。4龄后鞘状翅芽伸达腹部近末端，行动迟缓（图2.55）。

2. 发生特点

在南方一年可发生20代以上。多数以成虫潜伏在土块、土缝下或枯枝落叶间越冬，少数以若虫越冬。越冬成虫在次年气温回升至12 ℃时开始活动，瓜苗出土后，即转至瓜苗上危害。全年危害最严重时期为5月中、下旬至6月中、下旬。

初羽化的成虫具有向上、喜嫩绿的习性，且特别活跃，能飞善跳，爬动敏

图2.55　瓜亮蓟马成虫

捷。白天阳光充足时，成虫多数隐藏于瓜苗的生长点及幼瓜的毛茸内。雌成虫具有孤雌生殖能力。

3. 防控技术

（1）清除田间残株落叶，集中处理，减少虫源。

（2）勤浇水、勤除草可减轻危害。

（3）点片发生期可用 10% 吡虫啉可湿性粉剂 2 000 倍液，或 10% 菊马乳油 3 000 倍液，或 10.2% 阿维·三唑磷微乳剂 2 000 倍液等喷雾。喷药的重点是嫩叶背面和嫩茎。

（六）瓜实蝇

瓜实蝇 Bactrocera（Zeugodacus）cucuribitae（Coquillett），又名黄瓜实蝇、瓜小实蝇、瓜大实蝇、瓜蛆，属双翅目，实蝇科。据资料记载，瓜实蝇是 20 世纪 80 年代传入我国的一种外来害虫，主要危害葫芦科、茄科和豆科等 80 多种蔬菜和水果。成虫产卵器刺入幼瓜表皮内产卵，幼虫孵化后即在瓜内蛀食，受害的瓜先局部变黄，而后全瓜腐烂变臭，造成大量落瓜，严重影响瓜果的品质和产量。

1. 形态识别

成虫体长 8~9 mm，褐色。前胸左右及中、后胸有黄色纵带纹；腹部第 1、2 节背板全为淡黄色或棕色，第 3 节基部有 1 黑色狭带，第 4 节起有黑色纵带纹。翅膜质透明，杂有暗黑色斑纹。成熟幼虫体长约 10 mm，乳白色，蛆状，口钩黑色。

2. 发生特点

1 年发生 5~8 代，世代重叠。以蛹在土中越冬。成虫白天活动，飞翔敏捷，对糖醋液有一定趋性。卵聚产于嫩瓜内。幼虫孵化后即在瓜内取食，将瓜蛀食成蜂窝状，以致腐烂、脱落。老熟幼虫在瓜落前或瓜落后弹跳入土化蛹。

3. 防控要点

（1）及时清除落地烂瓜集中处理，减少虫源。

（2）套袋护瓜，在常发严重危害的地区或名贵瓜果品种，可采用套袋护瓜办法以防成虫产卵危害。

（3）利用性引诱剂或糖醋毒液诱杀成虫。

（4）在成虫盛发期，于晴天中午前后喷施 21% 灭杀毙乳油 4 000~5 000 倍，或 2.5% 敌杀死乳油 2 000~3 000 倍，或 40% 乐斯本乳油 1 000 倍液。每隔 3~5 d 喷 1 次，连喷 2~3 次。

单元四　豆科蔬菜病虫害绿色防控技术

豆科蔬菜的种类较多，危害豆科蔬菜常见的病害有锈病、细菌性疫病、炭疽病、根腐病、煤霉病、枯萎病、斑枯病、轮纹病、角斑病、菌核病、灰霉病、白粉病等。害虫主要有豆野螟、豆荚螟、豆蚜、叶螨类、美洲斑潜蝇、温室白粉虱等。这些病虫是豆科蔬菜生产的主要障碍。

一、豆科蔬菜病害

（一）豆科蔬菜锈病

豆科蔬菜锈病是豆科蔬菜的重要病害之一，在我国各地均有发生，对产量影响较大。发病严重时造成叶片干枯脱落，直接接影响产量。近年来，露地、设施栽培的豆科蔬菜发生危害都较严重。

1. 症状识别

主要危害叶片（正反两面），也可危害豆荚、茎、叶柄等部位。初期，叶片上出现黄绿色小斑点，(性孢子器），并在相对应的叶背产生黄白色绒毛状物（锈孢子器）。以后病斑逐渐扩大，隆起成近圆形的黄褐色疱斑，周围常具黄色晕圈。表皮破裂后散出大量锈褐色粉末（夏孢子）。生长中后期，病斑发展成椭圆形或不规则黑褐色疱斑（冬孢子堆），表皮破裂后散出黑褐色粉末（冬孢子）（图 2.56）。

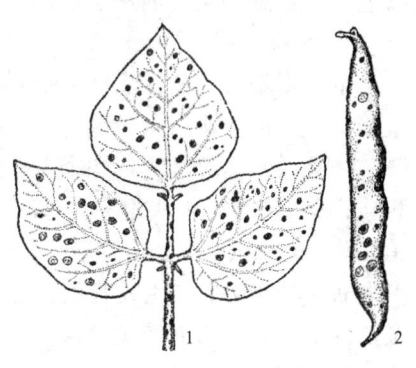

1—病叶；2—病荚

图 2.56　菜豆锈病

2. 病原

菜豆或豇豆单孢锈菌 *Uromyces vignae* Barclay，属担子菌亚门、单孢锈菌属真菌。病菌为单主寄生的全孢型锈菌。豌豆锈菌是转主寄生。

3. 发病特点

以冬孢子随病残体在土壤中越冬。翌春，冬孢子萌发产生担子和担孢子，借气流传播到豆科蔬菜叶片上，萌发产生芽管从叶面侵入，引起初侵染。以后在病部依次产生性孢子、锈孢子和夏孢子。夏孢子借风传播进行多次再侵染。秋后，形成冬孢子堆及冬孢子越冬。中温高湿条件有利于发病。多年连作、夏秋高温多雨年份发病严重 。品种之间抗病性差异明显。感病生育期在开花结荚到采收中后期。

4. 防控技术

（1）选育抗病品种。

（2）与非豆类作物实行轮作。

（3）及时清除病残体，并深翻土壤。

（4）加强栽培管理，提高植株抗病力。

（5）药剂防控。发病初期，及时摘除病叶后，选用 15% 粉锈宁可湿性粉剂 1 000 倍液，或 25% 敌力脱乳油 3 000 倍液，或 12.5% 速保利可湿性粉剂 4 000～5 000 倍液，或 10% 世高水溶性颗粒剂 1 000～1 500 倍液，或 43% 好力克悬浮剂 4 000～6 000 倍液喷雾。

（二）菜豆细菌性疫病

菜豆细菌性疫病又名火烧病、火疫病，是菜豆常见病害之一。现分布于全国各菜豆产区。发生危害轻者减产 10%～20%，高温多雨年份，减产可达 40% 以上。严重影响菜豆的产量和品质。

1. 症状识别

主要侵染叶、茎、豆荚和种子。叶片发病，初生暗绿色油渍状小斑点，后扩大成不规则形褐色病斑，周围有黄色晕圈，干燥时易破裂。严重时病斑相连，全叶枯干，似火烧。茎发病，病斑红褐色，稍凹陷，长条形。豆荚发病，初生油渍状斑点，扩大后不规则形，红色或紫色，最终变为褐色。潮湿条件下，病部常有淡黄色菌脓（图 2.57）。

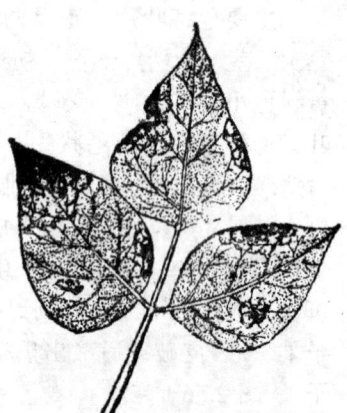

图 2.57 菜豆细菌性疫病

2. 病原

菜豆细菌性疫病菌 Xanthomonas phaseoli，属细菌域，薄壁菌门、黄单孢菌属细菌。病菌在种子内可存活 2～3 年。除危害菜豆外，还侵害绿豆、小豆、豇豆和扁豆等。

3. 发病特点

病菌主要在种子内，也可随病残体在土壤中越冬。带菌种子萌芽后，子叶最先发病，并在子叶上产生菌脓，通过风雨、昆虫等传播从植物叶片的水孔、气孔及伤口侵入，引起多次再侵染。豆类作物连作，高温高湿条件下，发病严重。

4. 防控技术

（1）选用无病种子播种。

（2）与非豆科作物实行 2 年以上轮作。

（3）及时清除病残体，集中处理。

（4）药剂防控。发病初期，选用 20% 农用链霉素 2 000 倍液，或 90% 新植霉素可溶性粉剂 4 000 倍液，或 50% 叶枯双可湿性粉剂 1 000 倍液，或 47% 加瑞农可湿性粉剂 800 倍液，或 20% 龙克菌悬浮剂 500 倍液喷雾。

（三）菜豆炭疽病

菜豆炭疽病在各地普遍发生，在多雨地区和季节发病最重。病害不但造成菜豆严重减产，而且降低了菜豆的品质和商品性。

1. 症状识别

在幼苗至采收后期，植株地上部分均可受害。幼苗出土后，子叶上出现红褐色近圆形病斑，凹陷状溃烂。幼茎下部产生淡红褐色小斑点和长棱形凹陷，有时病斑相互汇合，环切茎基部，使幼苗倒伏枯死。成株期发病，病叶叶脉处变为红褐色条斑，后期变成黑色网状脉。茎和叶柄染病有褐色凹陷龟裂斑，后期变成黑褐色长条斑。豆荚染病，初生褐色小斑点，不久扩展成圆形或近圆形病斑，边缘深红色。严重时，病斑联结成不规则形大斑腐烂（图 2.58）。

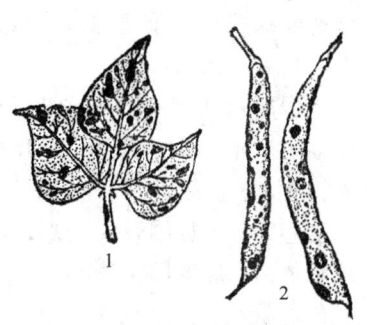

1—病叶；2—病荚

图 2.58 菜豆炭疽病

2. 病原

菜豆炭疽菌 *Colletotrichum lindemuthianum*（sacc.et Magn.）Br.etCar.，属半知菌亚门、刺盘孢属真菌。

3. 发病特点

病菌主要以菌丝体在种子内或以分生孢子在种皮上越冬，也可以菌丝体随病残体在土壤中越冬，但病菌存活期较短。病菌靠风、雨水、昆虫传播，进行初侵染和多次再侵染。气温较低、湿度高、地势低洼、通风不良、栽培过密、土壤黏重、氮肥过量等因素会加重病情。菜豆品种间抗病性有差异。

4. 防控技术

（1）选用抗病品种。

（2）与非豆科蔬菜实行 2 年以上轮作。

（3）种子处理。从无病田、无病荚上采种。种子粒选，严格剔除病种子。播种前用 45 ℃温水浸种 10 min，或用种子重量 0.3% 的 50% 福美双可湿性粉剂拌种。

（4）加强栽培管理。推广覆膜栽培，可防止或减轻土壤病菌传播，降低空气湿度。深翻土地，增施磷、钾肥，田间及时拔除病苗，雨后及时中耕，施肥后培土，注意排涝，降低土壤含水量。

（5）药剂防控。发病初期可用 75% 百菌清可湿性粉剂 600 倍液，或 80% 炭疽福美可湿性粉剂 1 000 倍液，或 70% 代森锰锌可湿性粉剂 500 倍液等药剂喷雾防控。保护地可用 30% 百菌清烟剂 250 g/667 m² ~ 300 g/667m² 熏烟。

（四）菜豆根腐病

根腐病是菜豆生产上的常见病害之一，各地均有发生。一般以连作地和低洼地发病严重。重病地可导致植株成片死亡，对产量影响很大。

1. 症状识别

根腐病从苗期至成株期皆可发生。多在开花结荚后，逐渐表现出症状。病株下部叶片发黄，叶缘焦枯，但不脱落，病株茎基部黑褐色，病部稍下陷，有时开裂至皮层内。剖视茎部，可见维管束变褐，病株侧根多已腐烂。主根全部腐烂后，病株即枯萎死亡。潮湿的环境下，病部可见粉红色霉状物（图 2.59）。

2. 病原

菜豆腐皮镰孢菌 *Fusarium solani f. phaseoli*（Burkh.）Snyder et Hansen.，属半知菌亚门、镰孢霉属真菌。腐皮镰孢菌种内存在着致病性分化，有不同的专化型，在豆类、瓜类等植物上皆为不同的专化型。

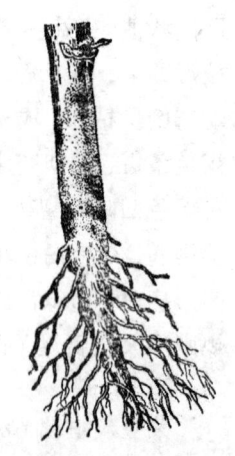

图 2.59 菜豆根腐病

3. 发生特点

病菌主要以菌丝体、厚垣孢子或菌核在土壤、厩肥及病残体上越冬，也可在种子表面越冬。病菌在腐生状态下可存活 10 年以上，厚垣孢子可在土中存活 5 ~ 6 年或长达 10 年。病菌通过雨水、灌溉水、耕作和施肥等途径传播，由根部伤口侵入，又再侵染。高温、高湿条件有利于发病，连作地、低洼地、黏土地发病重。品种间抗病程度差异较大。

4. 防控技术

（1）选用抗病品种。

（2）种子消毒。用菜豆种子 0.3% 的多·能硫悬浮剂 50 倍液浸种 3 ~ 4 h，或75%百菌清可湿性粉剂500倍液浸种30 min，水洗后催芽播种。

（3）加强栽培管理。根据豆科植物的生长特性采用高畦或深沟栽培；防止大水漫灌和雨后积水；发现病株及时拔除；田间盖膜晒土可显著降低发病率。

（4）药剂防控。发病初期用70%甲基托布津可湿性粉剂500倍液，或50%多菌灵可湿性粉剂500倍液，或20%甲基立枯磷乳油1 200倍液，或50%克菌丹可湿性粉剂500倍液，或77%可杀得可湿性粉剂500倍液，或50%琥胶肥酸铜可湿性粉剂300～400倍液，或14%络氨铜水剂300倍液，浇灌或配成药土撒在茎基部，每隔7～10 d 1次，共2～3次。

（五）豇豆煤霉病

豇豆煤霉病又称叶霉病，各地均有发生，是豇豆生产上的常见病和重要病害。染病后叶片干枯脱落，对产量影响较大。除豇豆外，还可危害菜豆、蚕豆、豌豆和大豆等豆科作物。

1. 症状识别

主要危害叶片，在叶两面出现直径1～2 cm、多角形的褐色病斑，病、健交界不明显，病斑表面密生灰黑色霉层，尤以叶背最多。严重时，病斑相互连片，引起叶片早落，仅留顶端嫩叶（图2.60）。

2. 病原

豇豆尾孢菌 *Cercospora vignae* Rac.，属半知菌亚门、尾孢属真菌。

3. 发生特点

病菌以菌丝体随病残体在田间越冬。第二年，菌丝体发育形成分生孢子通过风雨传播，从气孔侵入进行初侵染和多次再侵染，从而导致病害流行。露地高温多雨或保护地高温高湿、通气不良则发病重；连作地或播种过晚发病重。

图2.60 豇豆煤霉病

4. 防控技术

（1）实行轮作。

（2）蔬菜收获后清除病残体，发病初期及时摘除病叶，减轻后期发病。

（3）加强栽培管理。施足腐熟有机肥，配方施肥；合理密植，保护地要及时通风，以增强田间通风透光性，减轻发病。

（4）药剂防控。发病初期喷施50%速克灵可湿性粉剂1 000倍液，或80%

喷克可湿性粉剂 800 倍液，或 70% 代森锰锌可湿性粉剂 700 倍液，或 25% 多菌灵可湿性粉剂 400 倍液，或 50% 安克可湿性粉剂 1 500 倍液，每 7 d 左右 1 次，连续防控 2~3 次。

二、豆科蔬菜害虫

（一）豆野螟

豆野螟 Maruca testulalis Geyer，又叫豇豆荚螟、豇豆钻心虫等，属鳞翅目，螟蛾科。在国内分布普遍，近年来有危害加重的趋势。它是豇豆、菜豆、扁豆等豆科蔬菜的重要害虫。幼虫主要蛀食花蕾及豆荚。蛀食花蕾，造成落蕾落花；蛀食早期豆荚造成落荚；蛀食后期豆荚产生蛀孔，孔内外堆积粪便，不堪食用，并引起腐烂，严重影响产量和质量。一般年份被害率在 30% 左右，严重年份达 80% 以上。

1. 形态识别

成虫体长 10~13 mm，翅展 20~26 mm，灰褐色。前翅狭长，灰褐色，中央有一大二小的白色透明斑点，后翅白色半透明，内侧有暗棕色波状纹。成熟幼虫体长约 18 mm，黄绿色，中、后胸背板上有黑褐毛片 6 个，前排 4 个，各生 2 根细长的刚毛，后排 2 个，无刚毛，腹部背面的毛片上各有 1 根刚毛（图 2.61）。

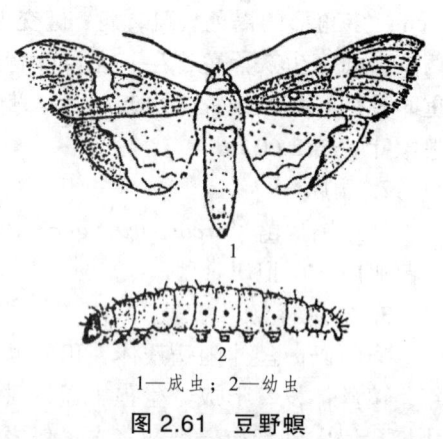

1—成虫；2—幼虫

图 2.61 豆野螟

2. 发生特点

豆野螟的发生代数因地区而异。越冬虫态在各地不尽相同。我国南方各省每年 6~10 月是幼虫危害期。成虫昼伏夜出，有趋光性。卵散产于嫩荚、花蕾、叶柄上，以叶背居多。初孵幼虫蛀入嫩荚危害，或蛀入花蕾取食花药和幼嫩子房，造成落蕾、落荚。3 龄后的幼虫大多数蛀入果荚内取食豆粒。叶上幼虫叶丝卷叶危害。幼虫有转花、荚危害习性。老熟幼虫在植株附近表土或浅土层缀合残叶做成土茧，并在土茧内吐丝做丝茧化蛹。

豆野螟是一种喜高温、潮湿气象条件的害虫。连续阴雨，湿度高对豆野螟发生有利。豇豆开花结荚期与幼虫发生高峰期相吻合，受害严重，反之则轻。豆野螟幼虫期的寄生性天敌有姬蜂、小蜂、麦蛾茧蜂等，对其有一定的抑制作用。

3. 防控技术

（1）消灭虫源。及时清除田间落花、落荚，并摘除被害卷叶和豆荚，消灭其中的幼虫，以减少虫源。

（2）灯光诱蛾。在大面积种植豇豆、菜豆的地方，可在 5~10 月用灭虫灯诱杀成虫。

（3）药剂防控。在作物盛花期或卵孵盛期，用 BT 乳剂 1 000 倍液，或 2.5% 溴氰菊酯乳油、20% 杀灭菊酯乳油 3 000 倍液，或 5% 卡死克乳油 1 000 倍液喷雾。每隔 7~10 d 喷 1 次，连喷 2~3 次。喷药重点在花朵、花蕾与落地花上。喷药时间应掌握在上午 10 时之前，这一段时间豆花开放，药剂易接触虫体，因而防控效果较好。

（二）豆荚螟

豆荚螟 *Etiella zinckenella*（Treitschke），属鳞翅目，螟蛾科。在我国以黄河、淮河和长江流域地区危害最重。豆荚螟以幼虫在荚内蛀食豆粒，虫荚率一般为 10%~30%，个别地区干旱年份可达 80% 以上，除大豆外，还取食其他豆科作物。

1. 形态识别

成虫体长 10~12 mm，翅展 20~24 mm，体灰褐色。线状触角，雄蛾触角基部有灰白色毛丛。前翅狭长，灰褐色，混有深褐色和黄白色鳞片，前缘有 1 条白色纵带，近翅基 1/3 处有 1 条金黄色宽横带。后翅黄白色，沿外缘褐色。成熟幼虫体长 14~18 mm，紫红色。前胸背板中央有黑色"人"字形纹，两侧各有 1 个黑斑，后缘中央有 2 个小黑斑（图 2.62）。

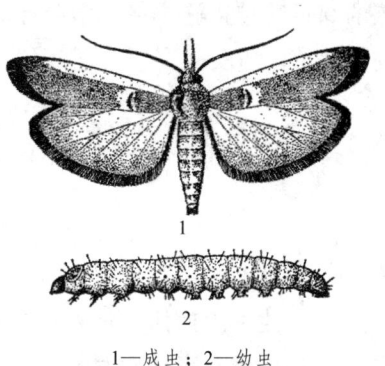

1—成虫；2—幼虫

图 2.62　豆荚螟

2. 发生特点

豆荚螟 1 年发生 2~8 代，以末龄幼虫在土中结茧越冬。成虫昼伏夜出，趋光性弱，受惊扰可短距离飞行。在豆科植物结荚前，雌成虫选择幼嫩叶柄、花柄、嫩芽或嫩叶背面产卵；结荚后多产在植株中、上部豆荚上。初孵幼虫先在叶面爬行，后吐丝垂到其他豆荚上，然后在豆荚上结白色薄茧，蛀入豆荚，再蛀入豆粒内取食。1 只幼虫可食害 4~5 个豆粒，并可转荚危害 1~3 次。幼虫分 5 龄，幼虫老熟后脱荚入土化蛹。

3. 防控技术

（1）实行合理轮作。采用豆科作物与水稻等作物轮作。

（2）在豆荚螟发生严重的地区，尽量选用早熟、丰产、结荚期短的抗虫品种。调整播种期，使豆科作物的结荚期与豆荚螟的产卵期错开。

（3）药剂防控。卵孵化盛期可选用5%卡死克乳油1 000倍液，或20%氰戊菊酯、2.5%溴氰菊酯或10%氯氰菊酯乳油2 000倍液喷雾。

小　结

影响蔬菜生产的病虫种类很多，常见且危害严重的主要病害有白菜软腐病；番茄病毒病、青枯病；辣椒炭疽病、病毒病，茄子褐纹病；瓜类霜霉病、白粉病、枯萎病；菜豆锈病、细菌性疫病、炭疽病、根腐病，豇豆煤霉病。主要害虫有菜粉蝶、菜蛾、夜蛾、黄条跳甲、猿叶虫；茶黄螨、朱砂叶螨；温室白粉虱、黄守瓜、美洲斑潜蝇；豆野螟、豆荚螟等。这些病虫严重影响蔬菜高产、优质和市场供应。防控这些病虫，应采取以选用抗（耐）病虫品种为基础，培育无病虫壮苗、健身栽培为重点，协调化学防控和生物防控，结合采用物理防控的绿色防控措施。在化学防控时，应注意选用高效、低毒、低残留的药剂，确保蔬菜优质安全。

自测训练

1. 十字花科蔬菜软腐病的主要症状特点是什么？应怎样进行防控？
2. 在生产上如何识别和防控番茄病毒病？
3. 影响番茄青枯病发生流行的因素有哪些？应该如何防控这种病害？
4. 防控番茄灰霉病应采取哪些具体措施？
5. 茄褐纹病的主要症状特点是什么？应采取哪些措施进行防控？
6. 防控辣椒炭疽病应采取哪些具体措施？
7. 如何识别马铃薯晚疫病？药剂防控的适期是什么？
8. 黄瓜枯萎病的症状特点是什么？主要防控措施有哪些？
9. 在生产上防控黄瓜霜霉、白粉病主要应选择哪些有效药剂？
10. 防控菜豆锈病、细菌性疫病的有效措施是什么？
11. 菜粉蝶发生危害特点是什么？应怎样进行防控？

12. 根据菜蛾的主要生活习性，应采取哪些措施进行防控？
13. 茶黄螨的主要危害特点是什么？在生产上应采取什么方法进行防控？
14. 根据黄守瓜的主要生活习性，拟订相应的防控措施？
15. 当地美洲斑潜蝇的发生，有哪些危害？应如何加以防控？
16. 在生产上如何有效防控豆野螟？

果树病虫害绿色防控技术

【知识目标】

1. 了解当地常见果树病虫害的种类及危害发生的特点。
2. 明确当地常见果树病害的主要症状及害虫的形态特征。
3. 掌握当地常见果树病虫的绿色防控技术与措施。

【能力目标】

1. 正确区别当地常见果树病虫的种类。
2. 根据当地常见果树病虫害的发生特点制订绿色防控方案。
3. 组织实施绿色防控方案，有效控制当地常见果树病虫的危害。

单元一　柑橘病虫害绿色防控技术

柑橘是我国南方地区重要的果树，危害柑橘的病虫种类较多，对柑橘的产量和品质影响很大。常见病害有炭疽病、疮痂病、脚腐病、烟煤病、流胶病及根线虫病等，部分地方有黄龙病、溃疡病。危害柑橘的害虫主要是螨类、蚧类、粉虱类、蚜虫类、潜叶蛾、蕾蝇蚊、天牛类、凤蝶类、卷叶蛾类、叶甲类等，部分地方有大实蝇、小实蝇。

一、柑橘病害

（一）柑橘炭疽病

柑橘炭疽病分布于华南、西南、华中、华东等地区及北方温室。主要危害柑橘、金橘、柚类植物的叶片和嫩梢，也危害果实。常引起叶、果脱落，枝梢枯死。

1. 症状识别

叶片上的病斑常发生在边缘或尖端，病部可扩大至叶面的1/2。病斑为圆形或不规则形，边缘深褐色，中央灰白色，上生轮纹状黑色小点，高湿条件下从黑点内溢出粉红色黏孢子团，病叶易脱落。枝梢发病，初为淡褐色小斑，后扩大成近梭形斑。当病部环绕枝梢一周时，病梢便逐渐枯死（图3.1）。

2. 病原

盘长孢状刺盘孢菌 *Colletotrichum gloeosporioides* Penz.，属半知菌亚门、刺盘孢属真菌。

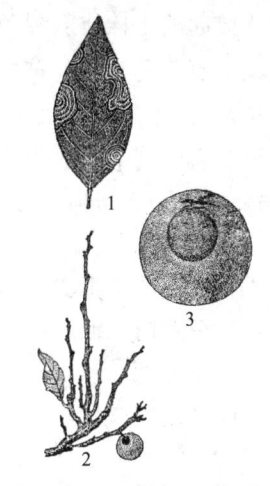

1—病叶；2—病枝；3—病果

图3.1　柑橘炭疽病

3. 发病特点

以菌丝体在病枝、病叶内越冬。翌年温湿度条件适宜时，越冬菌丝体产生分生孢子盘和分生孢子。分生孢子借风雨或昆虫传播，进行初侵染和多次再侵染。病原菌具有潜隐侵染的特点，当年抽发的新梢嫩叶，到秋末冬初大都潜带病原菌，病原菌以休眠状态潜伏在内。田间一般在春梢生长后期开始发病，而以夏秋季发病较重。

4. 防控技术

（1）及时修剪病枝和清除落叶，集中销毁，以减少侵染源。

（2）加强肥水管理，以增强树势，提高抗病力。

（3）发病初期，喷洒加80%炭疽福美可湿性粉剂1 000倍液，或25%咪鲜胺乳油，或70%甲基硫菌灵可湿性粉剂1 000倍液，或65%代森锌可湿性粉剂400~500倍液，或0.3波美度石硫合剂防控，每隔10~15 d喷1次。

（二）柑橘疮痂病

柑橘疮痂病是柑橘产区的一种重要病害，我国各柑橘产区均有发生。一般柠檬、温州蜜柑、桔类及其实生苗受害较为严重。柑橘疮痂病危害叶片、枝梢和果实。叶片、枝梢受害，叶片扭曲、枝梢枯死。果实受害，果面粗糙，果小，味酸。

1. 症状特点

叶片受害，初期在叶面产生油渍状黄褐色圆形小点，以后扩大为圆锥状向叶背突起的木栓化灰褐色病斑。潮湿时，病斑顶部有灰色霉层。被害叶片常枯黄脱落。新梢发病，特征与叶片相似，病梢短小扭曲。幼果受害，则散生或集生瘤状突起病斑，或发育成果形小、皮厚、汁少的畸形果（图3.2）。

2. 病原

柑橘痂圆孢菌 *Phacelomafwcettii* Jenk.，属半知菌亚门、痂圆孢属真菌。

3. 发病特点

以菌丝体潜伏于病组织里越冬。春季阴湿多雨，气温上升到15℃以上时，产生分生孢子，经风、雨传播，侵入新梢、嫩茎和幼叶。在条件适合的情况下可进行多次再侵染。阴雨连绵或清晨雾重露多的天气，有利于病菌的侵入，病害易流行。

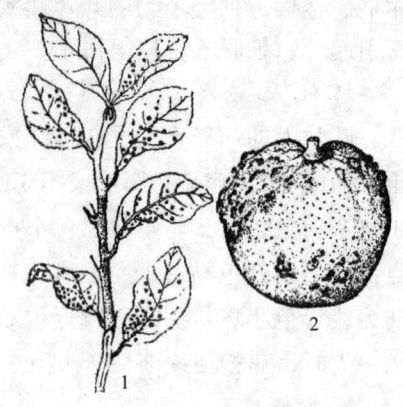

1—病叶；2—病果

图3.2 柑橘疮痂病

4. 防控技术

（1）建立无病苗圃，培育无病苗。

（2）加强栽培管理，提高植株抗病力。

（3）及时清除病枝、病叶和果实，集中烧毁。

（4）在春梢抽发前后，用25%施保克乳油1 000倍液，或10%世高水分散剂3 000倍液，或40%福星乳油1 000倍液保护春梢，谢花2/3时喷药，保护幼果。

（三）柑橘溃疡病

柑橘溃疡病是柑橘的重要病害之一，在我国广东、广西、福建、浙江、湖南、江西、四川、贵州等地都有分布。柑橘溃疡病是国内检疫对象之一。

1. 症状识别

危害橘、橙、柚、柠檬等植物的叶片、嫩梢、果实。叶片受害，最初在正面生针头大的黄色小点，背面出现黄色或暗绿色油渍状斑点。逐渐扩大为近圆形的木栓化灰褐色病斑，正反两面突起，中央凹陷破裂如火山口状，并有细轮纹，周围有黄绿色晕圈。有时几个病斑愈合成不规则形的大病斑。果实、枝梢发病，病斑与叶上相似，但木栓化程度更高，裂口大且深，无晕圈。枝梢发病，多发生于夏梢上，

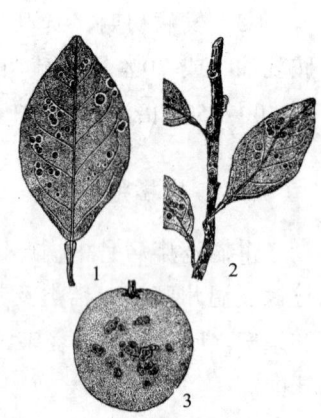

1—病叶；2—病枝；3—病果

图3.3 柑橘溃疡病

常多个病斑环绕枝梢而枯死（图3.3）。

2. 病原

柑橘溃疡菌 *Xanthomonas campestris* PV.citri（Hasse）Dye，属细菌域，薄壁菌门、黄单胞菌属细菌。

3. 发病特点

病菌在病组织内越冬。次年春季，溢出菌脓，借风、雨、昆虫和枝叶接触而传播。病菌由气孔、水孔、皮孔和伤口侵入。细菌侵入后经4～6 d的潜育期，出现新病斑。雨后溢出菌脓，又可进行多次再侵染。并随苗木、接穗、果实的调运作远距离传播。高温、多湿有利于此病的发生。柑橘类果树的属或种之间的抗病性有差异。柑橘属与枳壳属易感病，而金柑属抗病力很强。

4. 防控技术

（1）严格执行检疫制度，对无病区要防止病害传入，有病的苗、果及接穗严格禁止运往无病区。

（2）建立无病苗圃，培育无病苗，接穗必须采自无病区。

（3）加强栽培管理，提高植株抗病力，注意防控潜叶蛾等害虫。

（4）零星发病的地区应彻底清除病枝、病叶和病果，集中烧毁，受害严重的幼树可进行毁株更新。

（5）在病区，当新梢长度为1.5 cm时，喷洒25%叶枯灵可湿性粉剂500～800倍液，或20%农用链霉素可湿性粉剂1 000～2 000倍液，或77%可杀得可湿性粉剂800倍液，保护新梢，谢花10 d后喷药保护幼果。

（四）柑橘黄龙病

柑橘黄龙病是一种世界性病害，在我国主要分布于台湾地区和广东、广西、福建、海南、云南、贵州、四川、浙江、湖南、江西等省。该病对柑橘生产危害极大，感病的柑橘品种得病后可在3～5年内丧失结果能力，甚至枯死。柑橘黄龙病是我国对内对外检疫对象之一。

1. 症状识别

以夏梢发病严重。发病初期，在树冠中出现黄梢，病梢上的叶多从叶脉附近、叶片基部及叶缘开始黄化，形成黄绿相间的斑驳，以后均匀黄化。叶脉肿胀，无光泽，稍硬，叶片易脱落，枝条枯死。病株开花早而多，呈畸形花。果小，易脱落（图3.4）。

图3.4 柑橘黄龙病

2. 病原

亚洲韧皮杆菌 *Liberobacter asianticum* JagoueiX，属细菌域、薄壁菌门、韧皮杆菌属细菌。病菌对四环素和青霉素抵抗力弱。主要危害柑橘属、金柑属、枳壳类植物。

3. 发病特点

病菌在田间寄主和带菌的柑橘木虱体上越冬。远距离传播，主要靠嫁接病芽育成的带病苗木调运。田间传播，主要靠柑橘木虱。一般苗木发病率超过10%以上的新植果园，或田间病株率达20%以上的果园，柑橘木虱的发生数量大，病害将流行，并将在2~3年内毁园。

4. 防控技术

（1）实行检疫，禁止可疑苗木输出和引入。

（2）建立无病苗圃，培育无病苗木。

（3）加强栽培管理，增强树势，提高抗病力。

（4）及时处理病树，减少初侵染源。

（5）木虱发生期，用10%吡虫啉可溶性粉剂1 000倍液，或25%优乐得可湿性粉剂1 500~2 000倍液等药剂喷雾，及时防控柑橘木虱，减少传播的机会。

（五）柑橘脚腐病

柑橘脚腐病又称裙腐病，是柑橘的一种重要病害，各柑橘产区都有发生。柑橘被害后，树干基部腐烂，严重时导致全株枯死。

1. 症状识别

发生于根颈部，组织腐烂呈褐色，有酒糟味。在潮湿环境下，病部分泌淡黄色胶质物。干燥时，病部干缩。条件适宜，病斑迅速向纵横扩展，向上蔓延至主干，向下蔓延，引起主根、侧根大量腐烂。横向扩展使根颈环割，导致植株枯死。病重时，叶片失绿，叶脉变黄，叶形较小，早期落叶，果小，味酸质劣（图3.5）。

2. 病原

寄生疫霉菌 *Phytophthora parasitica* Dastur，属鞭毛菌亚门、疫霉属真菌。

3. 发病特点

以菌丝体在病组织内或以卵孢子在土壤中越冬。次春，条件适宜时，土壤中的卵孢子萌发，产生孢子囊和游动孢子，从根颈部侵入，引起发病。

图3.5 柑橘脚腐病

春、秋季多雨潮湿，发病严重。土质黏重，地下水位高，种植过深，根颈及根部受伤的柑橘树，以及肥水不足，树势衰弱的结果树，均易发病。品种间抗病性差异显著。

4. 防控技术

（1）选用抗病砧木嫁接，或嫁接时适当提高接口部位。

（2）苗木宜浅栽，使根颈暴露于地面。

（3）低洼地注意开沟排水。

（4）及时防控天牛和吉丁虫等蛀食性害虫。

（5）春、秋两季应经常检查病株，发病初期用刀刮除病斑，然后涂 1∶1∶10 倍波尔多浆消毒，或涂抹 25% 甲霜灵可湿性粉剂 400 倍液，或 90% 乙磷铝可溶性粉剂 200 倍液。

二、柑橘主要害虫

（一）柑橘蚧类

危害柑橘的蚧类种类很多，属同翅目，蚧总科。在国内分布广泛。常见的有矢尖蚧 *Unaspis yanonensis* Kuwana、吹绵蚧 *Icerya phrchasi* Maskell、红蜡蚧 *Ceroplastes rubens* Maskell 等。除危害柑橘、金橘、柚、橙等果树外，还危害多种植物。蚧类以雌虫和若虫群集于植物叶、枝、果实上吸食汁液，并排出蜜露，诱发煤污病，使叶、枝变黄。严重时导致枯枝、落叶、落果，甚至全株枯死。

1. 形态识别（表 3.1、图 3.6 ~ 图 3.8）

表 3.1　三种蚧类形态特征

虫态 \ 种类	矢尖蚧	吹绵蚧	红蜡蚧
成虫	雌虫体长 2.8 mm 左右，橙黄色。蚧壳狭长似箭状，紫褐色，背面有 1 条明显纵脊。雄虫体长 0.5 mm 左右，橙黄色，具翅 1 对，腹末有针状交尾器。雄蚧壳长形，白色，背面有 3 条纵脊	雌虫体长 5~7 mm，椭圆或长椭圆形，橘红色。背面有黑色短毛和银白色卵囊，上有纵纹。雄虫体长 3 mm 左右，胸部黑色，腹部橘红色。有 1 对前翅，后翅退化成钩状，腹末有 1 对肉质突起及刚毛	雌虫体长 2.5 mm 左右，椭圆形，暗红色。蚧壳紫红色，半球形，顶部下凹为脐状，中央有白点，周围有 4 条白色蜡带。雄虫体长 1 mm 左右，暗红色，翅白色透明，腹末有一长而锐利的交尾器
若虫	2 龄若虫体扁，椭圆形，淡黄色，触角及足消失	若虫椭圆形，橘红色	若虫椭圆形，灰紫红色，体覆白色蜡质

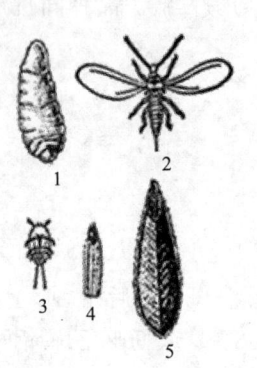

1—雌虫；2—雄虫；3—若虫；
4—若虫蚧壳；5—雌虫蚧壳

图 3.6　矢尖蚧

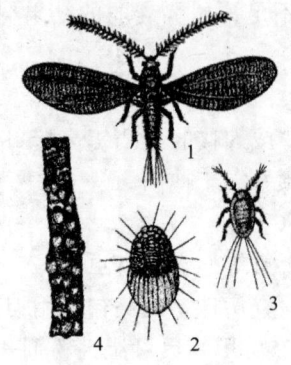

1—雄虫；2—雌虫蚧壳；3—若虫；
4—危害状

图 3.7　吹绵蚧

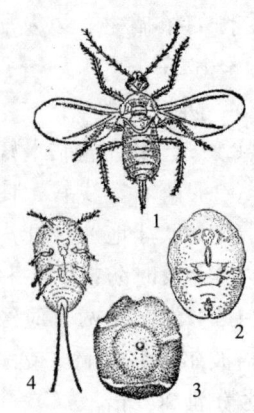

1—雄虫；2—雌虫；3—雌虫蚧壳；
4—若虫

图 3.8　红蜡蚧

2. 发生特点（表3.2）

表3.2　三种蚧类发生特点

项目＼种类	矢尖蚧	吹绵蚧	红蜡蚧
发生特点	1年发生2~3代。以受精雌成虫在寄主上越冬。次年4月至5月产卵于蚧壳下。初孵若虫在枝叶上爬行一段时间后开始固定取食。雌性成虫及若虫多在枝、叶及果面上危害，雄性若虫多集中于叶片上危害。1月下旬成虫羽化交配后，雄虫死亡，雌虫越冬。	1年发生2~3代，世代重叠。以成虫或若虫在寄主上越冬。卵产于卵囊中。初孵若虫分散活动，多在嫩梢和主脉两侧取食，蜕皮1次，换居1次。2龄后雌若虫逐渐转入枯枝上群集危害，吸食汁液，并排出蜜露。若虫成熟后不再移动。雄若虫则在树干裂缝，或土中及杂草上结白茧化蛹（伪蛹）	1年发生1代。以受精雌成虫在寄主上越冬。成虫边产卵边孵化，一般孵化盛期在5月中下旬至6月下旬。雌虫多在树枝上危害，雄若虫在嫩叶上危害。9月雄虫羽化交配后死亡，雌虫受精后越冬

3. 防控技术

（1）剪除被害虫枝，集中处理，减少虫源。

（2）保护利用自然天敌。

（3）在第一代若虫孵化高峰期，用 25% 优乐得可湿性粉剂 1 500～2 000 倍液，或 10% 吡虫啉可溶性粉剂 1 000 倍液喷雾防控。冬季或早春喷 3～5 波美度石硫合剂，或 16～18 倍的松脂合剂，或 20～25 倍的机油乳剂防控。

（二）柑橘螨类

危害柑橘的螨类主要有柑橘全爪螨、柑橘始叶螨和柑橘锈螨三种。柑橘全爪螨 *Panonychus citri* M.，又名柑橘红蜘蛛、柑橘红叶螨；柑橘始叶螨 *Eotetranychus kankitus*（Ehara）又名柑橘黄蜘蛛、柑橘四斑黄蜘蛛。均属蛛形纲，蜱螨目，叶螨科。柑橘锈螨 *Phyllocoptruta oleivora*（Ashoead），又名锈壁虱、牛皮柑，属瘿螨科。分布于全国多数柑橘产区。除危害柑橘外，还危害多种果树和花木。柑橘全爪螨以成、若螨群集于枝梢和叶背面吸食汁液。受害叶片正面呈现苍白色小点，失去光泽，严重时全叶苍白，影响生长。柑橘始叶螨危害柑橘的春梢嫩叶、花蕾和幼果。成螨、幼螨、若螨喜群集在叶背主脉、支脉、叶缘处。老叶叶片被害后形成黄斑，嫩叶受害凹陷扭曲、畸形，凹陷处常有丝网覆盖，螨体常活动和产卵在网下。两种叶螨危害严重时，均会造成落叶、落花、落果，枝梢枯死。柑橘锈螨主要危害叶、果和嫩枝。受害叶及果皮呈赤褐色至黑褐色。严重受害造成落叶、落果，降低果实商品价值。

1. 形态识别（表 3.3、图 3.9～图 3.11）

表 3.3　三种螨类形态特征

种类 虫态	柑橘全爪螨	柑橘始叶螨	柑橘锈螨
成螨	雌成螨体长约 0.3～0.4 mm，卵圆形，紫红色，背面有瘤状突起，其上各生 1 根白色刚毛。雄成螨体较小，菱形，鲜红色，腹末略尖	雌成螨体长 0.35～0.42 mm，近梨形，腹部末端宽钝，体色橙黄，体背有多角形黑褐色斑纹 4 个。足 4 对。雄成螨体长约 0.3 mm，近楔形，尾部尖削	成螨体长 0.1～0.2 mm，楔形或胡萝卜形，淡黄色至锈黄色。头向前伸出，具颚须 2 对。腹部有许多明显环纹，背面环纹 28 个，腹面约为背面的两倍。腹末具伪足 1 对
若螨	幼螨淡红色，足 3 对。若螨与成螨相似，足 4 对	幼螨初孵时淡黄色，近圆形，足 3 对，约 1 天后雌体背面即可见 4 个黑斑；若螨体形似成螨，但比成螨略小，体色较深	若螨似成螨，体较小。腹部环纹不明显，尾端尖细。具足 2 对

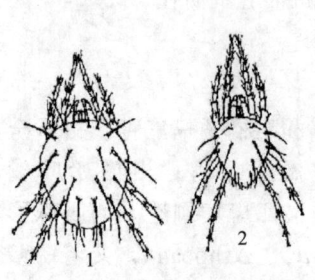

1—雌螨；2—雄螨

图 3.9　柑橘全爪螨

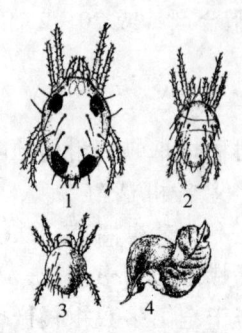

1—雌螨；2—雄螨；3—若螨；
4—危害状

图 3.10　柑橘始叶螨

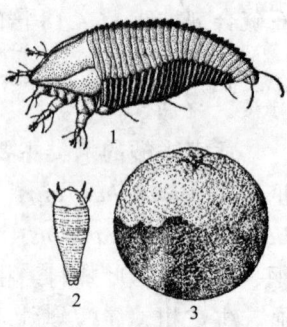

1—成螨；2—若螨；3—被害果

图 3.11　柑橘锈螨

2. 发生特点（表 3.4）

表 3.4　三种螨类发生特点

项目 \ 种类	柑橘全爪螨	柑橘始叶螨	柑橘锈螨
发生特点	1 年发生 12~20 代，世代重叠。以成螨和卵在枝条裂缝和叶背越冬。卵多散产于叶脉两侧。1 年之中以春、秋两季危害严重。春季干旱少雨，柑橘全爪螨将大发生	1 年发生 16 代以上，世代重叠。以卵和成螨在树冠内部叶片背面及潜叶蛾危害的卷叶内越冬。常年在柑橘开花时大量发生，4~5 月是危害盛期，其次为 10~11 月。树冠内部、中下部及叶背光线较暗的部位发生较重，树冠郁闭有利发生，天气干旱时危害严重	1 年发生 20 余代，世代重叠。以成螨群集于枝梢腋芽缝隙中或卷叶内越冬。5 月上旬迁移至新梢，6 月中下旬开始危害幼果。卵散产于叶及果面凹陷处。成、若螨善爬行，能弹跳，常借风力传播蔓延。管理粗放、土壤干旱，树势衰弱的橘园，受害重。重要天敌多毛菌，在高湿条件下，寄生率高

3. 防控技术

（1）合理修剪，使树冠通风透光；加强肥水管理，增强树势，提高抗害能力。

（2）人工助迁食螨瓢虫或释放捕食螨，可有效控制危害。

（3）在害螨点片发生阶段，摘除带螨之叶，集中处理。

（4）在春梢芽长 1~2 cm 时，为越冬卵盛孵期，施第一次药。可喷施 10% 速效浏阳霉素乳油 1 000 倍液，或尼索朗乳油 3 000~5 000 倍液，或 20% 螨死净胶悬剂 3 000~4 000 倍液，或 50% 机油乳剂 100~200 倍液，或 0.3~0.5 波美度石硫合剂。以后根据害螨的发生和天敌数量决定施第二次药，一般间隔时间为 7 d 左右。

（三）柑橘潜叶蛾

柑橘潜叶蛾 *Phyllocnistis citrella* Stainton，又名绘图虫，属鳞翅目，潜叶蛾科。分布于台湾及华南、华东、华中、西南等地区。危害柑橘、金柑、枸橘、枳壳等植物。

1. 形态识别

成虫体长 2 mm 左右，体翅银白色。前翅基部有 2 条褐色纵纹，中央有 2 条黑纹成 Y 形，顶角有 1 个黑色圆斑。前后翅狭长，有缘毛。成熟幼虫体长 4 mm 左右，黄绿色，纺锤形，腹末有 1 对细长的突起（图 3.12）。

2. 发生特点

各地发生世代数有差异。湖南 1 年发生 8~9 代，广东、广西 1 年发生 15 代，世代重叠。以蛹在潜叶内越冬。成虫昼伏夜出，趋光性较弱。卵散产于嫩叶背面中脉两侧。初孵幼虫由卵底面蛀入表皮下潜食叶肉，留下弯曲白色的虫道。老熟时，蛀至叶缘吐丝结茧化蛹，致使叶缘卷曲。

3. 防控技术

（1）抹芽控梢，统一放梢。

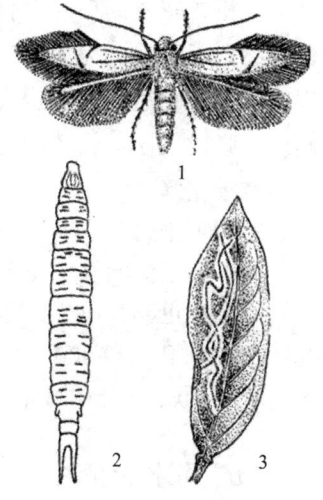

1—成虫；2—幼虫；3—被害叶片

图 3.12 柑橘潜叶蛾

（2）当新梢抽发不超过 3 mm，或新叶受害率达 5% 左右时用 10% 氯氰菊酯乳油 2 000~3 000 倍液，或 25% 杀虫双水剂 500 倍液，或 10% 天王星乳油 3 000~5 000 倍液喷雾。

（四）柑橘蕾瘿蚊

柑橘蕾瘿蚊 Contarinia citri Barnes，又名柑橘花蕾蛆、花蛆，属双翅目，瘿蚊科。分布于华南、西南、华东、华中等地。柑橘蕾瘿蚊是柑橘花蕾期的重要害虫。成虫在花蕾上产卵，幼虫蛀害花蕾，出现畸形花蕾，不能开放，易脱落，影响产量。

1. 形态识别

成虫形似蚊子。雌虫体长 1.9～2.2 mm，黄褐色。体、翅被黑色细毛。前翅膜质透明，阳光照射下有紫色金属闪光，足黄褐色，细而长，腹末有一刺状产卵器。雄虫体长约 1.2～1.5 mm，灰黄色，腹部末端椭圆形，具有 1 对向上弯曲的抱握器。成熟幼虫体长约 3 mm，长纺锤形，橙红色，前胸腹面有 1 褐色 Y 状剑骨片（图 3.13）。

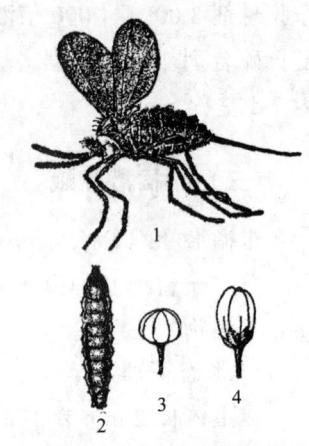

1—成虫；2—幼虫；3—被害花蕾；4—健康花蕾

图 3.13　柑橘蕾瘿蚊

2. 发生特点

1 年发生 1～2 代。以老熟幼虫在树冠下表土中越冬。柑橘花蕾露白时羽化为成虫，早晚飞舞于花蕾间，白天静伏。卵多堆产于花丝、花药及子房周围。幼虫孵化后即在子房周围危害。老熟后从蕾内爬出，弹跳入土，钻入树冠下的表土中结茧休眠。翌年春季化蛹、羽化。

3. 防控技术

（1）人工清除被害花蕾，集中深埋或烧毁，以减少越冬虫源。

（2）成虫羽化出土，多数花蕾变白时，用 40% 乐斯本乳油 1 000 倍液，或 20% 灭扫利乳油 2 000～3 000 倍液树冠喷雾杀成虫；在幼虫脱蕾入土和成虫出土时，用 50% 辛硫磷乳油 1 000～1 500 倍液等地面喷雾，杀成虫和幼虫。

（五）柑橘天牛类

危害柑橘的天牛种类较多，常见的有柑橘星天牛 Anoplophora chinensis Forster，柑橘褐天牛 Nadezhcliella cantori Hope 等，属鞘翅目，天牛科。分布于华南、西南、华东、华中、西北等地。除危害柑橘、脐橙、花红、无花果、枇杷等果树外，还危害多种花卉植物。以幼虫蛀食树干基部及主根，影响树体养分及水分的运输，削弱树势，甚至枯萎。

1. 形态识别（表3.5、图3.14、图3.15）

表3.5　两种天牛形态特征

虫态＼种类	柑橘星天牛	柑橘褐天牛
成虫	体长30 mm左右，漆黑色。鞘翅基部密布颗粒，翅面上有许多白毛斑，前胸背板中瘤明显，侧刺突粗壮	体长26~51 mm，黑褐色。体被灰黄色短绒毛。头顶两复眼间有一深纵沟。触角基瘤隆起。前胸背板侧突尖锐，鞘翅肩部隆起
幼虫	成熟幼虫体长45~67 mm，黄白色。前胸背板前方有1对黄褐色飞鸟形斑纹，中胸腹面、后胸和第1~7腹节背腹面均有移动器	成熟幼虫体长40~60 mm，乳白色，扁圆筒形

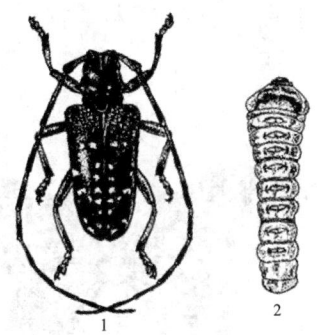

1—成虫；2—幼虫

图3.14　柑橘星天牛

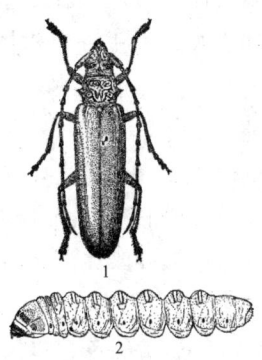

1—成虫；2—幼虫

图3.15　柑橘褐天牛

2. 发生特点（表3.6）

表3.6　两种天牛发生特点

项目＼种类	柑橘星天牛	柑橘褐天牛
发生特点	1年发生1代，世代重叠。以幼虫在虫道内越冬。次年3月开始活动，4~5月化蛹，5~6月为羽化盛期。成虫白天活动，取食叶片。卵散产于树干基部皮层下，产卵处呈"八"字形，或"⊥"字形伤痕。初孵幼虫先在皮层下盘旋蛀食，后深入木质部，虫道外有虫粪和木屑	2年完成1代，幼虫期长达20~23个月。以成虫和幼虫在树干内越冬。成虫多在4月下旬至7月闷热的傍晚在树干交尾，在缝穴和伤疤内产卵。初孵幼虫先蛀食皮层，后蛀入木质部。蛀道上有3~5个气孔与外界相通。老熟幼虫在隧道内吐出一种石灰质的物质封闭两端作室化蛹

3. 防控技术

（1）加强果园管理，进行合理修剪，保持剪口齐整，使枝干光滑，减少成虫产卵场所，并用黏土堵塞树洞，防止成虫潜入洞内。

（2）成虫盛发期在晴天中午人工捕杀成虫。

（3）及时修剪危害严重的枝条，砍伐被害严重的老树，并烧毁虫源木。

（4）冬春检查树干基部，发现新鲜虫粪的植株，先用铁丝除去虫粪，再用80%敌敌畏10~20倍液药棉塞入虫孔；或用注射针管向虫孔内注射敌敌畏药液；或用磷化铝药片塞入孔内，再用泥浆封虫孔。

（六）柑橘凤蝶

柑橘凤蝶 *Papilio xuthus* Linnaeus，又名黄凤蝶、花椒凤蝶，属鳞翅目，凤蝶科。幼虫咬食九里香、柑橘、金橘、香樟、佛手、花椒、荔枝、柚、柠檬、菠萝等植物叶片，造成缺刻，甚至吃光叶片，仅留叶柄。

1. 形态识别

成虫体长30 mm左右，暗黄色。前翅黑色，外缘有8个月牙形黄斑，前缘有2个月牙形黄斑。后翅亚外缘线和外缘线上各有6个月牙形黄斑，臀角外有橙黄色圆斑，内有小黑点。成熟幼虫体长47~48 mm，黄绿色，前胸背板有橙黄色翻缩腺（图3.16）。

2. 发生特点

发生世代数因地而异，1年发生3~6代。以蛹在叶背或枝干等处越冬。成虫白天活动，并取食花蜜。卵散产于嫩叶或芽上。初孵幼虫取食卵壳，后咬食叶片成缺刻，甚至吃光叶片及新梢。幼虫老熟后，吐丝缠绕身体，在枝干等处化蛹。

1—成虫；2—幼虫

图3.16 柑橘凤蝶

3. 防控技术

（1）清除枯枝落叶集中处理，减少虫源。

（2）人工捕杀受害植株上的幼虫和蛹。

（3）保护利用自然天敌，如茧蜂、金小蜂等。

（4）在低龄幼虫期用40.7%乐斯本乳油1 000~2 000倍液，或Bt乳剂500倍液喷雾。

单元二 苹果病虫害绿色防控技术

苹果病虫害种类较多，病害主要有苹果树腐烂病、苹果褐斑病、苹果轮纹病、苹果白粉病、苹果炭疽病等。害虫主要是食心虫类、卷叶蛾类、苹掌舟蛾、旋纹潜叶蛾、苹果绵蚜等。这些病虫的危害，常给苹果生产造成重大经济损失。

一、苹果病害

（一）苹果树腐烂病

苹果树腐烂病俗称烂皮病，是我国苹果树的重要病害，各苹果产区都有发生。发病严重时，造成树体病疤累累，枝干残缺不全，死树和毁园。是一种毁灭性的病害，近年有加重的趋势。

1. 症状识别

苹果进入结果期开始发病，结果盛期的大树发病严重。症状有两种类型：

（1）腐烂型。多发生于主干、主枝及枝杈处，初为不定型红褐色、水渍状、略隆起的病斑。病部皮层组织松软，易撕破，有酒糟味。春季发病部位扩展很快，烂透树皮，至5月初逐步停止扩展，病部干缩下陷，四周与健部产生裂缝，表面长出许多小黑点。潮湿时，黑点中涌出金黄色丝状"孢子角"。

（2）枝枯型。多发生在树势极弱的小枝上，病部红褐色。病害迅速蔓延，枝条很快失水干枯，后期长出许多小黑点（图3.17）。

2. 病原

苹果黑虎皮壳菌 *Valsa mali* Miyabe et Yamada，有性阶段属子囊菌亚门、黑虎皮壳属，无性阶段属半知菌亚门、壳囊孢属 *Cytospora mandshurica* Miura. 真菌。除危害苹果树外，还危害海棠、花红等果树。

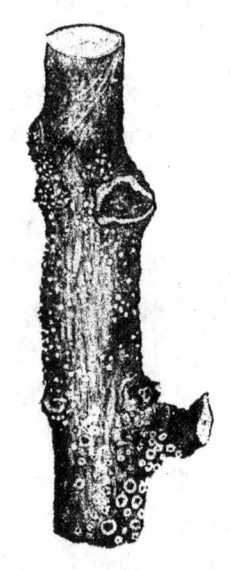

图 3.17 苹果树腐烂病

3. 发病特点

以菌丝体、分生孢子器或子囊壳在树体被害部越冬。分生孢子及子囊孢子主要靠雨水和昆虫传播，从伤口侵入，引起初侵染和再侵染。生长势强的果树，病菌侵入后可长时期潜伏，待周围组织衰弱、抗病力降低时病菌才能活动扩展，致使树皮腐烂。在辽宁南部地区，病害一般在 2 月下旬开始发生，至 5 月上中旬停止扩展，3 月下旬至 4 月下旬腐烂扩展最快。6 月末病菌基本停止活动，9 月中旬病部又开始扩展，但比较缓慢。冻害、栽培粗放、施肥不足、结果过多、其他病虫危害重、早期落叶、树势衰弱，会导致腐烂病大发生。

4. 防控技术

（1）加强栽培管理，提高植株抗病力。

（2）刮除病疤，涂抹 10 波美度石硫合剂等。

（3）铲除树体病源，及时清除、烧毁修剪的病枝和刮除的病皮。

（4）涂刷白涂剂，保护树体。

（5）桥接主干、主枝病重部位，辅助恢复树势。

（二）苹果褐斑病

1. 症状识别

主要危害叶片，偶尔侵害果实。发病初期，在叶片正面出现深褐色小点，以后可表现为三种类型：

（1）同心轮纹型。病斑近圆形，中央暗褐色，外围黄色，周缘仍保持绿色，病斑上有黑色小点粒排列成同心轮纹状。

（2）针芒型。病斑针芒状向外扩展，无定形，病斑小，常遍布叶面。后期叶片变黄，但病斑周围保持绿色。

（3）混合型。病斑较大，多近圆形或不规则，暗褐色，其上散生黑色小点，后期病叶变黄，边缘仍为绿色。随着病情发展，3 种类型病斑难以截然划分。但其共同特征是，病斑边缘不整齐，与健全部分界限不明显，病斑上散生蝇粪状黑色小点，后期病叶变黄脱落，而病斑周缘保持绿色。果实发病时，则产生黑褐色边缘清晰的圆形或不规则形凹陷斑，表面有黑色小颗粒。病部果肉褐色，干腐（图 3.18）。

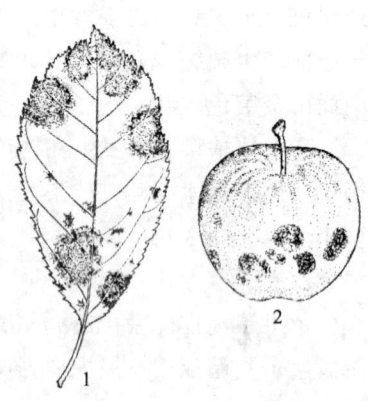

1—病叶；2—病果

图 3.18 苹果褐斑病

2. 病原

苹果盘二孢菌 *Marssoninamali*（P.Henn）Ito，属半知菌亚门、盘二孢属。除危害苹果外，还侵染海棠、沙果、山荆子等植物。

3. 发病特点

以菌丝体及分生孢子在病叶上越冬。次年产生大量分生孢子，借风雨传播，侵入叶部，10d 左右出现病斑，并产生大量分生孢子，继续进行再侵染。雨水是病害流行的主要条件，降雨早而多的年份发病早而重。树势强弱对发病轻重影响很大。品种间抗病性存在明显的差异。

4. 防控技术

（1）清除落叶，加以烧毁或沤肥，消灭越冬病原。

（2）加强管理，增强树势，提高抗病力。

（3）发病初期用 1∶2∶160～1∶2∶200 倍波尔多液，或 25% 施保克乳油 1 000～2 000 倍液，或 40% 福星乳油 8 000～10 000 倍液，或 10% 世高水分散剂 6 000～8 000 倍液喷雾防控。

（三）苹果轮纹病

苹果轮纹病是危害苹果的主要病害之一，近年日益严重。轮纹病菌主要危害枝干和果实。发生枝干轮纹病后，病菌大量夺取树体营养，分泌毒素危害树干，造成树势衰弱，结果期缩短，产量降低，死树等，对果品的生产影响极大。在 7 月份侵入果实，在生长期间和储藏、运输过程中均会造成"烂果"，一般烂果率可达到 30%～40%。

1. 症状识别

枝干受害，以皮孔为中心形成红褐色圆形或扁圆形的病斑。病部与健部间有一圈凹沟，病斑凸起如小岛。翌年病斑中央密生黑色小粒，以后病斑四周开裂成溃疡斑，使树皮翘裂变粗，影响果树正常生长。幼树、苗木严重被害，会造成死亡。果实多在生长后期、贮藏期间发病。病斑初呈水渍状斑点，后扩大成黄褐色圆形斑，且产生黑色小点，有同心轮纹。病果失水后变为黑色僵果（图 3.19）。

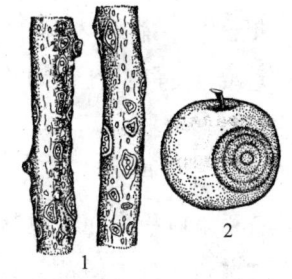

1—病枝干；2—病果

图 3.19 苹果褐斑病

2. 病原

苹果轮纹菌 *Physalospora piricola* Nose，有性阶段属子囊菌亚门、囊孢壳属，无性阶段属半知菌亚门、大茎点属 *Macrophoma kawatsukai* Hara 真菌。除危害苹果外，还危害梨、杏、桃、花红、木瓜、海棠、枣等果树。

3. 发病特点

以菌丝体或分生孢子在病部越冬。翌春，当气温在 20 ℃，相对湿度 75% 以上时产生大量分生孢子。分生孢子主要借雨水传播，由皮孔或伤口侵入。病菌侵入枝干后，一般约 2 周后表现症状。危害果实在 32 ℃~36 ℃ 时，3~5 d 全果腐烂。品种间抗病性差异很大。

4. 防控技术

（1）实行苗木检验，防止病苗传入。

（2）加强栽培管理，增强树势，提高抗病力。

（3）加强检查，发现病斑，要及时刮治，病斑宜削成垂直梭形，不使积水，刮后涂 5 波美度石硫合剂或涂波尔多浆保护。也可于早春喷 4~5 波美度石硫合剂，杀死潜伏在枝干伤口等处的病菌；生长季节结合防控叶部和果实病害喷 0.5∶1∶100 波尔多液。

（四）苹果白粉病

苹果白粉病是苹果树的常发性病害，也是苹果生产中较难防控的病害之一。该病除危害苹果外，还危害梨树。一般年份平均发病株率为 60%，严重的年份发病株率为 90% 以上。被害新梢生长受到很大影响，不但影响当年产量，而且不利于叶芽与花芽的分化，从而降低第二年的产量。少数严重受害的果树，叶片提前枯死脱落引起新梢干枯死亡，严重影响树势，缩短结果年限。

1. 症状识别

苹果白粉病在我国苹果产区发生普遍。除危害苹果外，还危害沙果、海棠等。白粉病危害嫩苗、大树芽、嫩梢、嫩叶，也危害花及幼果。幼苗被害，叶片及嫩茎上产生灰白色斑块，发病严重时叶片萎缩、卷曲、变褐、枯死，后期病部长出密集的黑点。大树被害，芽干瘪尖瘦，春季发芽晚，节间短，病叶狭长，质硬而脆，叶缘上卷，直立不伸展，新梢满覆白粉。生长期健叶被害则凹凸不平，叶绿素浓淡不匀，病叶皱缩扭曲，甚至枯死。花芽被害则花变形、花瓣狭长、萎缩。幼果被害，果顶产生白粉斑，后形成锈斑（图3.20）。

2. 病原

白叉丝单囊壳菌 *Podosphaera*（EII. et Ev.）Salm.，属子囊菌亚门、叉丝单囊壳属真菌。

3. 发病特点

以菌丝体在苹果芽内越冬。次年产生分生孢子，由风雨传播，进行初侵染和多次再侵染。春季温暖干旱，夏季多雨年份病害易流行。品种间抗病性有明显差异。

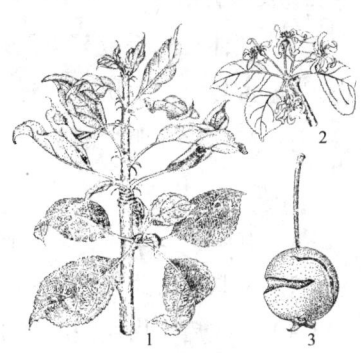

1—病叶；2—病花；3—病果

图3.20 苹果白粉病

4. 防控技术

（1）冬春剪除病枝病芽，减少菌源。

（2）加强肥水管理，增强树势。

（3）发病初期喷施15%粉锈宁可湿性粉剂2 000倍液，或12.5%烯唑醇可湿粉剂2 000~2 500倍液，或25%丙环唑乳油1 500倍液。在花前、落花70%和花后15 d左右各喷1次。

（五）苹果炭疽病

苹果炭疽病又名苦腐病、晚腐病，是苹果生产上重要的果实病害之一。我国大部分苹果产区均有发生，在夏季高温、多雨、潮湿的地区发病尤为严重。

1. 症状识别

主要危害果实，也可危害枝条和果台等。病果初呈黄色水渍状小点，后扩大成圆形，中部变褐且下陷，并在果皮下产生小黑点，常排列成同心轮纹状。潮湿时，产生大量的粉红色黏液。枝条病斑椭圆形，黑色下陷，严重时枯死。

2. 病原

苹果炭疽病菌有性态为子囊菌亚门、小丛壳属 *Glomerella cingulata* (Stonem.) Spauld.er Sch.,无性态为胶孢炭疽菌（*Colletotrichum gloeosporioides* (Penz.) Penz. et Sacc.，属半知菌亚门、炭疽菌属真菌。

3. 发病特点

以菌丝体在病果或枝条溃疡斑间越冬。翌年多雨时产生大量分生孢子，借风雨及昆虫传播。由伤口、皮孔或直接由表皮侵入，引起初侵染和多次再侵染。品种间抗病性存在明显的差异。

4. 防控技术

（1）及时清除被害果，剪除病枝。

（2）采收时避免损伤；贮藏时剔除病果，并保持低温。

（3）落花后1周左右喷洒1∶1∶200倍波尔多液保果。

（4）发病初期喷75%百菌清可湿性粉剂800倍液，或50%福美双可湿性粉剂700~800倍液，或64%杀毒矾（恶霜锰锌）可湿粉剂1000倍液。

二、苹果害虫

（一）食心虫类

危害苹果的食心虫种类较多，主要有两种，即桃小食心虫 *Carposina niponensis* Walsingham，又名桃蛀实蛾，属鳞翅目，果蛀蛾科；苹小食心虫 *Grapholitha inopinata* Heinrich，属鳞翅目，卷叶蛾科。在我国苹果、梨及枣产区均有分布。桃小食心虫以幼虫危害苹果、梨、枣、桃、杏、海棠以及山楂等果实。初期由蛀孔处流出泪珠状汁液，干后成白色蜡质物，去除蜡质物可见黑色小蛀孔。幼虫主要在果实膨大期危害，受害果面凹陷成畸形，有"猴头果"之称。果内有纵横潜道和红褐色虫粪，形成"豆沙馅"，失去食用价值。苹小食心虫幼虫多从果实胴部蛀入，在皮下浅层危害，小果类可深入果心。初期蛀孔周围红色，俗称红眼圈。后被害部渐扩大干枯凹陷呈褐至黑褐色，俗称干疤，疤上具小虫孔数个，并附有少量虫粪。幼果被害常致畸形。

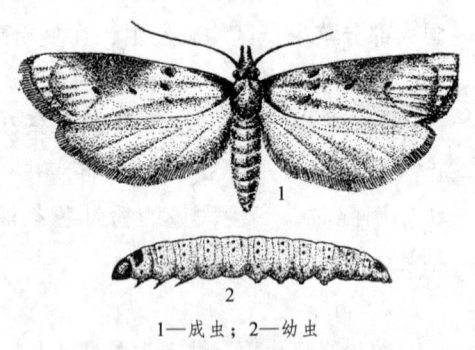

1—成虫；2—幼虫

图3.21 桃小食心虫

1. 形态识别（表 3.7、图 3.21）

表 3.7　两种食心虫形态特征

虫态＼种类	桃小食心虫	苹小食心虫
成虫	体长 5~8 mm，体翅灰褐色，前翅近前缘中部处有 1 个蓝黑色近似倒三角形的大斑	体长 4.5~4.8 mm，暗褐色，带紫色光泽。前翅前缘有 7~9 组大小不等的白色短斜线，顶角及外缘处有 6~7 个黑斑纹。两前翅合拢时外缘构成锐角
幼虫	成熟幼虫体长 10~16 mm，头部、前胸背板、胸足和臀板褐色，胴部桃红色	成熟幼虫体长 7~8 mm，腹部各节背面有桃红色横纹两条，臀栉 4~6 根

2. 发生特点（表 3.8）

表 3.8　两种食心虫发生特点

项目＼种类	桃小食心虫	苹小食心虫
发生特点	1 年发生 1~2 代。以老熟幼虫在土中作冬茧越冬。5~6 月越冬幼虫出土，在地表作夏茧化蛹，6~7 月羽化。成虫日伏夜出，趋光性和趋化性不明显，但对性外激素敏感。在苹果树上，卵主要散产在果萼洼处，在枣树上主要产在果梗洼处。幼虫孵化后，先在果面爬行，啃食果皮，但不吞食，以后蛀食果肉，在果内危害约 20 d，老熟后咬孔脱果。早期脱果幼虫到地表作夏茧化蛹，继续发生第二代。晚期脱果幼虫则进入土中作冬茧越冬，不再发生第二代。少量未脱果幼虫随果实转运到堆果场等处越冬	1 年发生 1~2 代。以老熟幼虫在树皮裂缝、剪锯口、根颈部、枝干分杈处的翘皮下及土缝等处结茧越冬。越冬幼虫在 5 月化蛹，6 月羽化。成虫日伏夜出，具趋化性。卵散产于果面。幼虫孵化后蛀入果内危害。老熟幼虫从果内脱出，沿枝干爬行，寻找粗皮裂缝处结茧化蛹

3. 防控技术

（1）摘除虫果，捡拾落果，清除堆果场的越冬茧，减少虫源。

（2）7月下旬幼虫脱果前在树冠下堆土诱集越冬幼虫，11月上、中旬将土散开，将其消灭。

（3）在越冬幼虫出土期，清除树冠下杂草，耙平地面，喷施50%辛硫磷乳油800倍液，或20%灭扫利乳油2 000倍液防控。

（4）在成虫羽化期和卵孵盛期树冠喷施50%辛硫磷乳油1 000倍液，或BT乳剂1 000倍液，或2.5%功夫乳油4 000倍液。

（二）卷叶蛾类

危害苹果的卷叶蛾类害虫，主要有苹果小卷叶蛾 *Adoxophyes orama* F.、苹果褐卷叶蛾 *Pandemis heparana* Deni & Schiffermuller 等，属鳞翅目、卷蛾科。幼虫吐丝卷叶食害苹果、梨、桃、杏及多种花卉的叶肉或缠绕新芽，危害新芽、嫩叶和花蕾，使芽、蕾不能展开。

1. 形态识别（表3.9、图3.22、图3.23）

表3.9 两种卷叶蛾形态特征

虫态\种类	苹果小卷叶蛾	苹果褐卷叶蛾
成虫	体长6~8 mm。黄褐色。前翅有两条从前缘向外缘倾斜的深褐色纹。后翅及腹部淡黄褐色	体长8~11 mm。体及前翅褐色，前翅前缘弧形拱起，外缘较直，顶角不突起，中央有1条褐色斜带，基部及前缘近顶角处各有1个深褐色斑纹。后翅灰褐色
幼虫	成熟幼虫体长约17 mm。浅绿至翠绿色。头及前胸背板淡黄，腹部第7~8节背面可见1对淡黄色性腺	成熟幼虫体长18~22 mm。头及前胸背板淡绿色，大多数个体前胸背板后缘两侧各有1块黑斑

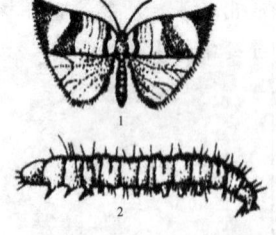

1—成虫；2—幼虫

图3.22 苹果小卷叶蛾

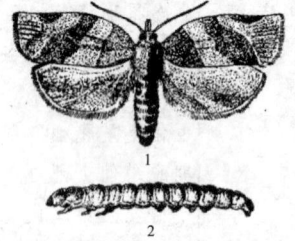

1—成虫；2—幼虫

图3.23 苹果褐卷叶蛾

2. 发生特点（表3.10）

表3.10　两种卷叶蛾发生特点

项目＼种类	苹果小卷叶蛾	苹果褐卷叶蛾
发生特点	1年发生3~4代，以低龄幼虫在树皮裂缝、剪锯口及枯叶等处结茧越冬。次年植物发芽后开始活动。幼虫爬到嫩芽、幼叶、花蕾等处危害。虫体稍大，开始吐丝，将几片嫩叶缀连成虫苞，潜伏其中危害。成虫日伏夜出，具趋化性。卵块产于叶片或果实上，呈鱼鳞状排列。幼虫极活泼，有假死和转苞危害习性，老熟后在卷叶内结茧化蛹	1年发生2~3代，以低龄幼虫在树皮裂缝及枯叶等处结白茧越冬。成虫昼伏夜出，有明显的趋化性，趋光性较弱。卵块产于叶面。初孵幼虫群集于叶面，取食叶肉呈筛孔状，成长后分散危害新芽、嫩叶和花蕾，常吐丝缀叶成虫苞，潜伏其中危害，并啃食果皮和果肉。幼虫活泼，如遇惊动即吐丝下垂。幼虫有转苞危害习性，老熟后在卷叶内化蛹

3. 防控技术

（1）9~10月前在树干绑草诱杀越冬幼虫，或早春刮除翘皮消灭越冬幼虫。

（2）在成虫盛发期，用灯光或糖酒醋毒液诱杀成虫。

（3）生长季节，结合果园管理人工捏虫苞灭幼虫及蛹。

（4）在越冬幼虫活动盛期和第1代幼虫发生初期，用50%辛硫磷乳油1 000倍，或20%杀灭菊酯乳油2 000倍液，或BT乳剂500倍液喷雾防控。

（三）苹掌舟蛾

苹掌舟蛾 *Phalera flavescens*（Bemer et Grey），又名舟形毛虫，属鳞翅目，舟蛾科。分布于东北、华东、华北、华中、西北、华南等地区。以幼虫危害苹果、梨、樱桃、李、杏、梅花、海棠、樱花、等植物的叶片，造成缺刻。严重时，吃光叶片仅剩叶柄。

1. 形态识别

成虫体长22~28 mm，黄白色，前翅基部有1个，外缘有6个银灰和紫褐色各半的椭圆形斑，中部有4条淡黄色波状横纹，顶部有2个灰褐色斑。后翅淡黄白色，近外缘处有褐带。成熟幼虫体长50 mm左右，头黑色，胴部背面紫褐色，腹面紫红色，各体节均有黄白色长毛（图3.24）。

2. 发生特点

1年发生1代。以蛹在土壤中越冬。成虫昼伏夜出，趋光性强。卵块产于叶背。初孵幼虫群集叶背取食叶肉，呈网状，3龄后分散危害。幼虫停息时，头部向上翘起呈舟形，故名"舟形毛虫"。稍受惊动有吐丝下垂习性，幼虫老熟后入土化蛹。

3. 防控技术

（1）冬季翻地灭蛹。

（2）人工振落捕杀幼虫。

（3）利用灯光诱杀成虫。

（4）在低龄幼虫期用 50% 辛硫磷乳油 1 000 倍液，或 10% 多来宝悬浮液 2 000 倍液喷雾防控。

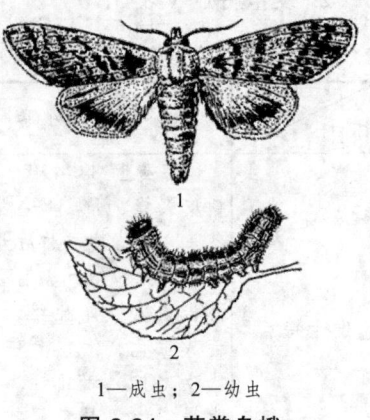

1—成虫；2—幼虫

图 3.24 苹掌舟蛾

（四）旋纹潜叶蛾

旋纹潜叶蛾 Leucopera scitella Zeller，又名苹果潜叶蛾，属鳞翅目，潜叶蛾科。主要分布于东北、华北、西北、黄河故道地区。危害苹果、梨、海棠、沙果等，造成早期落叶、落果。幼虫钻入叶片中危害，并排粪于表皮下，形成轮纹状的圆形或椭圆形黄褐色斑。

1. 形态识别

成虫体长 2~2.5 mm，银白色，前翅前缘及后缘外侧有 7 条褐纹，近臀角处有 2 个紫色大斑。后翅灰褐色，狭长，有长缘毛。成熟幼虫体长约 4 mm，扁圆筒形，头部黑褐色，胴部第一节背面有两块黑色长斜斑，胸部第三节及腹部第一、二节两侧各有 1 个管状小突起。

2. 发生特点

1 年发生 3~5 代。以老熟幼虫在主枝分杈处及树皮裂缝中结茧越冬。于翌年 5 月上旬开始羽化为成虫。第一代幼虫在 5 月下旬出现，6 月中旬出现第一代成虫，第二代幼虫在 7 月初开始危害，第三代幼虫在 8 月上旬危害，8 月下旬老熟；潜入树皮缝中结茧越冬。成虫多于中午前后活动产卵，卵散产在叶背面。初孵幼虫即从卵壳下蛀入叶内，取食叶肉。但均不取食全部叶肉，也不伤及表皮。幼虫老熟后从虫斑的一角咬孔脱出，吐丝下垂随风摇摆，遇到叶片或枝条则附着其上，在凹陷处作茧化蛹。第一、二代幼虫多在叶片上结茧，越冬代老熟幼虫大部到侧枝、主枝、主干等处的粗皮缝作茧化蛹。

3. 防控技术

（1）冬、春季，人工刮除越冬虫茧，以减少虫源。

（2）人工摘除虫叶烧毁，以杀死叶中幼虫。

（3）卵孵盛期，喷 50% 二嗪农乳油 2 500 倍液，或 2.5% 敌杀死乳油 3 000

倍液，或 20% 速灭杀丁乳油 2 000 倍液防控。

（五）苹果巢蛾

苹果巢蛾 *Hyponomeuta malinella* Zeller，属鳞翅目，巢蛾科。多数苹果产区均有分布。幼虫可危害苹果、梨、海棠、山定子、沙果、乌荆子、山楂等多种果树。初孵幼虫潜食嫩叶及花瓣，老龄幼虫暴食叶片。严重年份可将果园叶片全部食光，造成果实枯落，影响果品的产量与质量。同时还影响花芽分化，减少成花率。

1. 形态识别

成虫体长约 10 mm。前翅白色，狭长，前缘有 1 列小黑点，后缘及外缘各有两列小黑点；后翅银灰色，有长缘毛。成熟幼虫体长约 20 mm，褐色，头部、前胸背板、胸足、臀板均为黑色，胴部各节背面两侧有 1 对黑色突起，上生黑毛。

2. 发生特点

1 年发生 1 代。以低龄幼虫在卵壳下越冬。翌年，在苹果发芽时开始活动，在新梢上吐丝结网，群集食害芽和嫩叶。幼虫老熟后，在网内作茧化蛹。成虫白天不活动，夜间飞翔，卵呈鱼鳞状产于枝条上，卵块上有 1 层红褐色胶质物。

3. 防控技术

（1）冬季和早春刮树皮，杀死越冬幼虫。

（2）幼虫吐丝结网时，剪除被害枝梢，集中处理。

（3）发芽至落花后 7~10 d，可用 BT 乳剂 1 000 倍液，或 25% 灭幼脲 3 号悬浮剂 1 000 倍液，或 50% 西维因可湿性粉剂 600 倍液，或 50% 辛硫磷乳油 1 000 倍液喷雾。

（六）苹果绵蚜

苹果绵蚜 *Eriosoma lanigerum* Hausmann，属同翅目，绵蚜科。分布于山东、辽宁、天津、江苏、云南、西藏等地区。危害苹果、山定子、沙果、花红、山楂、海棠等植物的枝干、地面根和果实。被害部形成平滑而圆的瘤状突起，后期成畸形裂口。

1. 形态识别

无翅胎生雌蚜体长 2 mm 左右，暗赤褐色，腹部有白色蜡质绵毛，腹管退化，呈半圆形裂口。有翅胎生雌蚜头部、腹部黑色，翅透明，腹部暗赤褐色，覆盖绵毛。有翅胎生雌蚜体长 0.8 mm 左右，口器退化，头、触角和足均为淡黄绿色，腹部红褐色。有性雌蚜体长 0.6 mm，黄绿色（图 3.25）。

2. 发生特点

1年发生10余代。以若蚜在树皮裂缝、剪锯口缝隙等处越冬。4月上中旬若虫开始危害，5月下旬至7月初是全年发生和繁殖盛期。7~8月受气温及天敌抑制，发生量减少。9月中旬后数量增加，10月出现第二次高峰，11月中旬进入越冬状态。

3. 防控技术

（1）实行检疫。

（2）冬春刮除老树皮，并用3~5波美度石硫合剂喷雾。

（3）保护利用自然天敌，如日光蜂、瓢虫、草蛉、食蚜蝇、蝇茧蜂等。

（4）越冬若虫开始危害时，用10%烟碱乳油1 000~1 500倍液，或10%吡虫啉3 000~4 000倍液，或50%抗蚜威可湿性粉剂1 500倍液等喷雾防控。

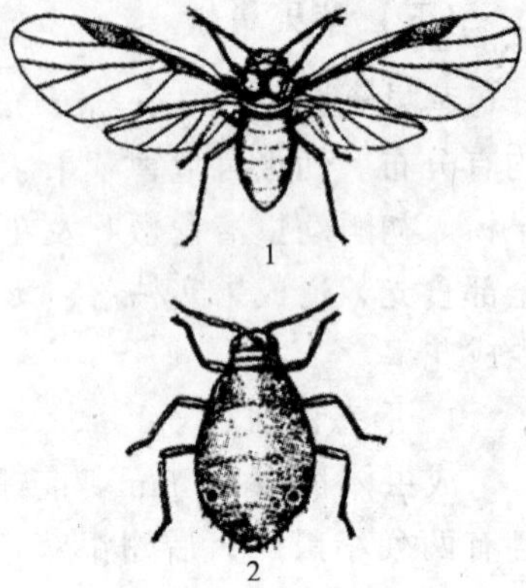

1—有翅雌蚜；2—无翅雌蚜

图3.25 苹果绵蚜

单元三 梨病虫害绿色防控技术

梨病虫害与苹果病虫害常在两种植物上混合发生。危害梨树严重的病害主要有锈病、黑星病、黑斑病等。害虫主要是梨小食心虫、梨大食心虫、梨叶斑蛾、梨剑纹夜蛾、桃剑纹夜蛾、梨茎蜂、梨网蝽、梨蝽、梨木虱等。这些病虫是梨树果品安全生产的重大隐患。

一、梨病害

（一）梨锈病

梨锈病分布于我国安徽、江苏、云南、湖南、四川、浙江、上海、北京、天津、辽宁等省市。主要危害梨、苹果、海棠、山楂、桧柏等植物的叶片、叶柄、嫩枝和果实。

1. 症状识别

发病初期，叶片正面出现橙黄色、有光泽的圆形小病斑，扩大后病斑边缘有黄绿色的晕圈，病斑上有针尖大小的黄褐色点粒，即病原菌的性孢子器，后期病斑黑褐色。叶背病斑稍隆起，病斑上长出黄白色的毛状物，即病原菌的锈孢子器。病斑最后枯死，变为黑褐色。严重时，病叶早落。嫩梢发病，病斑凹陷，病部易折断。叶柄、果柄及果实受害，病斑隆起呈纺锤形，果皮开裂、畸形。转主寄主桧柏等受侵染，针叶和小枝上着生球形或半球形的瘤状菌瘿即冬孢子角，吸水膨大后呈杏黄色花朵状胶质物，似柏树开花（图3.26）。

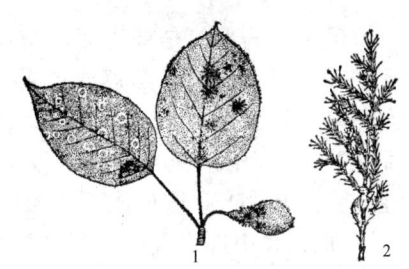

1—病叶及病果；2—桧柏上的菌瘿

图 3.26　梨锈病

2. 病原

梨胶锈菌 *Gymnosporangium haraeanum* Syd., 属担子菌亚门、胶锈菌属真菌。病菌需在两类不同寄主上才能完成其生活史。除危害梨、苹果外，还侵染山楂、海棠、桧柏等植物。

3. 发病特点

以菌丝体在桧柏病组织内越冬，并可存活多年。翌年2~3月冬孢子形成，4~5月冬孢子成熟，菌瘿吸水胀大裂开，产生担孢子，借气流传播到梨、苹果、海棠等植物叶片上。5月下旬病叶开始产生性孢子器，6月下旬叶背开始产生锈孢子器，8~9月锈孢子成熟，并借气流传播到桧柏上，侵染针叶和小枝后越冬。该病原菌不产生夏孢子，病害无再侵染阶段。春季温暖多雨，发病严重；寄主间相距离 20~30 m 内，梨、苹果栽植于下风口发病严重。

4. 防控技术

（1）建果园时，应注意寄主的间隔距离，梨、苹果与桧柏间距应在 200~300 m 以上，并将针叶树种植于下风口处。

（2）春季当针叶树上的菌瘿裂开时，应立即往针叶树上喷施 1∶2∶100 倍波尔多液，或 0.5~0.8 波美度石硫合剂。

（3）在担孢子飞散时，向梨、苹果等阔叶树上喷施 25% 三唑酮可湿性粉剂 1 500~2 000 倍液防控；8~9月份锈孢子成熟时，喷施 65% 代森锌可湿性粉剂 500 倍液。

（二）梨黑星病

梨黑星病分布于我国各梨产区，是梨树最主要的病害。主要危害叶、新梢、果实等，严重时，叶片脱落，枝条和新梢枯死。病害流行时，树势衰弱，病果率高,产量下降,品质低劣。

1. 症状识别

最早发病部位是被害芽,鳞片不易脱落,芽基出现墨绿色霉状物,病芽枯死。新梢受害,初生黑色或黑褐色椭圆形病斑,后渐凹陷,并于表面产生黑霉,后变红褐色、疮痂状,周缘开裂,到次年病疤剥落,仅留疤痕。叶片发病,在叶背沿叶脉产生圆形或不整形病斑,初为淡黄色,约 1 周病斑上即出现墨绿色霉状物,严重时许多病斑愈合,整个叶片背面布满墨绿色霉状物,7~8 月叶片即可落光。果实被害,初为淡黄色病斑,不久产生黑色霉状物,生长停滞,且病部组织变硬,畸形,带苦味,早落。不落的病果,后期病斑开裂成星状裂缝,果实腐烂(图 3.27)。

2. 病原

梨黑星菌 *Venturia pirina*(Cke)Adh.,有性阶段属子囊菌亚门、黑星菌属;无性阶段属半知菌亚门、黑星孢属 *Fusicladium pirinum*(lib.)Fuck. 真菌。

图 3.27　梨黑星病

3. 发病特点

以分生孢子、菌丝体在芽鳞内越冬,也可以分生孢子、未成熟的子囊壳在落叶上越冬。春季气温升高后,越冬的分生孢子或子囊壳放射的子囊孢子,借风雨传播到开始萌动的梨树上,遇有较高的湿度即很快萌发侵入。约经 20d 的潜育期,即可显出症状。病斑上的分生孢子,随风雨传播进行再侵染。春季雨早而多,夏季雨水充沛,发病较重。病害严重程度与品种及树势强弱也有密切关系。缺肥、生长不良的树,地势低洼,树冠茂密,不通风、湿度大的梨园,发病严重。

4. 防控技术

(1)清除落叶,摘除病梢,减少或消灭病原。

(2)加强果园管理,减少病菌来源。

(3)梨树发芽前,结合其他病虫的防控,喷 5 波美度石硫合剂;发病初期喷 1∶1∶160 倍波尔多液,或 25% 施保克乳油 1 000~2 000 倍液防控。

(三)梨黑斑病

梨黑斑病是梨树上的重要病害之一,在中国主要梨区普遍发生。发病严重时会引起早期落叶和嫩梢枯死,致使裂果和早期落果,严重削弱树势,降低树体的生长势和抗病能力。

1. 症状识别

该病主要危害果实、叶和新梢。叶部受害,幼叶先发病,产生褐色至黑褐色圆形斑点,后逐渐扩大,形成近圆形或不规则形病斑,中心灰白至灰褐色,边缘黑褐色,有时有轮纹。病叶即焦枯、畸形,早期脱落。天气潮湿时,病斑表面产生黑色霉层。果实受害,果面出现一至数个黑色斑点,渐扩大,颜色变浅,形成浅褐至灰褐色圆形病斑,略凹陷。发病后期病果畸形、龟裂,裂缝可深达果心,果面和裂缝内产生黑霉,并常常引起落果。新梢发病,病斑圆形或椭圆形、纺锤形,淡褐色或黑褐色,略凹陷,易折断。

2. 病原

菊池链格孢菌 *Alternaria kikuchiana* Tanaka,属半知菌亚门、链格孢属真菌。

3. 发病特点

以分生孢子和菌丝体在被害枝梢、病叶、病果和落于地面的病残体上越冬。第二年春季产生分生孢子后借风雨传播,从气孔、皮孔和直接侵入寄主组织引起初侵染。初侵染发病后病菌可在田间引起再侵染。一般 4 月下旬开始发病,嫩叶极易受害。6~7 月如遇多雨,更易流行。地势低洼、偏施化肥或肥料不足,修剪不合理,树势衰弱以及梨网蝽、蚜虫猖獗危害等不利因素均可加重该病的流行危害。

4. 防控技术

(1) 清除越冬菌原。在梨树落叶后至萌芽前,清除果园内的落叶、落果,剪除有病枝条并集中烧毁深埋。

(2) 加强果园管理。合理施肥,增强树势,提高植株抗病能力。低洼果园雨季及时排水。重病树要重剪,以增进通风透光。

(3) 药剂防控。发芽前喷 5 波美度石硫合剂,铲除树上越冬病菌。生长期喷药保护叶片和果实,可用 1∶2∶240 倍波尔多液,或 10% 多氧霉素 1 000~1 500 倍液,或 75% 百菌清可湿性粉剂 800 倍液,或 90% 三乙膦酸铝可湿性粉剂 500 倍液,或 65% 代森锌可湿性粉剂 600~800 倍液。一般从 5 月上中旬开始第一次喷药,每 15~20 d 喷 1 次,连喷 2~3 次。

二、梨害虫

(一) 梨小食心虫

梨小食心虫 *Grapholitha molesta* Busck,属鳞翅目,小卷叶蛾科。是世界性害虫。分布于我国南北各果区。以幼虫危害梨、苹果、桃、碧桃、山楂、海棠、樱桃、枇杷、梅、李、杏等植物的嫩梢和果实。造成嫩梢萎蔫，果实腐烂，不堪食用，影响产量和品质。幼虫早期危害梨果时，入果孔处常变黑腐烂，略凹陷，有"黑膏药"之称。入果后直达果心，并在果心处取食，致使果实腐烂。

1. 形态识别

成虫体长 4～6 mm，体翅灰褐色，前翅前缘有 10 余组白色短斜线，中室外方有 1 个小白点，近外缘处有 10 个小黑点，两翅合拢时外缘夹角为钝角。成熟幼虫体长 10～14 mm，体淡红色，头壳黄褐色，前胸背板浅黄色或黄褐色，腹部末端有 4～7 根臀栉（图 3.28）。

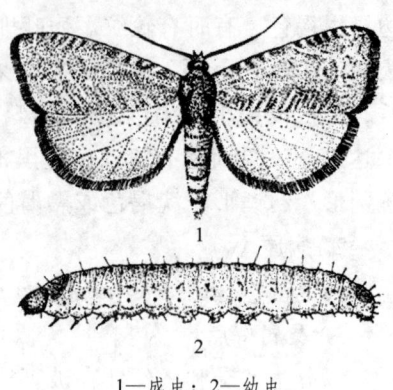

1—成虫；2—幼虫

图 3.28 梨小食心虫

2. 发生特点

发生世代因地而异，辽南及华北大部分地区 1 年发生 3～4 代，华南一年发生 6～7 代。以老熟幼虫主要在枝干翘皮下结茧越冬，也可在树干基部近土面或果品包装箱及梨果存放处越冬。成虫日伏夜出，有趋光性、趋化性，对性诱剂敏感。在桃梢上，卵主要散产于新梢中部的嫩叶上，在果实上，主要散产于胴部及萼洼处。在北方，5～6 月第 1、2 代幼虫主要危害桃梢，有转梢危害习性，7、8 月第 3、4 代幼虫主要危害梨果及其他果实。幼虫脱果后，一部分进入越冬状态，另一部分发育为第 4 代。第 4 代幼虫在果实采收前来不及脱果而随果实转运越冬。

3. 防控技术

（1）建立新果园时避免桃、梨混栽。

（2）夏季剪除萎蔫桃梢集中处理，消灭第 1、2 代幼虫。

（3）8 月中旬前在主干、主枝上束草，次年早春前妥善处理，并刮除老树皮，消灭越冬幼虫。

（4）成虫发生高峰期，设置灭虫灯、糖醋毒液或性诱剂诱杀成虫。

（5）药剂防控，在卵孵化高峰期，用 2.5% 溴氰菊酯乳油 2 000～4 000 倍液，或 50% 辛硫磷乳油 1 000 倍液树冠喷药防控。

（二）梨大食心虫

梨大食心虫 *Nephoteryx perivorella* Matsumura，属鳞翅目，螟蛾科。各梨区

普遍发生。以幼虫主要危害梨，偶尔危害桃和苹果。越冬幼虫主要危害花芽。幼虫从芽基部蛀入，蛀孔外有细小虫粪，被害芽干瘪。次年春季幼虫转害新芽，同时吐丝缀连芽的鳞片，故鳞片开裂时一般不脱落。开花后，幼虫在花丛基部危害，受害严重的花丛枯萎。结果期转害幼果，蛀孔大，蛀孔处常堆积许多虫粪，被害幼果的果柄基部常有丝缀连，干枯后不脱落，称作"吊死鬼"。后期果被害，入果孔处常变黑腐烂，被害果大多脱落。

1. 形态识别

成虫体长 10～15 mm，暗褐色，前翅内、外横线灰白色，横线两侧有紫褐色宽边，肾形纹黑褐色。成熟幼虫体长 17～20 mm，粗壮，头部及前胸背板黑褐色，体背红褐色至绿色，腹面色浅（图 3.29）。

2. 发生特点

1 年发生 1～3 代。以低龄幼虫在花芽内结茧越冬。在河北中南部，次年 4 月上中旬越冬幼虫转芽危害，5 月中、下旬转果危害。6 月中旬至 8 月上旬第 1 代幼虫害芽、害果。8 月

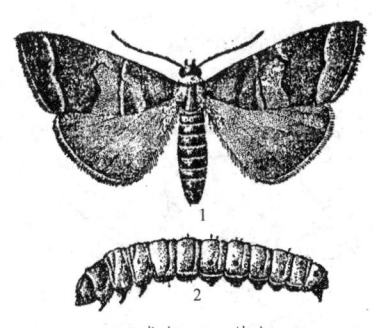

1—成虫；2—幼虫

图 3.29 梨大食心虫

以后出现第 2 代幼虫危害芽，以后越冬。成虫日伏夜出，有趋光性和趋化性。越冬代成虫卵散产于果实萼洼、芽腋、叶片等处。幼虫孵化后有的直接害果，有的先害芽，后蛀果。第 1 代成虫产卵于芽旁，幼虫孵化后危害 1～2 个芽，即在芽内作茧越冬。幼虫老熟后在果内化蛹。

3. 防控技术

（1）清除虫芽、虫花和虫果，减少虫源。

（2）成虫发生高峰期，设置灭虫灯、糖醋毒液诱杀成虫。

（3）在幼虫转芽、转果期用 2.5% 溴氰菊酯乳油 2 000～4 000 倍液，或 50% 辛硫磷乳油 1 000 倍液，或 BT 乳剂 1 000 倍液进行树冠喷药防控。

（三）梨叶斑蛾

梨叶斑蛾 *Illideris pruni* Dyar，又名梨星毛虫，属鳞翅目，斑蛾科。分布于东北、华东、华北、华中、西南、西北等地。主要危害梨、苹果、山楂、海棠、沙果、山荆子等果树。以幼虫危害芽、花蕾、嫩叶。春季，当芽鳞露白时越冬幼虫从芽旁吐白处蛀入，如花芽已经开放则从顶部蛀入，受害芽变黑枯死或不能正常开花。展叶时，幼虫吐丝将嫩叶两侧边缘向正面纵包成饺子状，潜藏在叶苞中啃食叶肉，残留网状叶脉和下表皮，叶片枯死变黑。夏

季,低龄幼虫群集叶背啃食叶肉,留下表皮,大龄幼虫食叶成缺刻,但不包叶危害。

1. 形态识别

成虫体长9~13 mm,体翅黑色,翅半透明,上有许多短绒毛。成熟幼虫体长18~20 mm,黄白色,头小,纺锤形。中胸至第8腹节两侧各有1个星状黑斑,每节背面及两侧还有6个白色扁平毛瘤(图3.30)。

2. 发生特点

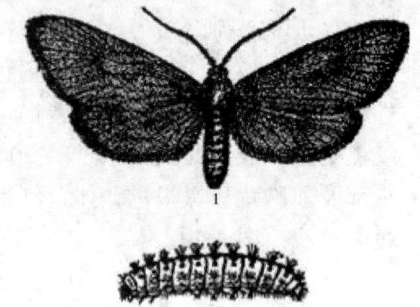

图 3.30　梨叶斑蛾
1—成虫；2—幼虫

1年发生1~2代。主要以低龄幼虫在树干及主枝的粗皮裂缝下越冬,也可在树干附近的土壤中结茧越冬。次年早春梨树花芽萌动时越冬幼虫开始活动,危害嫩叶和花蕾。幼虫有转苞危害习性,老熟后在苞叶中化蛹。成虫日伏夜出,飞翔力不强,遇惊易落。卵块产于叶背。幼虫取食10~15 d,到2~3龄时进入越冬场所越冬。在河南西部和陕西关中一带,6月下旬一部分幼虫越冬,一部分幼虫继续危害,8月以后出现第2代幼虫,以第2代幼龄幼虫越冬。

3. 防控技术

(1)果树休眠期刮除老树皮并集中处理,或在幼树树干周围压土,消灭越冬幼虫。

(2)幼虫危害期,人工摘除虫苞,虫叶,集中处理。

(3)早、晚气温低时利用成虫的假死性震树消灭成虫。

(4)花芽膨大至显蕾期用2.5%溴氰菊酯乳油2 000~4 000倍液,或50%辛硫磷乳油1 000倍液,或BT乳剂1 000倍液树冠喷药防控出蛰的越冬幼虫。

(四)梨剑纹夜蛾

梨剑纹夜蛾 *Acronicta rumicis* L.,属鳞翅目,夜蛾科。分布于黑龙江、内蒙古、新疆、广东、广西、云南各省和我国台湾地区。主要危害苹果、桃和梨。初孵幼虫啃食叶片叶肉残留表皮,稍大食叶成缺刻和孔洞。

1. 形态识别

成虫体长14~17 mm,头、胸、前翅黑色,有白色斑纹。前翅基线、内外横线、环状纹、肾状纹均为黑色,后缘1/3处有一白斑,外缘有1列小黑点。后翅棕黄色。成熟幼虫体长 30 mm 左右,灰褐色,各体节有黄褐色毛瘤,腹部背面有 1 列黑点(图 3.31)。

2. 发生特点

1 年发生 2~4 代。以蛹在土壤中越冬。成虫昼伏夜出,有趋光性。卵散产于叶背。幼虫分散于叶背危害,老熟后在叶上结茧化蛹。

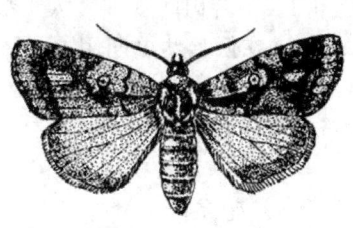

图 3.31 梨剑纹夜蛾成虫

3. 防控技术

(1) 冬季翻地,杀灭越冬蛹。

(2) 在低龄幼虫期用 BT 乳剂 1 000 倍液,或 50% 辛硫磷乳油 1 000 倍液,或 10% 多来宝悬浮液喷雾。

(五) 桃剑纹夜蛾

桃剑纹夜蛾 *Acronycta intermedia* Warren,属鳞翅目,夜蛾科。国内分布普遍。以幼虫危害梨、苹果、桃、樱桃、杏、梅、山楂等果树。低龄幼虫啃食叶片下表皮成纱网状,高龄幼虫食叶成孔洞或缺刻。

1. 形态识别

成虫体长 17~22 mm,体翅灰褐色。前翅有 3 个明显的剑状纹,外缘有一黑点。后翅灰黄色,外横线暗灰色,缘毛白色。成熟幼虫体长 36~40 mm,头部棕红色,胴部背面有锥形黑色突起,上有黑色短毛,毛斑上各有 2 个大小不等的白斑(图 3.32)。

2. 发生特点

1 年发生 2~3 代。以老熟幼虫在土壤中作茧越冬。成虫昼伏夜出,有趋光性和趋化性。卵

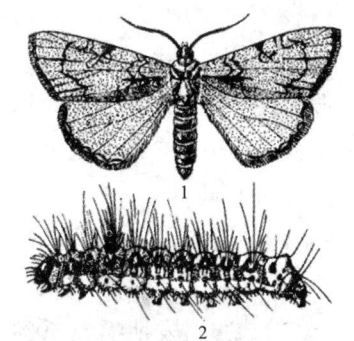

1—成虫;2—幼虫

图 3.32 桃剑纹夜蛾

散产于枝、叶上。初孵幼虫群集叶背取食叶肉,稍大后分散,沿叶缘取食,造成不规则缺刻,严重时仅留主脉和叶柄。幼虫老熟后入土结茧化蛹。

3. 防控技术

(1) 冬耕翻地,灭越冬幼虫。

(2) 在成虫盛发期,利用糖醋毒液或灯光诱杀成虫。

（3）结合田间管理，人工摘除初孵幼虫危害叶片，集中处理。

（4）在低龄幼虫期用 Bt 乳剂 500 倍液，或 1.8% 阿维菌素乳油 2 000~3 000 倍液，或 2.5% 溴氰菊酯乳油 3 000 倍液，或 50% 辛硫磷乳油 1 000~2 000 倍液在下午或傍晚喷雾。

（六）梨茎蜂

梨茎蜂 *Janus piri* Okamoto et Muramatsa，俗称折梢虫、剪枝虫、剪头虫等，属膜翅目，茎蜂科。分布于我国梨的各产区，是梨树主要害虫之一。成虫产卵于新梢处，形成伤口，造成断梢。幼虫蛀食嫩梢、茎杆，造成嫩梢萎蔫，茎杆折断。被害嫩梢、茎杆中充满坚实的虫粪。

1. 形态识别

成虫体长约 10 mm，黑色，翅透明，胸部背板两端有黄色斑点。足黄色，腿节黄褐色。成熟幼虫体长约 11 mm，黄白色，头淡褐色，尾端向上翘，胸部向下弯（图 3.33）。

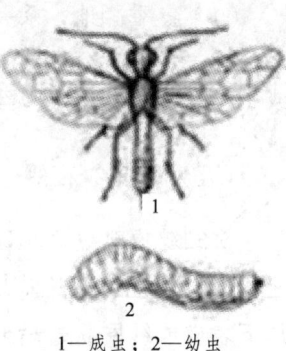

1—成虫；2—幼虫

图 3.33 梨茎蜂

2. 发生特点

1 年发生 1 代。以幼虫在被害梢中作黄白色薄茧越冬。成虫 3~4 月羽化，有假死性。卵散产于新梢组织内，产卵处有一黑色小点。初孵幼虫蛀食茎髓部，并排粪于其中，老熟后在茎内结茧化蛹。

3. 防控技术

（1）梨茎蜂成虫有假死性，可于清晨和傍晚摇动枝干进行捕杀。

（2）发现被害嫩梢、枝条和茎，立即剪除并集中处理。

（3）成虫盛发期喷施 50% 杀螟松乳油 800~1 000 倍液，或 40% 乐斯本乳油 1 500 倍液，或 50% 辛硫磷乳油 1 000 倍液，或 2.5% 功夫乳油 1 500~2 000 倍液，或 20% 菊马乳油 2 000 倍液等防控。

（七）梨网蝽

梨网蝽 *Stepnanitis nashi* Esaki et Takeya，俗名梨冠网蝽、梨花网蝽、梨军配虫，属半翅目，网蝽科。成、若虫在梨、苹果、桃及多种花卉的叶背吸食汁液。被害叶正面形成苍白斑点至斑块，叶片背面有褐色斑点状虫粪及分泌物，使整个叶背呈锈黄色，严重时被害叶早落。

1. 形态识别

成虫体长 3.5 mm 左右，暗褐色，体扁平，无单眼。前胸两侧与前翅均有网状花纹，静止时，两翅重叠，中间黑褐色，斑纹呈 X 形。若虫形似成虫，有翅芽。在前、中胸和腹部第 3～8 节两侧有锥形刺突（图 3.34）。

2. 发生特点

1 年发生 2～5 代，世代重叠。以成虫在枯枝落叶、树干裂缝、土缝等处越冬。次年 4 月越冬成虫开始危害。卵散产于叶背，卵上覆盖褐色胶质物。初孵若虫多群集在叶背主脉两侧危害，后向全叶分布。7～8 月是发生危害高峰期。

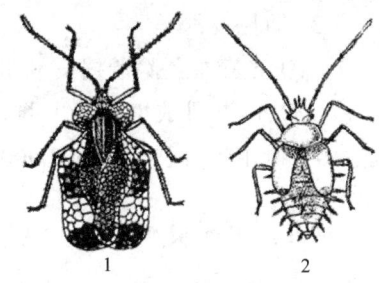

1—成虫；2—若虫

图 3.34 梨网蝽

3. 防控技术

（1）清除杂草及枯枝落叶，或冬春季刮除老树皮或堵塞树洞，集中处理，降低虫口基数。

（2）树干涂白可灭裂缝内越冬成虫。

（3）3～5 月在第 1 代若虫孵化期，用 20% 菊马乳油 2 500 倍液，或 50% 马拉硫磷乳油 1 500 倍液，或 10% 吡虫啉可湿性粉剂 2 000～4 000 倍液，或 29% 净叶宝乳油 1 500 倍液喷雾。

（八）梨蝽

梨蝽 *Urochela luteovaria* Distant，俗名臭板虫、臭大姐，属半翅目，蝽科。在我国梨果产区普遍发生，是梨树的重要害虫之一。除危害梨外，还危害苹果、山楂、桃、李、杏、樱桃等果树。成虫和若虫群集吸食梨树幼芽、新叶、花蕾、新梢和果实。严重时叶片发黄枯萎，正面有若虫分泌的油亮黏液。受害枝条生长衰弱，变黑，甚至枯死。受害果实变硬，畸形，不能食用。

1. 形态识别

成虫体扁平，近椭圆形。雌虫体长 10～12 mm，土褐色或黄绿色。雄虫较雌虫小，体黄褐色。腹部各节两侧各有 1 个大型黑色斑纹，黑斑内侧有 3 个小黑点。若虫体黑色，形似成虫，无翅。头部灰色，腹部黄色，背面有黑斑和红色小点。

2. 发生特点

1 年发生 1 代。以 2 龄幼虫在树皮裂缝或树洞内越冬。梨树发芽群集危害叶片，4 月下旬分散在枝条上吸食汁液。6 月中旬至 7 月上旬出现成虫，危害梨果成疙瘩果。9月下旬卵块产于枝干裂缝中，孵化的若虫脱皮1次后，即潜伏越冬。

3. 防控技术

（1）冬春季刮除老树皮或堵塞树洞，消灭越冬若虫。

（2）3~7月成虫、若虫群集危害时，可用50%马拉硫磷乳油1 000倍液，或10%吡虫啉可湿性粉剂3 000倍液，或20%菊马乳油2 500倍液喷雾。

（九）中国梨木虱

中国梨木虱 *Psylla pyrisuga* Forster，属同翅目，木虱科。成虫和若虫常群集危害梨树的嫩芽、新梢和花蕾。春季成虫、若虫多集中于新梢、叶柄危害，夏秋季则多在叶背吸食危害。受害叶片叶脉扭曲，叶面皱缩，产生枯斑，并逐渐变黑，提早脱落。若虫在叶片上分泌大量黏液，常使叶片黏在一起或黏在果实上，诱发烟煤病，污染叶片和果面。

1. 形态识别

成虫冬型体长2.8~3.2 mm，体褐色至暗褐色，有黑褐色斑纹，前翅后缘在臀区有明显褐斑；夏型体长2.3~2.9 mm，体色由绿至黄变化很大，翅上均无斑纹。若虫体扁，长椭圆形、淡黄色，3龄后常分泌黏液盖在身体上。

2. 发生特点

1年发生4~6代，世代重叠。主要以冬型成虫在枝干的树皮裂缝内越冬。3月上旬越冬成虫开始出蛰危害。越冬代成虫产卵在短果枝叶痕、芽缝处，第2代卵产于嫩梢、新叶和花蕾，以后各代产卵于叶面主脉沟、叶柄或叶缘。

3. 防控技术

（1）早春刮树皮、清洁果园、消灭越冬成虫。

（2）在越冬成虫出蛰盛期，梨花芽膨大露白期喷施10%吡虫啉可湿性粉剂3 000倍液，或20%速灭杀丁乳油3 000倍液。

单元四　葡萄病虫害绿色防控技术

葡萄病虫害种类较多，病害主要有霜霉病、黑痘病、白腐病、炭疽病、褐斑病等。害虫有透翅蛾、十星叶甲、二点叶蝉、斑衣蜡蝉、天蛾、绿盲蝽、瘿螨、短须螨、虎天牛、潜花金龟甲、蓟马、根瘤蚜等。这些病虫是影响葡萄安全生产的主要障碍。

一、葡萄病害

(一) 葡萄霜霉病

葡萄霜霉病分布于我国各葡萄产区,是葡萄的主要病害之一。主要危害叶片,也可侵害新梢、幼果等。轻者造成叶片大量脱落,枝条不充实,冬芽不饱满,影响葡萄次年产量和质量,重者导致枝条或整株枯死。

1. 症状识别

叶片受害后,正面呈淡黄色斑点,叶背面产生白色霜状霉层,病叶逐渐干枯脱落。新梢发病开始为水渍状半透明斑点,后变为微凹陷、黄色至褐色病斑。潮湿时病斑也能产生白色霜状霉层,病梢扭曲、枯死。幼果染病后,病部褪色、变硬下陷,出现白色霜状霉层,随后皱缩脱落(图3.35)。

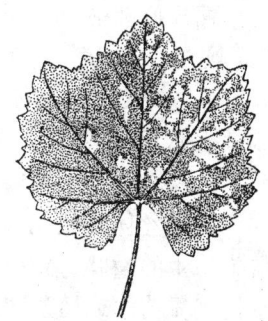

图3.35　葡萄霜霉病

2. 病原

葡萄生单轴霉菌 *Plasmopara viticola* (Berk.et Curtis) Berl.et de toni,属鞭毛菌亚门、单轴霉属真菌。

3. 发病特点

以卵孢子在病叶组织及土壤中越冬。次年春季卵孢子萌发产生孢子囊,靠风雨传播,侵染叶片。叶片发病后,不断产生大量孢子囊进行多次重复侵染。冷凉潮湿天气,栽植过密或枝叶过多、通风差和排水不良均有利于病害流行。

4. 防控技术

(1) 及时清除病叶,剪去病枝,集中烧毁,以减少菌源。

(2) 雨季注意排水,勤除草,降低田间湿度。

(3) 及时摘心,打副梢,有利植株通风透光;增施磷、钾肥,提高植株抗病力。

(4) 在葡萄开花前和开花后,喷洒1∶0.5∶180~1∶0.5∶200倍波尔多液,隔15 d喷1次,连续2~3次,保护幼嫩叶片。发病初期喷洒25%甲霜灵可湿性粉剂800~1 000倍液,或40%乙磷铝可湿性粉剂300倍液,或75%百菌清可湿性粉剂500~800倍液,每隔7 d喷1次,连续3次。

(二) 葡萄黑痘病

葡萄黑痘病又名疮痂病,俗称"鸟眼病",在我国各葡萄产区都有分布。在夏季多雨潮湿的地区发病严重,常造成较大的经济损失。

1. 症状识别

黑痘病主要危害葡萄的叶片和果实。叶片发病，初为黄色小点，后成中央灰白色，微凹陷，外围有紫褐色晕圈的病斑，干燥时易穿孔。新梢病斑椭圆形，中部下凹，灰白色，边缘隆起呈紫褐色，严重时变黑枯死。果实病斑圆形，中部色淡下凹，边缘褐色，外有红紫色斑纹，状如"鸟眼"。潮湿时，病斑有白色黏质物（图3.36）。

2. 病原

葡萄痂圆孢菌，有性阶段 Elsinoe ampelina（de Bary）Shear，属子囊菌亚门、痂囊腔菌属；无性阶段 Sphaceloma ampelinum de Bary，属半知菌亚门、痂圆孢属真菌。

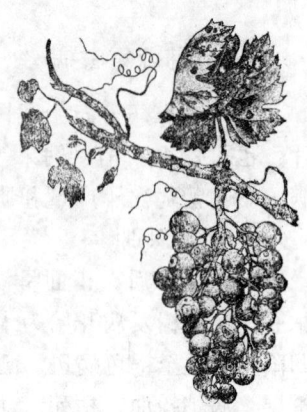

图3.36　葡萄黑痘病

3. 发病特点

以菌丝体潜伏在病组织内越冬。翌春，产生大量分生孢子，随风、雨传播侵染初生的嫩叶、新梢，经10 d左右产生分生孢子，不断进行再侵染。远距离传播则靠苗木或插条调运。病害在春季和初夏雨水多、湿度大的地区危害严重。品种间抗病性差异明显。

4. 防控技术

（1）严格检验苗木。

（2）选用抗病品种。

（3）冬季剪除病蔓、病梢，集中处理。

（4）生长期及时处理病果、病叶、病梢。

（5）春季萌芽前，用5波美度石硫合剂，或1%硫酸铜液喷雾，消灭越冬菌源。

（6）发病初期用1∶2∶160～1∶2∶200倍波尔多液，或1.5%多抗霉素800倍液，或65%代森锌可湿性粉剂500～600倍液，或75%百菌清可湿性粉剂600倍液喷雾。

（三）葡萄白腐病

葡萄白腐病，又名腐烂病、水烂、穗烂，是葡萄产区的重要病害之一。一般年份果实损失率达20%～30%，病害流行年份达到70%～80%。

1. 症状识别

主要危害果穗，也危害新梢、叶片等部位。危害果穗，先在穗轴或小果梗上出现浅褐色、水渍状、不规则病斑，逐渐蔓延到整个果穗或部分小穗。果粒发病，开始为淡褐色软腐，以后整果密布灰白色小粒点，病果腐烂，极易脱落，或失水干缩成僵果，悬挂树上不脱落。新梢发病，初为淡红褐色，有深褐色边缘的腐烂斑，病斑纵向扩展，病部呈暗褐色凹陷大斑，表面密生白色小粒点。后期病皮呈丝状纵裂与木质部分离，如乱麻状。叶片发病，初为圆形或不规则斑点，渐呈环纹斑，上长有白色小粒点，后期常干枯破裂（图3.37）。

2. 病原

葡萄白腐盾壳霉菌 *Coniothyrium diplodiella*（Speg.）Sacc.，属半知菌亚门、盾壳霉属。

3. 发病特点

主要以分生孢子器、菌丝体随病残体在地面或土壤

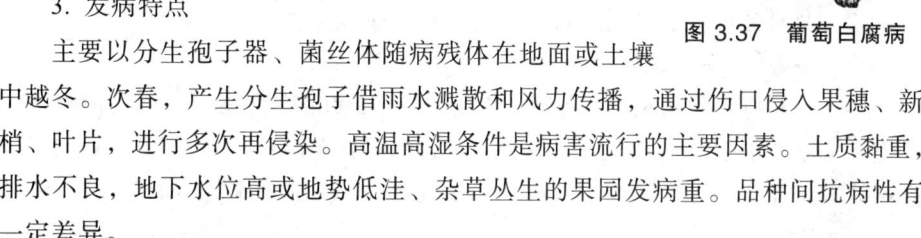

图 3.37　葡萄白腐病

中越冬。次春，产生分生孢子借雨水溅散和风力传播，通过伤口侵入果穗、新梢、叶片，进行多次再侵染。高温高湿条件是病害流行的主要因素。土质黏重，排水不良，地下水位高或地势低洼、杂草丛生的果园发病重。品种间抗病性有一定差异。

4. 防控技术

（1）及时清除病果、病叶、病蔓，并带出果园集中烧毁，以减少菌源。

（2）适当提高果穗离地面的距离，以减少病菌侵染机会。

（3）及时摘心、打副梢，使枝、叶通风透光良好，提高抗病力。

（4）做好果园排水、除草工作，降低湿度，减少发病机会。

（5）从开花到采果前，用80%大生M-45可湿性粉剂800倍液，或75%百菌清可湿性粉剂600~800倍液，或50%福美双可湿性粉剂500倍液，或1∶0.5∶200倍波尔多液喷雾。一般每隔15 d喷1次，共喷2~3次。

（四）葡萄炭疽病

葡萄炭疽病又名晚腐病，在我国各葡萄产区发生较为普遍。危害果实较严重。在南方高温多雨的地区影响严重，早春也可引起葡萄花穗腐烂。

1. 症状识别

主要危害果穗，也能危害穗轴、果梗。危害果穗，初期果粒表面出现针头大小的水渍状、褐色圆形斑点，逐渐扩大呈褐色病斑，病斑上密生轮纹状排列的小黑点，病斑可扩及半个果面。潮湿时，呈现橘红色黏质状物。后期病果干缩，易脱落。

2. 病原

胶孢炭疽菌 Colletotrichum gloeosporioides Penz，属半知菌亚门、炭疽菌属真菌。

3. 发病特点

以菌丝体在枝蔓上越冬。翌年，在适宜条件下，产生分生孢子，靠风雨传播，直接侵入或从伤口侵入，进行初次侵染和多次再侵染。地势低洼、排水不良，夏季修剪不及时，通风透光条件差，偏施氮肥的果园发病严重。品种之间抗病性差异明显。

4. 防控技术

（1）剪除病穗，清除枯枝落叶，集中烧毁。

（2）及时开沟排水，增施钾肥，提高植株抗病力。

（3）冬春喷 3~5 波美度石硫合剂，铲除越冬病菌。

（4）在葡萄花前和花后，各喷 1 次 1：0.5：200 倍波尔多液，幼果期喷 50% 福美双可湿性粉剂 800 倍液，或 30% 绿得保胶悬剂 400~500 倍液，或 80% 炭疽福美可湿性粉剂 600 倍液。每隔 10~15 d 喷 1 次，连续喷 3~4 次。

（五）葡萄褐斑病

葡萄褐斑病又名斑点病、褐点病、叶斑病和角斑病。褐斑病有大褐斑和小褐斑两种，主要危害中、下部叶片。病斑直径 3~10 mm 的为大褐斑病，其症状因品种不同而异。病斑小，直径 2~3 mm 的是小褐斑病，大小一致，叶片上现褐色小斑，中部颜色稍浅。潮湿时病斑背面生灰黑色霉层。严重时一张叶片上生有数十至上百个病斑致叶片枯黄早落。有时大、小褐斑病同时发生在一张叶片上，加速病叶枯黄脱落。

1. 症状识别

大褐斑病从下部叶片开始发病，在叶片上形成不规则形、圆形或多角形，边缘红褐色，中部深褐色病斑。病斑背面暗褐色，后期长出灰褐色霉状物，严重时，叶片干枯破裂、脱落。 小褐斑病在叶片上呈现深褐色小斑，中部颜色稍浅，后期病斑背面长出一层较明显的黑色霉状物。

2. 病原

大褐斑病的病原菌为葡萄拟尾孢菌 Phaeoisariopsis vitis（Lev.）Sawa.，小褐斑病的病原菌为 Cercosporaroseleri（Caff.）Sace.葡萄座束梗尾孢霉菌，均属半知菌亚门真菌。

3. 发病特点

病菌以菌丝体和分生孢子在落叶上越冬，至第二年初夏长出新的分生孢子梗，产生新的分生孢子。新、旧分生孢子通过气流和雨水传播，引起初次侵染。分生孢子发芽后从叶背气孔侵入，发病通常自植株下部叶片开始，逐渐向上蔓延。病菌侵入寄主后，经过一段时期，于环境条件适宜时，产生分生孢子，引起再次侵染，造成陆续发病。直至秋末，病菌又在落叶病组织内越冬。管理粗放，土层薄，施肥不足的果园，发病较重。

4. 防控技术

（1）秋后彻底清扫果园落叶，集中烧毁或深埋，以消灭越冬菌源。

（2）增施有机肥料，促进树势生长健壮，提高植株抗病力。

（3）发病初期喷洒 1∶0.5∶200 倍波尔多液，或 65% 代森锌可湿性粉剂 600 倍液，或 70% 代森锰锌 800 倍液。

二、葡萄害虫

（一）葡萄透翅蛾

葡萄透翅蛾 *Paranthrene regalis* Butler，属鳞翅目，透翅蛾科。分布于我国各葡萄产区。以幼虫危害葡萄、野葡萄 1、2 年生枝蔓及嫩梢，造成嫩梢枯萎，枝蔓被害部肿大，叶黄、果实易脱落，被害枝蔓易折断枯死。

1. 形态识别

成虫体长约 20 mm，蓝黑色。前翅红褐色，前缘及翅脉黑色，后翅膜质透明，腹部有 3 条黄色横带。雄虫腹末有毛束。成熟幼虫体长约 38 mm，圆筒形，头部红褐色，体黄白色，近化蛹时紫红色，前胸背板有倒"八"字纹（图 3.38）。

2. 发生特点

1 年发生 1 代。以幼虫在葡萄枝蔓中越冬。翌春，越冬幼虫在被害处的内侧咬一圆形羽化孔，在蛹室结茧化蛹。6 月上旬至 7 月上旬羽化，羽化后即交配。卵散产于嫩梢腋芽处。幼虫孵化后，在新梢叶柄基部蛀入嫩茎内危害髓部，蛀孔附近常堆集有虫粪，被害处上部凋萎枯死。幼虫将嫩茎蛀空后又转移到粗蔓中危害，被害部常明显膨大。10 月后，幼虫在被害枝蔓内越冬。

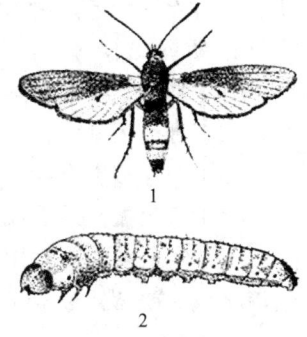

1—成虫；2—幼虫

图 3.38 葡萄透翅蛾

3. 防控技术

（1）结合冬季修剪，剪除膨大的虫蔓。

（2）生长期发现被害枝枯萎，及时剪除销毁。

（3）成虫羽化期，用性诱剂诱杀。

（4）产卵约 1 周后，喷洒 50% 辛硫磷乳油 1 000 倍液，或 BT 乳剂 1 000 倍液防控。

（二）葡萄十星叶甲

葡萄十星叶甲 Oides decempunctata Billberg.，又名葡萄十星叶虫、葡萄金花虫等，属鞘翅目，叶甲科。分布于河北、河南、山东、陕西、辽宁、湖南、浙江、广东、福建等省。寄主植物除葡萄外，还有野葡萄、爬墙虎、黄荆树等。成、幼虫食芽、叶成孔洞或缺刻，残留一层绒毛和叶脉，严重的可把叶片吃光，残留主脉。

1. 形态识别

成虫体长 12 mm 左右，橙黄色，似瓢虫，前胸和鞘翅上密布小刻点，并有 10 个黑色圆斑。成熟幼虫体长 12~15 mm，长椭圆形，头黄褐色，胴部灰黄色，体背有黑色瘤状突起（图 3.39）。

2. 发生特点

1 年发生 1~3 代。以卵或成虫在土壤中越冬。成虫白天活动，有假死性。卵散产于杂草丛中或土块下。初孵幼虫啃食叶片留下表皮，后吃光叶片，仅留叶脉。幼虫有假死性，老熟后入土化蛹。

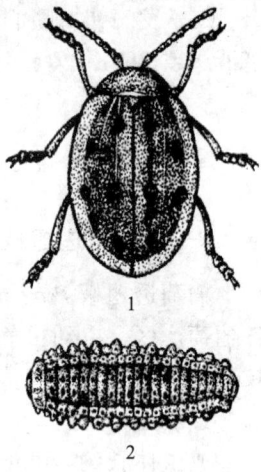

1—成虫；2—幼虫

图 3.39　葡萄十星叶甲

3. 防控技术

（1）清除枯枝落叶集中处理。

（2）翻地灭蛹。

（3）摘除被害虫叶，消灭虫源。

（4）人工振落杀灭成虫和幼虫。

（5）在低龄幼虫期用 20% 氯马乳油 2 000 倍液，或 5% 氯氰菊酯乳油 3 000 倍液，或 30% 桃小灵乳油 2 000 倍液等喷雾。

（三）葡萄二点叶蝉

葡萄二点叶蝉 Erythroneura apicalis Nawa，又名葡萄小叶蝉、葡萄斑叶蝉、葡萄二点浮尘子等，属同翅目，叶蝉科。在我国葡萄产区均有发生。成、若虫在葡萄、苹果、梨、桃、花卉叶背面吸取汁液，被害叶面呈现小白斑点。严重时叶色苍白，以致焦枯脱落。

1. 形态识别

成虫体长 2 mm 左右，全体黄白色，头部向前突出呈三角形，其上及小盾片上各有 2 个黑斑。初孵若虫白色，老熟黄色，有明显黑色翅芽（图 3.40）。

2. 发生特点

1 年发生世代数因地区而异。以成虫在葡萄园附近的杂草、落叶和石缝等处越冬。待葡萄展叶后，成、若虫多在叶背危害。卵散产于叶背叶脉及绒毛中。

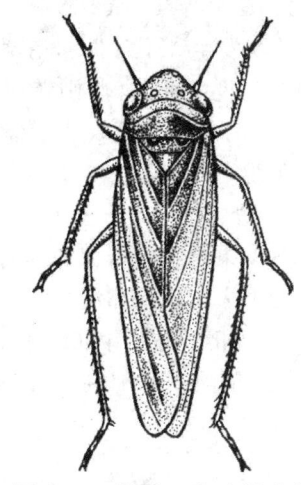

图 3.40　葡萄二点叶蝉成虫

3. 防控技术

（1）清除落叶、杂草等，消灭越冬虫源。

（2）在第一代若虫发生期，可喷洒 20% 叶蝉散乳油 800 倍液，或 20% 速灭威可溶性粉剂 400～600 倍液，或 10% 吡虫啉可湿性粉剂 2 000～4 000 倍液，或 2.5% 敌杀死乳油 3 000 倍液，或 15% 达嗪酮乳油 1000～2 000 倍液，或 20% 速灭杀丁乳油 2 000 倍液。

（四）葡萄斑衣蜡蝉

葡萄斑衣蜡蝉 *Lycorma delicatula*（White），俗称花蹦蹦，属同翅目，蜡蝉科。分布于华南、西南、华中、华东、华北、西北等地。主要危害葡萄，也可危害梨、杏、桃、海棠及多种花木。成、若虫以刺吸式口器吸取嫩叶、枝干、果实汁液，造成嫩叶穿孔或破裂。

1. 形态识别

成虫体长 15～20 mm。前翅革质，基半部淡褐色，上有 20 余个黑斑，端部黑色，脉纹白色，后翅基部 1/3 红色，有 7～8 个黑斑，中部白色。端部黑色，体翅常被白色蜡粉。成熟若虫体长约 13 mm，体背红色，有白斑，翅芽显露（图 3.41）。

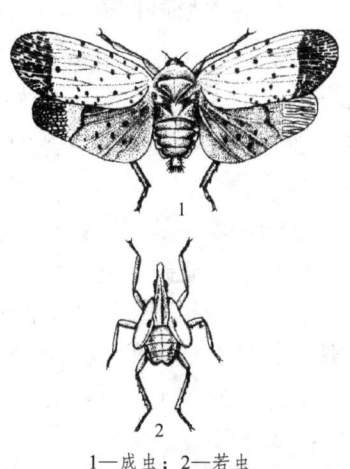

1—成虫；2—若虫

图 3.41　葡萄斑衣蜡蝉

2. 发生特点

1年发生1代。以卵在葡萄蔓、主枝背阴面越冬。1~3龄若虫在葡萄叶和嫩梢上刺吸危害，4龄则转向其他寄主上危害。6月中旬羽化为成虫，吸食葡萄果汁。8月中旬将卵块产于葡萄蔓、枝的向阳面。成虫、若虫具群集危害习性，遇惊善跳。

3. 防控技术

（1）果园不用苦楝和臭椿作行道树、防风林和庭园绿化树。

（2）人工摘除卵块。

（3）卵孵盛期用20%速灭威可溶性粉剂400~600倍液，或2.5%敌杀死乳油3 000倍液，或10%吡虫啉可湿性粉剂2 000~4 000倍液喷雾。

单元五　桃病虫害绿色防控技术

桃树常见的病虫包括缩叶病、细菌性穿孔病、灰霉病、褐腐病、流胶病等。害虫主要有桃蛀螟、桃红颈天牛、桃潜叶蛾、桃小食心虫、桑白蚧、桃粉蚜、桃瘤蚜、螨类等。这些病虫除危害桃树外，还可危害李、杏、樱桃等果树，常给这些果树生产造成不同程度的经济损失。

一、桃病害

（一）桃缩叶病

桃缩叶病在全国各桃区都有分布。它是桃树常见病害，近年来危害加重。主要危害叶，偶见花、嫩梢和幼芽受害。桃树发芽后即开始发病，严重时病叶变黑干枯脱落。

1. 症状识别

叶片局部或大部肥厚、皱缩，呈褐绿色，后转为紫红色，质硬而脆。春末夏初，病部表面生出1层银白色粉状物。新梢受害节间短，略肿胀，叶片簇生，严重时枯死。花和幼芽受害后成畸形，果面龟裂，易脱落（图3.42）。

2. 病原

桃缩叶菌 *Taphrina deformans*（Berk）Tul.，属

图3.42　桃缩叶病

子囊菌亚门、外囊菌属真菌。

3. 发病特点

以子囊孢子或芽孢子在树皮和桃芽鳞片上越夏、越冬。第二年春季桃芽萌发时，芽孢子萌发产生芽管，直接穿透表皮或经气孔侵入叶片。病菌侵入后在叶片表皮细胞和栅栏组织之间蔓延，刺激中层细胞分裂，细胞壁增厚，致使叶片肥厚皱缩变色。一般无再侵染。病菌喜冷凉潮湿气候，在春寒多雨的年份，桃树抽梢展叶慢，发病较重。

4. 防控技术

（1）及时摘除病叶，集中处理。

（2）对发病重，落叶多的桃树，加强肥水管理，促使早日恢复树势。

（3）桃芽膨大，芽顶开始露红时，喷洒 0.5 波美度石硫合剂，或 1∶1∶100 倍波尔多液，或 70% 代森锰锌可湿性粉剂 500 倍液防控。

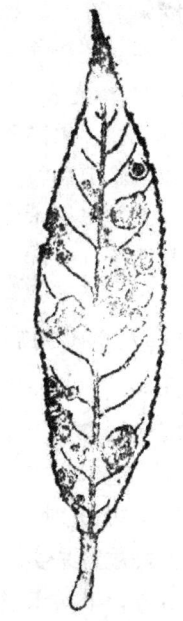

图 3.43　桃细菌性穿孔病

（二）桃细菌性穿孔病

桃细菌性穿孔病是桃树主要的叶部病害，在温暖多湿地区发生较重，能引起早期大量落叶和部分嫩枝发生流胶枯死，严重影响结果及树势。

1. 症状识别

主要危害叶片，枝梢和果实也能受害。叶片受害，初生淡褐色，水渍状，圆形或多角形的小病斑，病斑逐渐扩大，变为红褐色，周围有淡黄色晕圈。以后病斑周围形成一圈裂纹，病斑脱落而成穿孔。空气潮湿时，病斑背面有蜡黄色胶状的菌脓溢出。病斑大多沿叶脉和叶缘发生，受害叶片极易脱落。枝梢受害，初生淡褐色水渍状小斑点，后扩展延长，中部稍凹陷，龟裂而呈溃疡状，能引起流胶。有时病斑扩展成环斑而造成枝枯。果实受害，初呈淡褐色水渍状小点，后形成深褐色凹陷病斑。有时病斑开裂，溢出黄色菌脓，易遭腐生菌滋生而引起腐烂（图 3.43）。

2. 病原

桃细菌性穿孔菌 *Xanthomonas compestris* PV.pruni（Smith）Dye，属细菌域、薄壁菌门、黄单胞菌属细菌。除危害桃以外，也能侵害李、杏、樱桃等果树。

3. 发病特点

病菌主要在病组织内越冬。翌春病斑扩展成溃疡，溢出菌脓，借风雨、昆虫传播，从叶上气孔或枝条及果实的皮孔侵入，成为初次侵染来源，并引起多次再侵染。在春、秋阴雨连绵或浓雾重露的条件下，果园排水不良或桃树过矮、过密，容易造成病害流行。

4. 防控技术

（1）加强果园管理，防止积水，降低果园湿度，提高植株抗病力。

（2）修剪病枝并烧毁，以减少病菌来源。

（3）早春树木发芽前喷1∶1∶120倍波尔多液；发病初期喷20%农用链霉素可湿性粉剂1 000~2 000倍液，或77%可杀得可湿性粉剂800倍液防控。

（三）桃疮痂病

桃疮痂病又称黑星病、黑痣病，是桃树常见病害之一。桃树发病时，病果表面出现黑点甚至发生龟裂，严重影响商品价值。除危害桃树外，还危害杏、李、梅等其他核果类果树。

1. 症状识别

主要危害果实，也能危害叶片与枝梢。病斑多发生在果梗附近，果实未成熟时变为黑色。病菌仅危害果皮，病部表皮组织枯死，果肉仍继续生长。因此，病果发生龟裂，严重时造成落果。叶片发病始于叶背，初为不规则形灰绿色病斑。逐渐枯死，病斑脱落形成穿孔，严重的可造成落叶。枝梢发病，病斑为暗绿色、隆起、流胶，也只危害表层不深入内部（图3.44）。

2. 病原

嗜果枝孢菌 Cladosporium carpophilum，属半知菌亚门、枝孢属真菌。

图3.44　桃疮痂病

3. 发病特点

以菌丝体在枝梢病部表皮下越冬。翌年春季，产生分生孢子突破表皮，借风雨传播，引起初侵染和多次再侵染。多雨或潮湿的环境有利于分生孢子的传播，地势低洼和枝条郁闭的桃园发病率较高。

4. 防控技术

（1）加强夏季修剪，使树体通风透光；秋冬清园，烧毁病枝消灭越冬病源。

（2）避免种植在低洼潮湿地区，多雨时应注意及时排水。植株要合理整枝修剪，增加通风透光，不为病害发生创造条件。

（3）在植株发芽前，喷1次5波美度石硫合剂，或1∶2∶160倍波尔多液，落花后半个月至6月间，喷75%百菌清可湿性粉剂800倍液，或70%代森锰锌可湿性粉剂 800 倍液，或 80% 炭疽福美可湿性粉剂 800 倍液，每隔 15 d 左右喷 1 次。

二、桃害虫

（一）桃蛀螟

桃蛀螟 *Dichocrocis punctiferalis* Guence，属鳞翅目，螟蛾科。分布于全国各地。以幼虫蛀食桃、梨、苹果、樱桃、李、梅、山楂、石榴、板栗、荔枝、龙眼、枇杷、向日葵等植物的果实，影响产量和品质。

1. 形态识别

成虫体长 10 mm 左右，鲜黄色，体背及翅面有许多不规则黑斑。成熟幼虫体长 22 mm 左右，灰褐色或暗红色，头及前胸背板褐色，腹背各节有毛片 4 个（图 3.45）。

2. 发生特点

1 年发生 2~5 代。以老熟幼虫在树皮裂缝、树洞及向日葵花盘上越冬。次年 4 月中旬化蛹，5~6 月羽化，成虫昼伏夜出，有强趋光性和趋化性。卵散产于桃果果面。初孵幼虫先在果梗、果蒂处吐丝蛀食果皮，后蛀入果心，取食果肉及种子，从蛀孔处流出黄褐色透明胶液和虫粪。幼虫有转果危害习性。老熟幼虫在果内或枝上结茧化蛹。

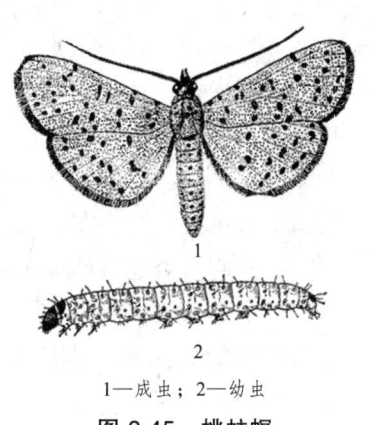

1—成虫；2—幼虫
图 3.45　桃蛀螟

3. 防控技术

（1）4 月前结合养护管理，刮树皮、堵树洞，生长期及时清除虫果、向日葵盘等越冬寄主残体，降低虫源基数。

（2）利用灭虫灯及糖醋毒液诱杀成虫。

（3）卵孵盛期喷施 50% 杀螟松乳油 1 000 倍液，或 50% 辛硫磷乳油 1 000 倍液，或 BT 乳剂 500 倍液，或 20% 杀灭菊酯乳油 2 000 倍液防控。

（二）桃红颈天牛

桃红颈天牛 *Aromia bungii* Faldermann，属鞘翅目，天牛科。在全国各地均有分布。危害桃、苹果、梨、杏、李、梅、樱桃、梅花、海棠、菊花等植物。

幼虫蛀食近地的主干及主根，影响树体养分及水分的运输，削弱树势，甚至枯萎，遇风折断。

1. 形态识别

成虫体长 35 mm 左右，体黑色，有光泽。前胸背板棕红色，少数黑色，两侧各有刺突 1 个，背面有 4 个瘤突，翅面光滑。成熟幼虫体长 52 mm 左右，乳白色，前胸宽，背板前端横列 4 块黄褐斑，各节有横皱纹（图 3.46）。

2. 发生特点

2~3 年发生 1 代。以幼虫在寄主枝干内越冬。次春，幼虫继续蛀食，在虫道外有红褐色木屑状虫粪。第三年 4~6 月幼虫老熟后在虫道末端筑蛹室化蛹，6~9 月陆续羽化。成虫于午间活动。卵散产于树皮裂缝中，初孵幼虫在木质部形成不规则虫道。

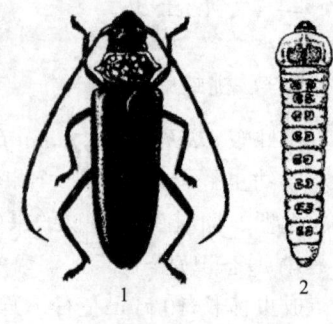

1—成虫；2—幼虫

图 3.46 桃红颈天牛

3. 防控技术

（1）成虫盛发期，在晴天人工捕杀成虫。

（2）及时修剪危害严重的枝条，砍伐被害严重的老树，并烧毁虫源木。

（3）冬春检查树干基部，发现新鲜虫粪的植株，先用铁丝除去虫粪，再用 80% 敌敌畏 10~20 倍液药棉塞入虫孔；或用注射针管向虫孔内注射敌敌畏药液；或用磷化铝药片塞入孔内，再用泥浆封虫孔。

（三）桃潜叶蛾

桃潜叶蛾 *Lyonetia clerkella* L.，又称桃线潜叶蛾、桃叶潜蛾，属鳞翅目，潜叶蛾科。主要危害桃，也可危害杏、李、樱桃、苹果和梨等。

1. 形态识别

成虫体长 3~4 mm，体细长，银白色，鳞片细小，体表光滑，头顶生有黄色粗毛。前翅长，银白色，端部有黄色和褐色组成的斑纹。后翅灰褐色，缘毛较长。成熟幼虫体长约 6 mm，体扁，略呈念珠状，淡绿色，有胸足 3 对，腹足退化，臀节稍尖细。

2. 发生特点

1 年发生 5~7 代。以成虫在落叶、杂草、石块下和翘皮下等处越冬。越冬成虫在桃芽萌发后开始出蛰，在桃树展叶后开始产卵。卵散产于叶背。幼虫孵化后即蛀入叶肉潜食，老熟后从蛀道内爬出，在叶背面吐丝，结茧化蛹。茧两端由丝与叶片相连，将茧悬挂于叶上。

3. 防控技术

（1）清除枯枝落叶，消灭其中的越冬成虫。

（2）危害初期开始用 25% 灭幼脲 3 号悬浮剂 2 000 倍液，或 30% 蛾螨灵悬浮剂 2 000 倍液，或 20% 杀铃脲悬浮剂 8 000 倍液喷雾防控。

小　结

果树病虫种类多，常见且危害严重的病虫，常给果树生长发育及在果品贮运过程中造成重大损失。每种果树都有多种真菌类、细菌类、病毒类病害及多种食叶性、吸汁性、蛀干害虫。在正确识别病虫的基础上，根据病虫的发生特点，采用植物检疫、栽培技术、生物防控、物理防控、化学防控等方法，并将各种防控措施有机地结合起来。在进行化学防控时，应注意选用高效、低毒、低残留的药剂，确保无公害果品生产。

自测训练

1. 柑橘炭疽病的主要症状特征有哪些？怎样有效进行防控？
2. 柑橘黄龙病的显著症状特征是什么？防控的关键措施有哪些？
3. 柑橘溃疡病与疮痂病的症状、发病特点及防控技术有哪些异同？
4. 柑橘脚腐病、苹果树腐烂病的主要症状特征各是什么？应怎样进行防控？
5. 简述苹果主要病害的识别要点。
6. 根据苹果轮纹病的发病特点，如何选择有效的防控技术？
7. 在生产上怎样有效防控苹果褐斑病？
8. 根据梨锈病和梨黑星病的发病特点，拟订绿色防控方案。
9. 葡萄霜霉病有何显著的症状特征？
10. 防控桃缩叶病的关键措施是什么？
11. 根据柑橘蚧类的危害发生特点，拟订绿色防控方案。

12. 柑橘叶螨的主要危害特点是什么？应怎样进行绿色防控？

13. 为什么说抹芽控梢是防控柑橘潜叶蛾的根本措施？什么时期防控为宜？

14. 根据苹果、梨、桃食心虫的发生危害特点，拟订绿色防控方案。

15. 果树蚜虫、介壳虫、粉虱、叶蝉、螨类害虫在危害特点及防控技术方面有哪些异同？

16. 选择当地一种主要果树，根据主要病虫害种类及发生特点拟订绿色防控方案。

模块四

观赏植物病虫害绿色防控技术

【知识目标】
1. 了解当地常见观赏植物病虫害的种类及危害发生的特点。
2. 明确当地常见观赏植物病害的主要症状及害虫的形态特征。
3. 掌握当地常见观赏植物病虫害的绿色防控技术与措施。

【能力目标】
1. 正确区别当地常见观赏植物病虫害的种类。
2. 根据当地常见观赏植物病虫害的发生特点拟订绿色防控方案。
3. 组织实施绿色防控方案,有效控制当地常见观赏植物病虫害。

单元一 观赏植物病害绿色防控技术

一、叶部病害

观赏植物叶部病害在各地都是发生最普遍、危害很严重的一类病害。据统计,其发生危害程度占所有观赏植物病害的1/2以上。常见病害有白粉病、锈病、煤污病、叶斑病、炭疽病、灰霉病、霜霉病、叶畸形等。叶部病害常引起叶片出现坏死斑点,甚至提前落叶,落花、落果、嫩梢枯死等症状,严重影响其经济价值和观赏价值。

(一)白粉病类

观赏植物白粉病种类多,分布广。常见的有紫薇白粉病 *Uncinuliella*

australiana（McAlp.）Zhehg&Chen、月季白粉病 *Sphaerotheca pannosa*（Wallr.）Lev.、大叶黄杨白粉病 *Oidium euonymijaponicae*（Are.）Sacc.、瓜叶菊白粉病 *Erysiphe cichoracearum* DC.等。病原菌均为子囊菌亚门，分属于小钩丝壳属、单丝壳属、叉丝壳属和白粉菌属真菌。病原菌侵染月季、紫薇、大叶黄杨、瓜叶菊、凤仙花等多种植物的叶片、嫩梢和花器。被害叶、花早落，嫩梢枯死，降低鲜花的产量及经济价值。

1. 症状识别（表 4.1、图 4.1～图 4.4）

表 4.1　四种白粉病症状特征

项目 \ 种类	紫薇白粉病	月季白粉病	大叶黄杨白粉病	瓜叶菊白粉病
症状特征	叶片发病，初期出现白色小粉斑，扩大后为圆形病斑，白粉斑可相互连接成片，有时白粉层覆盖整个叶片。叶片扭曲变形，枯黄早落，影响树势。发病后期白粉层上出现黑色的小点粒	叶片发病，初期出现白色小粉斑，以后逐渐扩大为圆形或不规则形的白粉斑，叶片皱缩反卷，变厚，呈紫绿色。嫩梢发病，节间缩短，顶端弯曲，影响生长。严重时，引起落叶、枯梢。花蕾发病，密布白粉，形成畸形花或不开花	主要危害叶片、枝梢。病斑多分布于叶片的正面，初发时，在叶片上散生许多白色圆斑，随着病斑的不断扩大，相互愈合，形成不规则的大病斑。严重时整个叶片和新梢表面都出现白粉，并引起叶片皱缩，病梢扭曲、萎缩、枯死	主要危害叶片，也可侵染花器、嫩梢等。发病初期叶面出现白色粉霉状圆斑，以后病斑逐渐扩大成圆形或不规则状的淡黄色斑，上面覆盖一层白粉。叶片扭曲、卷缩、枯萎。严重时花梗、花瓣被害，造成花小、畸形

图 4.1　紫薇白粉病

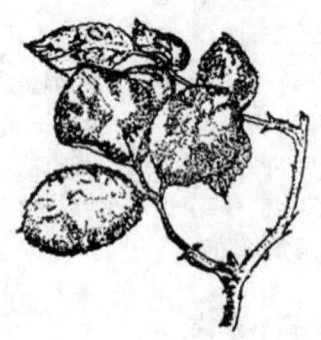

图 4.2　月季白粉病

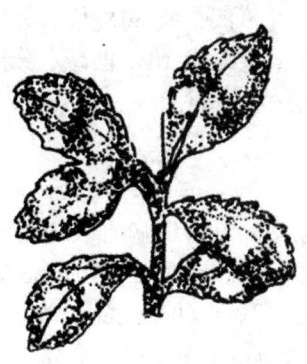

图 4.3　大叶黄杨白粉病

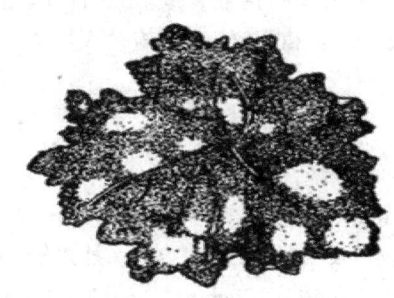

图 4.4　瓜叶菊白粉病

2. 发病特点（表 4.2）

表 4.2　四种白粉病发病特点

项目＼种类	紫薇白粉病	月季白粉病	大叶黄杨白粉病	瓜叶菊白粉病
发病特点	以菌丝体在病芽或以闭囊壳在病残体上越冬。气候适宜时，形成分生孢子，借气流传播，侵染嫩梢和嫩叶，生长季节有多次再侵染。紫薇白粉病主要发生在春、秋两季，秋季发病最严重	以菌丝体在病芽或病枝落叶中越冬。次年5月上旬开始借气流传播，引起初侵染。6~7月以后进行多次再侵染。温暖潮湿季节，偏施氮肥及光照不足，有利于发病。品种之间抗病性差异明显	以菌丝体在病残体上越冬。翌春，病原菌靠风雨传播，引起发病。夏季高温不利于病害发展，秋季又再次侵染危害。春、秋两季发病最严重	以闭囊壳或菌丝体在病残体上越冬。翌年气温回升，病菌借风雨传播，引起多次发病。温度高、湿度大，通风条件不良，易引起该病大发生

3. 防控技术

（1）秋季清除病残体，生长季节及时摘除病芽、病叶和病梢，集中处理。

（2）休眠期喷施 2~3 波美度石硫合剂，消灭越冬菌源。

(3) 合理密植，注意通风透光；增施磷、钾肥，提高植株的抗病力。

(4) 发病初期，喷洒25%粉锈宁可湿性粉剂2 000倍液；或80%代森锌可湿性粉剂500倍液，或40%福星乳油8 000~10 000倍液，或10%世高水分散剂6 000~8 000倍液防控。大棚内可用10%粉锈宁烟雾剂灭菌。

（二）锈病类

锈病是观赏植物重要的叶部病害之一。常见的观赏植物锈病有玫瑰锈病 *Phragmidium mucronatum*（Pers.）Schl.，海棠锈病 *Gymnos porangium yamadai* Miyabe&G.harearmam Syd.，牡丹锈病 *Cronartium flaccidum*（Alb et Schw）Wint，菊花白色锈病 *Puccinia horiana* P.Henn. 等。病原菌均为担子菌亚门，分属于多胞锈菌属、胶锈菌属、柱锈菌属、双胞锈菌属真菌。锈病主要危害叶片，也可危害嫩梢、果实，造成叶片早落，植株生长衰弱，影响开花，失去观赏价值。

1. 症状识别（表4.3、图4.5~图4.8）

表4.3　四种锈病症状特征

项目\种类	玫瑰锈病	海棠锈病	牡丹锈病	菊花锈病
症状特征	主要危害芽、叶片，也危害叶柄、花、果、嫩枝等部位。发病初期、叶片正面出现淡黄色粉状物。叶背有橘黄色粉堆——夏孢子，后变为黑褐色粉堆，即冬孢子堆和冬孢子。嫩梢、果实上的病斑明显突起，严重时，导致畸形；病叶提早脱落，植株生长衰弱，影响开花	主要危害叶片，还可侵害新梢和果实。初期，叶正面出现橙黄色、有光泽的圆形小病斑，病斑上有针尖大小的黄褐色点粒，后期病斑黑褐色。叶背病斑稍隆起，长出黄白色的毛状物。转主寄主桧柏等受侵染，针叶和小枝上着生球形或半球形的瘤状菌瘿，吸水膨大后呈杏黄色花朵状胶质物，似柏树开花	发病植株叶片正面产生圆形、椭圆形或不规则形的褐色病斑，叶片褪绿，叶背着生黄褐色疱斑。生长后期，病叶背面长出黄白色毛状物	初期感病的叶片正面产生小变色斑，以后叶背隆起成疱斑，疱斑裂开，散发出大量褐色粉状物。重病株病斑布满整个叶片，导致叶片卷曲，植株生长衰弱，不能正常开花，甚至枯死

图4.5 玫瑰锈病

图4.6 海棠锈病

图4.7 牡丹锈病

图4.8 菊花锈病

2. 发病特点（表4.4）

表4.4 四种锈病发病特点

项目＼种类	玫瑰锈病	海棠锈病	牡丹锈病	菊花锈病
发病特点	以菌丝体在休眠芽内或以冬孢子在发病部位越冬。次春，冬孢子萌发产生担孢子，借风雨传播，引起寄主发病。以后顺次产生性孢子、锈孢子、夏孢子。夏孢子借风雨传播，进行多次再侵染，造成病害流行。秋末，产生冬孢子并在发病部位越冬。在温暖高湿的地区和年份发生严重	以菌丝体在桧柏上越冬。翌年春季产生冬孢子角，遇雨冬孢子萌发产生担孢子，借风传播到海棠上，萌发后直接侵入。约10 d后便在叶正面产生性孢子器，后形成锈孢子器。8～9月锈孢子成熟后随风传播到桧柏上，侵入嫩梢越冬桧柏上越冬	以冬孢子和担孢子在松树上越冬。4～6月产生性孢子和锈孢子，锈孢子借风雨传播到牡丹上，引起发病，并产生夏孢子重复侵染。后期产生冬孢子及担孢子侵染松树，在其上越冬	以菌丝体在植株的芽中越冬。随菊花苗的调运而传播。不同品种的抗病性有一定差异

3. 防控技术

（1）休眠期清除枯枝落叶并销毁，以减少侵染源。

（2）初春，喷施 2~3 波美度石硫合剂，杀死越冬菌丝。

（3）对于海棠锈病和牡丹锈病要避免海棠、梨、苹果等与桧柏、松树混栽。

（4）发病初期喷施 25% 三唑酮可湿性粉剂 1 500~2 000 倍液，或 25% 敌力脱乳油 2 000 倍液，或 30% 氟菌唑可湿性粉剂 2 500 倍液，或 75% 十三吗啉乳油 4 000 倍液，或 0.2~0.3 波美度石硫合剂防控。

（三）炭疽病类

观赏植物炭疽病是一类发生普遍、危害严重的常见病害。常见的有兰花炭疽病 *Colletotrichum orchidearum* Allesh.、山茶炭疽病 *Gloeosporium theaesinensis* Miyake、梅花炭疽病 *Colletotrichum theaesinensis* Miyake、白兰炭疽病 *Colletotrichum gloesporioides* Penz. 等。病菌均属半知菌亚门，分属与刺盘孢属、圆盘孢属真菌。病菌主要危害叶片、嫩梢和果实，造成叶片、嫩梢枯死，果实腐烂，甚至全株死亡。

1. 症状识别（表 4.5、图 4.9~图 4.12）

表 4.5 四种炭疽病症状特征

项目\种类	兰花炭疽病	山茶炭疽病	梅花炭疽病	白兰炭疽病
症状特征	主要危害叶片。病斑为圆形或椭圆形，边缘深褐色，中央淡褐色或灰白色，周围有黄色晕圈。在病斑上可见轮生的小黑点。潮湿条件下，产生橙黄色黏质物	病斑多自叶尖或边缘开始发生。初期为水渍状的暗绿色圆形斑点，后扩大成不规则的黄褐至褐色大斑，病斑中部呈灰白色，其上散生许多黑色小点。高湿条件下，从黑点内溢出粉红色黏孢子团	危害叶片及嫩梢。在叶片上先产生近圆形或椭圆形小褐斑，后逐渐扩大。叶缘上的病斑呈圆形，灰色至灰白色，边缘紫红色，其上轮生小黑点	发病初期，叶片上出现褪绿的小斑点，以后病斑扩大为圆形或不规则形。病斑边缘为紫褐色，中部为黄褐到黄白色，轮生小黑点。潮湿条件下，产生粉红色黏质物

图 4.9　兰花炭疽病

图 4.10　山茶炭疽病

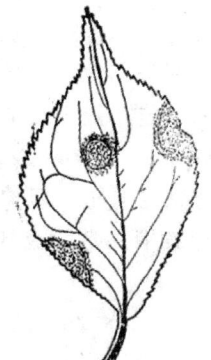
图 4.11　梅花炭疽病

图 4.12　白兰炭疽病

2. 发病特点（表 4.6）

表 4.6　四种炭疽病发病特点

项目＼种类	兰花炭疽病	山茶炭疽病	梅花炭疽病	白兰炭疽病
发病特点	以菌丝体或分生孢子盘在病叶、病残体或枯萎的叶基苞片上越冬。翌年在温、湿度适宜的时候，产生分生孢子，借风雨和昆虫传播。老叶一般从4月初发病，新叶则从8月开始发病。高温多雨季节发病严重。盆栽兰花放置过密、盆内积水、通风不良发病加重	以菌丝体在病叶上越冬。次年4月当气温上升至20 ℃以上、相对湿度在80%以上时，病斑上产生分生孢子，借风雨和昆虫传播，反复侵染。阴湿多雨是病害大发生的主要条件	以菌丝体和分生孢子在被害的嫩梢及落叶中越冬。翌春产生分生孢子借风雨传播侵染新叶及嫩梢。一般7~8月发病严重	以菌丝体在病残体上越冬。翌年春末夏初产生分生孢子，借风雨传播，开始侵染发病。6~9月为发病盛期，10月以后病势下降

3. 防控技术

（1）盆栽花卉应置于通风透光处，不能放置过密。

（2）结合冬剪，清除枯枝落叶，或发现病叶及时剪除，并销毁。

（3）发病前喷施 65% 代森锌可湿性粉剂 800 倍液，或 1∶1∶100 倍波尔多液预防。发病初期喷施 50% 炭疽福美可湿性粉剂 500 倍液，或 50% 福美双可湿性粉剂 600 倍液，或 75% 百菌清可湿性粉剂 800 倍液，或 70% 甲基硫菌灵可湿性粉剂 1 000 倍液防控。

（四）叶斑病类

叶斑病是指发生于叶部，除白粉病、锈病、炭疽病、霜霉病、灰霉病、煤污病以外的真菌性病害。它包括黑斑、褐斑、灰斑、圆斑、轮斑、角斑等。常见的叶斑病如月季黑斑病 *Actinonema rosae* （Lib.）Fr.，桂花褐斑病 *Cercospora osmanthicola* P.K.Chi et Pai，山茶灰斑病 *Pestalotiopsis guepini* Desm，兰花圆斑病 *Cylindrosporium* sp.等。病菌属半知菌亚门，分属放线孢属、尾孢属、多毛孢属、柱盘孢属真菌。病菌危害叶片，也危害叶柄和嫩梢，常造成叶片变黄，脱落。

1. 症状识别（表 4.7、图 4.13～图 4.16）

表 4.7　四种叶斑病症状特征

项目＼种类	月季黑斑病	桂花褐斑病	山茶灰斑病	兰花圆斑病
症状特征	主要危害叶片，也危害叶柄和嫩梢。发病初期，叶片正面出现褐色小斑点，逐渐扩大呈紫黑色圆形、近圆形或不规则形病斑。后期病斑之间相互连接，叶变黄，脱落。严重时叶片全部落光，呈"光杆"状，枝条枯死	从叶尖或叶缘开始发病。初期叶片上出现褪绿小黄斑，逐渐扩展成近圆形或不规则形病斑。病斑边缘红褐色，中央灰白至灰褐色，散生黑色霉状物，外围有黄色晕圈。病重时，叶片枯黄脱落	初期在叶片上，病斑近圆形，褐色。病斑扩大后，叶片正面病部银白色，边缘明显隆起，呈黑褐色，病斑周围界限分明，几个病斑可以相互愈合成不规则的大斑。后期，病斑上产生黑色小点。潮湿环境下，有黑色胶状物从小黑点中涌出	危害叶片。发病初期，叶片产生红褐色小点，迅速扩展成半圆形或圆形的黑褐色病斑。后期病斑边缘黑褐色，中央浅褐色。病斑中部正反两面生有黄褐色的疱状突起。叶片病斑较多时，病斑之间的组织变黄枯死

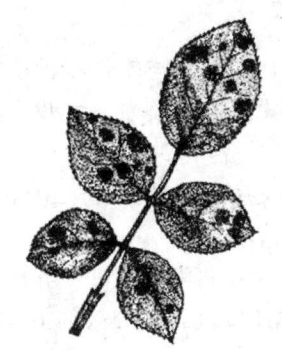
图 4.13　月季黑斑病

图 4.14　桂花褐斑病

图 4.15　山茶灰斑病

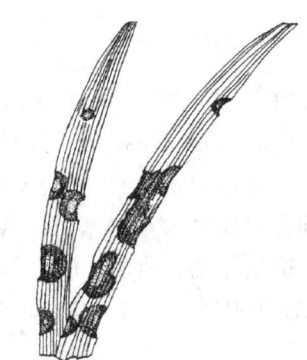
图 4.16　兰花圆斑病

2. 发病特点（表 4.8）

表 4.8　四种叶斑病发病特点

项目 \ 种类	月季黑斑病	桂花褐斑病	山茶灰斑病	兰花圆斑病
发病特点	以菌丝体在病枝或落叶上越冬。翌春产生分生孢子，借风雨传播进行初侵染。在生长季节可进行多次再侵染，使病害不断扩散蔓延。温室栽培，则以分生孢子或菌丝体在病部越冬	以菌丝在病叶和落叶上越冬。次春产生分生孢子，由气流和水滴传播，进行初侵染和再侵染。高温高湿条件有利于病害发生。一般老叶感病较重	以菌丝体或分生孢子盘在病组织中越冬。环境条件适宜时产生分生孢子，借风雨传播，从伤口侵入植株组织。夏季高温造成灼伤，常有利于病害的侵染，故夏季发生较重	以菌丝体或分生孢子在病残体上越冬。当环境条件适宜时，借风雨及浇水时水滴的溅传播。反复侵染危害。在春、秋季节发生较多

3. 防控技术

（1）选用无病植株种植，加强养护管理。合理施肥与轮作，种植密度要适宜，以利通风透光，降低湿度，并注意浇水方式，避免喷灌。盆栽土壤要及时更新，以增强寄主抗病能力。

（2）消灭初侵染来源。彻底清除病残落叶及病死植株，并集中烧毁。休眠期喷施 3~5 波美度的石硫合剂，或 1% 硫酸铜溶液。

（3）发病初期喷施 80% 代森锌可湿性粉剂 500 倍液，或 1% 等量式波尔多液，或 40% 福星乳油 8 000~10 000 倍液，或 10% 世高水分散剂 6 000~8 000 倍液，或 70% 甲基硫菌灵可湿性粉剂 1 000 倍液，或 50% 多菌灵可湿性粉剂 500~1 000 倍液防控。

（五）灰霉病类

灰霉病可危害多种观赏植物的各个器官。常见的灰霉病如牡丹灰霉病 *Botrytis paeoniae* Oudem，月季灰霉病 *Botrytis cinerea* Pers.，一品红灰霉病 *Botrytis cinerea* Pers.，郁金香灰霉病 *Botrytis tulipae* Lind 等。病菌均属半知菌亚门、葡萄孢属真菌。病菌危害各种观赏植物的叶、茎、鳞茎、球茎、花、果等部位，造成叶斑、溃疡、腐烂等症状，严重影响其观赏价值。

1. 症状识别 （表 4.9、图 4.17~图 4.20）

表 4.9 四种灰霉病症状特征

项目 \ 种类	牡丹灰霉病	月季灰霉病	一品红灰霉病	郁金香灰霉病
症状特征	叶、茎、花均可发病。叶上病斑初为水渍状小斑，后扩大为近圆形、不规则形的褐色斑。潮湿时，斑上长出灰色霉状物。茎发病，病斑褐色，软腐，植株倒伏。花被害，变褐腐败。潮湿时，各病部均可产生灰色霉状物。有时可见小菌核	危害花、花蕾和嫩茎，病斑主要发生在花上。初为水渍状不规则小斑，稍下陷，后变褐腐败。蕾上发病产生水渍状不规则小斑，病斑可扩大至整个花蕾，最后全蕾变软腐败。病蕾枯萎后垂挂于病部，在潮湿的环境下，可产生大量灰色霉层	主要危害花序、花枝和嫩梢。花序初期产生灰褐色病斑，以后迅速凋萎、腐烂，可沿花柄蔓延，继续危害花枝，使枝梢呈黄褐色枯死。潮湿时其上产生灰褐色霉状物	叶片和花器受害，呈浅灰色病斑，边缘褐色腐烂。在潮湿的条件下，病部产生灰色霉层。球茎受害，植株矮化，茎基和球茎外部鳞片腐烂，并生出浅黑色或褐色菌核

图 4.17　牡丹灰霉病

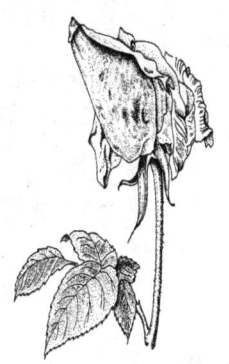
图 4.18　月季灰霉病

1—受害幼苗；2—茎基部的菌核；
3—鳞茎上的菌核

图 4.19　一品红灰霉病　　图 4.20　郁金香灰霉病

2. 发病特点（表 4.10）

表 4.10　四种灰霉病发病特点

项目 \ 种类	牡丹灰霉病	月季灰霉病	一品红灰霉病	郁金香灰霉病
发病特点	以菌核和分生孢子在病株残体上越冬。次春菌核萌发，产生分生孢子，借风雨传播，引起初侵染和多次再侵染。幼株最易感病。病害多发于7~8月	以菌核随病残体在土壤中越冬。在适宜的条件下产生分生孢子，借风雨传播，引起初侵染和多次再侵染。高温多雨有利于分生孢子大量形成和传播。栽植过密、湿度大、光照不足或偏施氮肥，植株生长柔弱，易发病	以菌核或分生孢子在病部或土壤中越冬。分生孢子借风雨传播，进行初侵染和多次再侵染。病害在阴冷和潮湿天气发生严重	以菌核在土壤中越冬。翌年产生分生孢子靠气流传播，反复侵染新株。空气湿度大，是病害发生和蔓延的主要条件

3. 防控技术

（1）加强栽培管理，改善通风透光条件。大棚内要注意降低湿度，减少发病。合理施肥、增施钙肥、控制氮肥用量。

（2）及时清除病株、病叶，并销毁。

（2）发病初期，用65%代森锌可湿性粉剂500倍液，或1:1:100倍波尔多液，或75%百菌清可湿性粉剂600倍液，或50%腐霉利可湿性粉剂2000倍液防控。每隔1~2周喷1次，共喷2~3次。并注意交替用药。

（六）煤污病类

煤污病寄主范围很广，常见的观赏植物有山茶、米兰、紫薇、菊花、扶桑、夜来香、牡丹、蔷薇、桂花、含笑、金橘、橡皮树等。煤污病的主要危害是抑制植物的光合作用，削弱植物的生长势，严重影响其经济价值和观赏价值。

1. 症状识别

煤污病主要危害寄主植物的叶片，也能危害嫩枝、花器等部位。发病初期煤烟状霉层呈点片状，后期可将整个叶片覆盖。严重时，霉层薄片状，可裂开、翘起和剥落。煤污病常造成植株生长发育不良，花形变小，花量明显减少，严重者枯死（图4.21）。

2. 病原

属半知菌亚门、小煤炱属 *Fumago camelliae* Catt. 真菌。该菌的生长发育与蚜虫、蚧类所分泌的蜜露有密切关系。

图4.21　山茶煤污病

3. 发生特点

煤污病病原菌以菌丝体、分生孢子在病部及病落叶上越冬，成为次年的初侵染源。分生孢子主要由气流、昆虫等传播，进行多次再侵染。当枝、叶的表面有蚜虫、介壳虫等分泌物，或灰尘、植物的渗出物时，病菌即可在上面生长发育，并不断扩散蔓延。凡管理粗放、通风不良、荫蔽潮湿、虫害严重等条件，均有利于此病的发生。

4. 防控技术

（1）种植观赏植物不宜过密，并应适当修剪，以利通风透光，避免湿度太大。

（2）及时防控蚜虫、介壳虫、木虱等害虫。可用25%优乐得可湿性粉剂1500~2000倍液，或10%吡虫啉可溶性粉剂1000倍液防控。

（3）休眠期喷施2~3波美度石硫合剂。发病初期可喷代森铵水剂500~800

倍液,或30%绿得保悬浮剂500倍液,或50%多菌灵可湿性粉剂500倍液防控效果较好。

(七) 霜霉病类

霜霉病在观赏植物中发生较普遍。常引起叶片早落,严重影响生长势和失去观赏价值。

1. 症状识别

该病危害植株所有地上部分,叶片最易受害。常形成紫红色至暗褐色不规则形病斑,边缘色较深,发病初期易与药害相混淆。花梗、花萼或枝干上受害后形成紫色至黑色大小不一的病斑,感病枝条常枯死。发病后期,病部出现灰白色霜状霉层,常铺满整个叶片,导致叶片枯死脱落(图4.22)。

2. 病　原

属鞭毛菌亚门、霜霉属 *Peronospora sparsa* Berk.真菌。

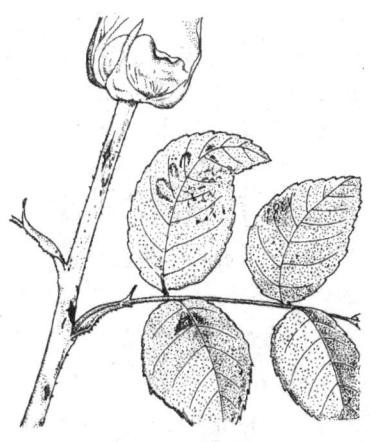

图4.22　月季霜霉病

3. 发病特点

以菌丝或卵孢子在病组织或落叶中越冬。翌春,条件适宜时萌发产生孢子囊,随风传播。孢子囊萌发产生游动孢子后自气孔侵入,进行初侵染和再侵染。湿度大有利于病害的发生与流行。露地栽培时该病主要发生在多雨季节,温室栽培时主要发生在春秋季。昼夜温差较大,通风条件差,湿度较高,发病严重。

4. 防控技术

(1) 休眠期清除病枝及枯落叶。科学灌水,避免大水漫灌。大棚栽培应注意通风透气,控制湿度。露地种植也应注意阳光充足,通风透气。

(2) 开花前结合防控其他病害喷施1:0.5:240倍波尔多液,或75%百菌清可湿性粉剂800倍液,或50%克菌丹可湿性粉剂500倍液。

(3) 从田间零星出现病斑时,开始喷施58%瑞毒霉锰锌可湿性粉剂400~500倍液,或64%杀毒矾可湿性粉剂400~500倍液,或72%杜邦克露可湿性粉剂750倍液。为延缓抗药性的产生,以上药剂要隔年轮换使用。

(八) 菌核病类

菌核病是观赏植物常见病害之一。发病后,常导致茎叶腐烂,植株死亡。

1. 症状识别

主要发生在近土表的叶及茎基部。初期病部淡褐色,水渍状,以后逐渐向上扩展,病部软腐。湿度大时,病部有白色霉状物。后期茎内可见到黑色鼠粪状菌核(图4.23)。

2. 病原

属子囊菌亚门、核盘菌属 Sclerotinia 真菌。

3. 发病特点

以菌核在病残体和土中越冬。翌年环境条件适合时,菌核萌发,借风雨传播,从伤口侵入。天竺葵连作,栽植过密,阴湿多雨季节发病重。

4. 防控技术

(1)及时清除病残体。

(2)选择通风透光良好的地段种植,植株间不宜过密。

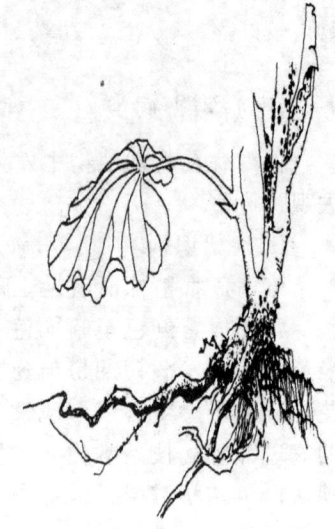

图4.23 天竺葵菌核病

(3)有条件的地方可与其他植物实行轮作。

(4)发病初期,用40%菌核净可湿性粉剂500倍液,或50%速克灵可湿性粉剂1 000倍液,或50%扑海因可湿性粉剂1 500倍液喷雾防控。

(九)叶畸形类

观赏植物叶畸形类病害常见的有梅花缩叶病 Taphrina deformans(Terk.)Tul. 和杜鹃饼病 Exobasidium rhododendri Gramerr 等。病菌分属子囊菌亚门外囊菌属和担子菌亚门外担菌属真菌。被害叶畸形,干枯脱落。

1. 症状识别(表4.11、图4.24、图4.25)

表4.11 两种叶畸形病症状特征

种类 项目	梅花缩叶病	杜鹃饼病
症状特征	梅花萌芽时,嫩芽和新叶易受病菌侵染。被害嫩梢变粗、短缩,密生叶片。病叶叶面皱缩、变厚、肉质化、表面粗糙、向叶背卷曲。叶色初呈黄色、红色或紫红色,后渐变成灰白色,并有白色粉末状物出现。严重时,病梢枯死	主要危害嫩叶、嫩梢及花。叶片受害,边缘或全叶肿大肥厚,呈球状或半球状肉质瘿瘤。嫩梢受害,肿大增粗成菌瘿,影响抽梢。花受害后,花瓣增厚变硬呈肉质或蜡质瘤,不能开放。在潮湿条件下,瘿瘤表面或病部凹陷处长出白色粉状霉层

图 4.24　梅花缩叶病

图 4.25　杜鹃饼病

2. 发病特点（表 4.12）

表 4.12　两种叶畸形病发病特点

种类 项目	梅花缩叶病	杜鹃饼病
发病特点	以厚壁芽孢子在植物芽鳞上越冬（夏）。翌春，芽孢子和子囊孢子随气流传到嫩芽上开始侵染寄主，进行危害。此病害 1 年只发生 1 次	以菌丝体在病株活组织内越冬。翌春借风力或昆虫传播，开始侵染嫩叶。病害发生的适宜温度为 15 ℃～20 ℃，每年春末夏初和秋末冬初发病严重。在温度适宜，相对湿度 80% 以上，日照短的情况下，茎叶生长幼嫩，有利于病害发生

3. 防控技术

（1）及时摘除病叶和幼芽，并集中烧毁。植株发芽前喷 3～5 波美度石硫合剂消灭越冬菌源。

（2）加强栽培管理，合理密植，改善通风透光条件，以增加植株抗病能力。

（3）在发病初期喷 15% 三唑酮可湿性粉剂 1 500 倍液，或 12.5% 速保利超微可湿性粉剂 3 000～4 000 倍液，或 0.3～0.5 波美度石硫合剂防控。

（十）细菌性叶斑病类

观赏植物细菌性叶斑病种类较多，危害严重。发病植株常表现坏死、穿孔等症状。常见观赏植物细菌性叶斑病有天竺葵细菌性叶斑病 *Xanthomonas pelargonii* Starr et Burkholder 和碧桃细菌性穿孔病 *Xanthomonas campestris*

Pv.pruni（Smith）Dye。病菌属细菌域，普罗特斯门、黄单胞菌属细菌。危害植物导致叶片枯死脱落。

1. 症状识别（表 5.13、图 5.26、图 5.27）

表 4.13　两种细菌性叶斑病症状特征

项目＼种类	天竺葵细菌性叶斑病	碧桃细菌性穿孔病
症状特征	被害叶片最初出现呈针尖大小的病斑，圆形或不规则形，褐色并凹陷。以后病斑扩大逐渐连接在一起，使叶片大部分死亡，病叶脱落。植株茎变黑腐烂、萎蔫。剖开茎部，可见茎中央变褐色。扦插苗插条自基部开始腐烂，向上发展直到叶片萎蔫并死亡	主要危害叶片，也危害枝梢和果实。叶上的病斑初期为水渍状小点，淡褐色，逐渐形成近圆形或不规则大斑，病斑周围有淡黄色晕圈。湿度大时，病斑背面溢出黄白色黏质菌脓。后期病斑周围组织木栓化，引起病部组织脱落，形成穿孔

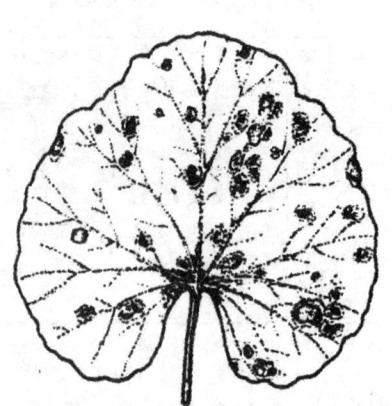 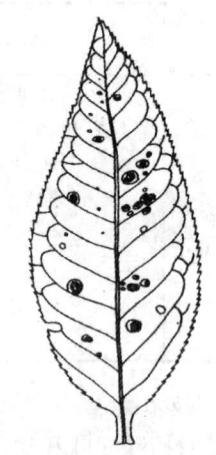

图 4.26　天竺葵细菌性叶斑病　　图 4.27　碧桃细菌性穿孔病

2. 发病特点（表 4.14）

表 4.14　两种细菌性叶斑病发病特点

项目＼种类	天竺葵细菌性叶斑病	碧桃细菌性穿孔病
发病特点	病菌在病残体上越冬。细菌借接触、水滴飞溅、插条传播。在潮湿的土壤中能存活 3 个月。扦插太密或温度过高的温室内发病严重	病菌在病部或病芽处越冬。春、夏季侵染发病，至秋季病组织周围木栓化，细菌因干燥不易越冬。而秋季落叶前侵染，细菌可以越冬。翌春侵染，形成溃疡

3. 防控技术

（1）休眠期剪除病枝，集中销毁。喷施 3~5 波美度石硫合剂，或 1∶1∶100 倍波尔多液。

（2）加强栽培管理，及时摘除受侵染的叶片。

（3）发病初期喷施 45% 代森铵水剂 500 倍液，或 20% 农用链霉素可湿性粉剂 1 000 倍液防控。每隔 10~15 d 喷施 1 次。

（十一）病毒病类

观赏植物病毒病种类多，发生普遍，危害严重。发病植株常表现畸型、变色、坏死等症状。开花植株花数少、花朵小，呈现种质退化现象。常见的病毒病如美人蕉花叶病和郁金香碎色病，分别由黄瓜花叶病毒 CMV 和马铃薯 Y 病毒 PVY 致病。

1. 症状识别（表 4.15、图 4.28、图 4.29）

表 4.15　两种病毒病症状特征

项目＼种类	美人蕉花叶病	郁金香碎色病
症状特征	发病初期在叶片上产生褪绿小点，后出现黄绿相间的条斑，条斑与叶脉平行。严重时，叶缘的黄色条纹相互连接，致叶片黄化、卷曲、甚至枯萎，植株矮小	主要危害花、叶，引起颜色改变。花瓣上产生大小不等的斑驳状斑或条状斑。叶片出现浅绿色或灰白色条斑，有时造成花叶

图 4.28　美人蕉花叶病

图 4.29　郁金香碎色病

2. 发病特点（表 4.16）

表 4.16　两种病毒病发病特点

项目＼种类	美人蕉花叶病	郁金香碎色病
发病特点	带毒母体植株是病毒的重要来源，分株繁殖是主要的扩散途径。田间通过蚜虫传播，蚜虫在病株上取食 1 min 即可带毒，在健康植株上取食 1 min，即可将病毒传上，病毒在虫体内的有效时间不超过 4 h。病、健植株间的接触，田间操作，也可以传播病毒	病毒在病鳞茎内越冬，成为次年初侵染来源。郁金香碎色病毒由蚜虫、汁液传播。此外，在带病的上一年病株上所形成的子球也会感染病毒，即使种球栽植在消过毒的土壤中往往也会发病，一般栽培条件下，重瓣花易感病

3. 防控技术

（1）选用无毒种苗（球）进行繁殖，有病鳞茎可在 45 ℃温水中浸泡 1.5～3.0 h 后播种。

（2）及时清除病株并销毁。

（3）蚜虫盛发期，喷洒 50% 抗蚜威可湿性粉剂 2 000 倍液灭蚜。

（4）发病初期喷洒 10% 病毒灵 500 倍液，或 20% 可湿性粉剂病毒 A 可湿性粉剂 400 倍液，或 10% 83 增抗剂水乳剂 100 倍液防控。

二、枝干病害

观赏植物常见的枝干病害包括月季枝枯病 *Coniothyrium fuckelii* Sacc.、合欢枯萎病 *Fusariumoxysporumf. perniciosum*（Hept）Toole、仙人球茎腐病 *Fusorium xysporum* Schlecht.、大丽花青枯病 *Pseudomons solanacearum* E.F.smith 等。前三种病害的病原菌属半知菌亚门，分属盾壳霉属、镰刀菌属和镰孢属真菌。后一种病菌原属细菌域，普罗特斯门、假单胞菌属细菌。病菌侵染观赏植物，常导致枝干腐烂、溃疡、枯萎，甚至全株枯死，失去观赏价值。

1. 症状识别（表 4.17、图 4.30～图 4.33）

表 4.17 四种枝干病害症状特征

种类 项目	月季枝枯病	合欢枯萎病	仙人球茎腐病	大丽花青枯病
症状特征	发病初期在茎上产生红色斑点，后逐渐扩大为中部浅褐色，边缘红褐色或紫色，周缘为红色包围的椭圆形或不规则形大斑。后期病斑中部变为灰白色，并出现小黑点。病部的皮层常出现纵裂，严重时包围整个枝条，致使病部以上的枝条全部枯死	感病植株叶片先发黄，萎蔫下垂，青枯脱落，苗木枯死。夏末秋初，病树干或枝的皮孔肿胀破裂，在其中产生分生孢子座及大量粉红色、粉末状的分生孢子	多发生在茎基及茎节处。初期产生水渍状暗灰色或黄褐色病斑，并逐渐软腐。后期茎内组织腐烂失水，剩下干缩外皮或仅残留髓部，全株死亡。潮湿条件下，病部出现灰白色或深红色霉状物	在幼苗至开花期发生普遍。根和块根被病原菌侵染后变褐腐烂，地上部叶片萎蔫，下垂枯死。横切病根、茎，中央呈黄褐色，并有细菌脓液溢出

图 4.30 月季枝枯病

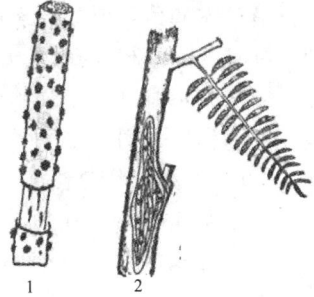

1—树皮病斑；2—木质部变色

图 4.31 合欢枯萎病

图 4.32 仙人球茎腐病

图 4.33 大丽花青枯病

2.发病特点（表4.18）

表4.18 两种枝干病害发病特点

种类 项目	月季枝枯病	合欢枯萎病	仙人球茎腐病	大丽花青枯病
发病特点	以分生孢子器和菌丝体在病部越冬。次春，分生孢子器成熟，形成大量的分生孢子，随风雨传播，进行初侵染和多次再侵染。病菌从寄主的伤口侵入。管理不善，过度修剪，树势衰弱，环境潮湿，有利于病害发生	以分生孢子座在病部或随病残体在土壤里越冬。翌年春、夏产生分生孢子，从枝、干及根部伤口或直接侵入，并沿导管向上蔓延。造成叶片枯黄，树皮腐烂，整株枯萎死亡	以菌丝体或厚垣孢子在病残体上或土壤中越冬。病菌随风雨或灌溉水传播，也可通过昆虫和田间操作传播。高温高湿，通风透光不良，伤口多，有利于病害发生	病原菌可在病株残体或土壤中腐生。在高温、高湿的环境条件下则大量繁殖，遇寄主便从伤口侵入。高温多雨季节移栽时，若土壤或肥料带有青枯病菌，最易发病和严重受害

3.防控技术

（1）培育无病苗，避免在病区调运繁殖材料。

（2）及时剪除病枝（株），并销毁。

（3）加强肥水管理，增强植株抗病力。

（4）发病初期，对于3种真菌性病害枝干喷施75%百菌清可湿性粉剂600倍液，或10%世高水分散粒剂6 000倍液，或40%福星乳油8 000倍液防控。防控大丽花青枯病应喷洒0.2%高锰酸钾液，或用25%叶枯双可湿性粉剂1 000倍液，或20%农用链霉素可湿性粉剂1 000~2 000倍液灌根防控。

单元二　观赏植物害虫绿色防控技术

一、食叶性害虫

食叶性害虫是指以咀嚼式口器危害植物叶片的一类害虫，它包括大多数蛾类、蝶类、叶蜂类幼虫，少数叶甲和蝗虫等。食叶性害虫主要危害叶片、嫩梢、嫩枝，造成孔洞缺刻或咬断嫩梢，影响植株生长，降低观赏价值。它们的危害特点有四个方面。一是具有咀嚼式口器，往往以幼虫（膜翅目、鳞翅目）或成虫、幼虫（鞘翅目、直翅目）危害健康的植株，猖獗时能将叶片吃光，削弱树势，为天牛、小蠹虫等蛀干害虫侵入提供适宜条件；二是大多数食叶害虫营裸露生活，受环境因子影响大，其虫口密度变动大；三是多数种类繁殖能力强，产卵集中，易爆发成灾，并能主动迁移扩散，扩大危害的范围；四是某些害虫发生具有周期性，如松毛虫、杨、柳毒蛾等。

（一）刺蛾类

刺蛾类害虫种类很多，主要有黄刺蛾 *Cnidocampa slavescens* Walker，绿刺蛾 *Ltoia consocia* Walker，扁刺蛾 *Thosoa steinonsis* Walker，丽绿刺蛾 *Latoia lepida* Cramer，桑褐刺蛾 *Setora pastornata* Hampson 等。均属鳞翅目，刺蛾科。全国各地均有分布。以幼虫危害刺梅花、海棠，月季、紫荆、桂花、紫薇、石榴、樱花、丁香、芍药、广玉兰、白玉兰、枫、柳及山楂、梨、苹果、柑橘等植物。初孵幼虫群集取食叶肉呈网状，3、4 龄后分散食叶呈缺刻或仅剩叶柄和叶脉。

1. 形态识别（表 4.19、图 4.34～图 4.38）

表 4.19　五种刺蛾形态特征

种类 虫态	黄刺蛾	绿刺蛾	扁刺蛾	丽绿刺蛾	桑褐刺蛾
成虫	体长 13～16mm，橙黄色。前翅内半部黄色，外半部褐色，有两条暗褐色斜线，到翅尖汇合于一点，呈倒 V 型。后翅褐色	体长 13～18mm，头胸部、背面及前翅粉绿色，前翅基部有放射性褐斑，近外缘有一条黄褪色宽带。后翅及腹部黄褐色	体长 13～18mm，灰褐色。前翅前缘近顶角处有 1 条直达后缘的斜线。后翅灰褐色。雄虫前翅中央有个小黑点	体长 16～18mm。头、胸及前翅绿色，胸背及前翅基部各有 1 个褐色斑纹，外缘呈褐色宽带。后翅灰褐色	体长 18 mm 左右，前翅前缘中部到后缘有 2 条呈"八"字暗褐色横线，有丝绢光泽
幼虫	成熟幼虫体长 19～25 mm，黄绿色。体背有呈哑铃状的紫褐色大斑，各体节有 2 对枝刺。胸部和臀节枝刺特大，体侧各节有瘤状突起	成熟幼虫体长 24～27 mm，翠绿或黄绿色。前胸背面有一对小黑点，背线蓝白色，后胸到腹部第九节两侧各具刺突 1 对。腹部第 8、9 节各着黑色绒球状毛丛 1 对	成熟幼虫体长 21～24 mm，体绿色扁平，背部稍隆起，背线白色。体背各节有 2 丛刺毛，每一体侧有 10 个毛瘤	成熟幼虫体长 15～30 mm，头褐色，体翠绿色。背中央有 3 条蓝紫色条纹和成对的蓝色斑块，体侧有灰白色波状条纹。第一腹节背面有 1 对橘红色枝刺，腹末有黑色绒球状毛丛	成熟幼虫体长 23～35 mm，黄绿色。背线天蓝色，亚背线有红、黄、绿型。每体节背面有 4 个黑点，中胸至第九腹节两侧各有枝刺 1 对，以后胸及 1、5、8、9 腹节的枝刺最长

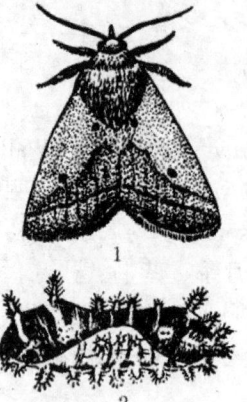

1—成虫；2—幼虫

图 4.34 黄刺蛾

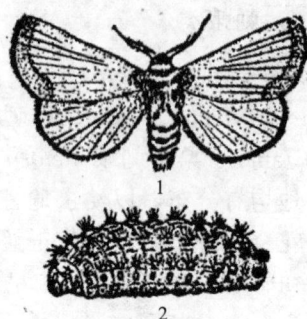

1—成虫；2—幼虫

图 4.35 绿刺蛾

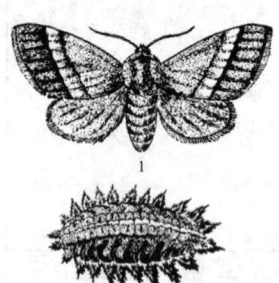

1—成虫；2—幼虫

图 4.36 扁刺蛾

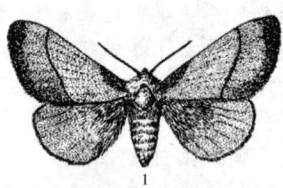

1—成虫；2—幼虫

图 4.37 丽绿刺蛾

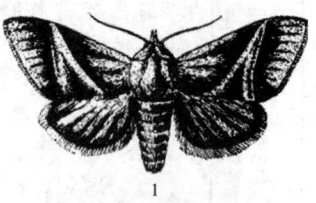

1—成虫；2—幼虫

图 4.38 桑褐刺蛾

2. 发生特点（表4.20）

表4.20　五种刺蛾发生特点

种类 项目	黄刺蛾	绿刺蛾	扁刺蛾	丽绿刺蛾	桑褐刺蛾
发生特点	1年发生1~2代。以老熟幼虫在树干处作茧越冬。成虫昼伏夜出，有趋光性。卵散产或块产于叶背。初孵幼虫群集取食叶肉呈网状，4龄后分散食叶呈缺刻或仅剩叶柄和叶脉。幼虫老熟后在枝干处结茧化蛹	1年发生1~3代。以老熟幼虫在土壤中结茧越冬。成虫昼伏夜出，有趋光性。卵块产于叶背，呈鱼鳞状排列。初孵幼虫不取食，2龄后取食叶肉，3、4龄食穿表皮成孔洞，6龄后取食叶缘成缺刻。幼虫老熟后在土中结茧化蛹	1年发生1~3代。以老熟幼虫在土壤中结茧越冬。成虫昼伏夜出，有趋光性。卵多块产于叶面。初孵幼虫先食卵壳，2龄后到叶背取食叶肉，3、4龄食叶成孔洞，6龄幼虫蚕食叶缘成缺刻，仅留叶柄。幼虫老熟后在土中结茧化蛹	1年发生1~3代。以老熟幼虫在树干上结茧越冬。成虫日伏夜出，有趋光性。卵块产于叶背。幼虫有群集危害习性，6龄后才分散危害，先食叶呈网状，再食叶呈缺刻，严重时吃光叶片。幼虫老熟后在枝干等处结茧化蛹	1年发生1~2代。以老熟幼虫在土壤中结茧越冬。成虫昼伏夜出，有趋光性。卵散产或堆产于叶背面。初孵幼虫先食卵壳，2龄后食叶成孔洞、缺刻，严重时食光叶片，仅留叶脉。幼虫老熟后入土结茧化蛹

3. 防控技术

（1）结合冬季修剪，摘除虫茧，或冬季结合翻地，消灭越冬虫源。

（2）利用低龄幼虫期群集叶背危害习性，摘除带虫叶片集中处理，以减少虫源。

（3）利用频振式灭虫灯诱杀成虫。

（4）保护和利用上海青蜂等自然天敌。

（5）低龄幼虫期用20%除虫脲800倍液，或Bt乳剂500倍液，或20%菊杀乳油4 000倍液，或50%的辛硫磷乳油1 500~2 000倍液等喷雾防控。

（二）毒蛾类

毒蛾是危害观赏植物的又一大类食叶性害虫。常见的种类有舞毒蛾 *Lymantri dispar* L.、棉古毒蛾 *Orgyia postia* Walker.、黄尾毒蛾 *Euproctis similis* Fueezssly.、乌桕毒蛾 *Euproctis bipunctapex*（Hampson）等。均属鳞翅目，毒蛾科。分布于东北、华北、西北、华东、华中、华南、西南等地区。以幼虫危害紫薇、紫荆、月季、梅花、海棠、李、梨、苹果、山楂、核桃、柿、杏等多种植物，造成孔洞、缺刻，甚至吃光叶片。

1. 形态识别（表4.21、图4.39~图4.42）

表4.21 四种毒蛾形态特征

虫态\种类	舞毒蛾	棉古毒蛾	黄尾毒蛾	乌桕毒蛾
成虫	体长20~26 mm。雌虫体翅黄白色，前翅有4条深褐色波浪形纹，前后翅外缘各有8个褐色斑。雄虫前后翅反面黄褐色，外缘暗褐色	雌雄异型。体长12~15 mm。雌虫黄白色，纺锤形，无翅。雄虫体翅棕褐色，前翅基线黑色，翅面有黑色波状纹，后翅黑褐色	体长12~19 mm。体翅白色，前翅后缘有2个黑褐色斑纹，腹末有金黄色毛丛	体长12 mm左右，体密生橙黄色绒毛，前翅顶角和臀角处各有一块黄斑，顶角处斑内有2个圆形黑色斑点。后翅外缘黄色。雌蛾腹末多茸毛
幼虫	成熟幼虫体长74 mm，体灰褐色。头部黄褐色，具"八"字形黑纹。体背有11对毛瘤，前5对蓝色，后6对红色	成熟幼虫体长36 mm左右，浅黄色，体被棕色长毛。头部橘红色，前胸及第8腹节背面各有1对棕褐色长毛束，第1~4腹节背面有1对黄色毛丛	成熟幼虫体长30~40 mm，黄色。背线红色，亚背线黑色断续，每节有3对毛瘤	成熟幼虫体长24~30 mm，头黑褐色，胸腹部黄褐色。胸腹部各节背面、两侧有黑色毛瘤，其上杂生棕黄色和白色长毛。翻缩腺橙红色

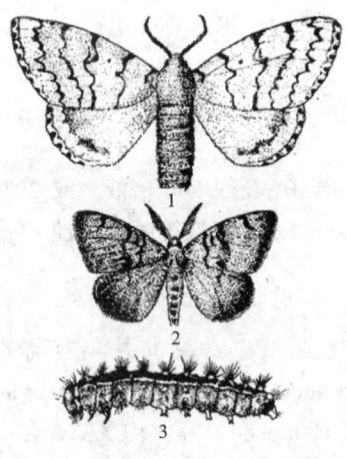

1—雌成虫；2—雄成虫；3—幼虫

图4.39 舞毒蛾

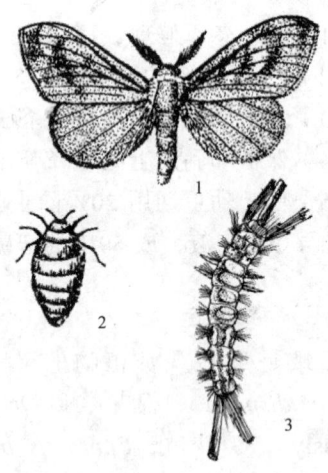

1—雄成虫；2—雌成虫；3—幼虫

图4.40 棉古毒蛾

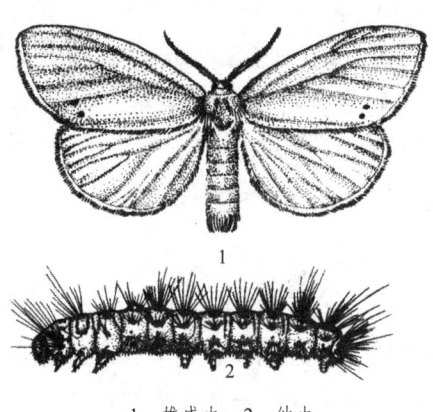

1—雄成虫；2—幼虫

图 4.41　黄尾毒蛾

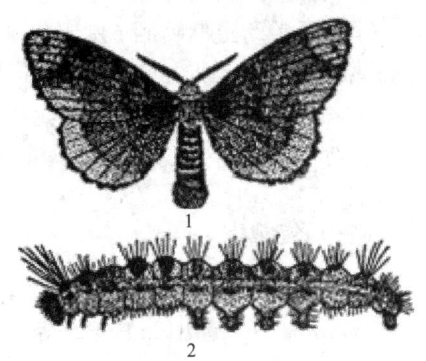

1—雄成虫；2—幼虫

图 4.42　乌桕毒蛾

2. 发生特点（表 4.22）

表 4.22　四种毒蛾发生特点

项目 \ 种类	舞毒蛾	棉古毒蛾	黄尾毒蛾	乌桕毒蛾
发生特点	1 年发生 1 代。以卵在树干、枝条等处越冬。成虫有趋光性。雄蛾白天飞舞，雌蛾不善飞翔。卵块产于树干等处，上有暗黄色毛覆盖。初孵幼虫先食卵壳，后群集于嫩芽、幼叶上食叶成缺刻，并吐丝下垂，随风飘逸分散危害。2 龄后日伏夜出。幼虫老熟后在枝、叶等处吐丝缠绕虫体化蛹	1 年发生 5~6 代。有世代重叠现象。以幼虫在寄主植物上越冬。成虫有光性。卵块产于茧外或植物表面。初孵幼虫先食卵壳，后群集叶背危害，留下表皮。3 龄后分散危害，从叶缘开始，食叶成缺刻，甚至吃光叶片。幼虫老熟后在树上结茧化蛹	1 年发生 1~6 代。以 3~4 龄幼虫或老熟幼虫在树皮、裂缝或枯叶结茧越冬。成虫日伏夜出，有趋光性。卵块产于叶背或树干，表面覆盖绒毛。初孵幼虫群集危害芽，有假死性（吐丝下垂）。幼虫老熟后在树干裂缝或土块下，杂草丛中结茧化蛹	1 年发生 2 代。以 3~5 龄幼虫在枝权、树干基部裂缝处群集越冬，虫群外覆丝幕。成虫有趋光性，夜间活动。卵块产于叶背。初孵幼虫取食卵壳，后群集叶背取食叶肉，3 龄后取食全叶并啃食嫩皮。老熟幼虫在树干基部裂缝和地面松土中结茧化蛹

3. 防控技术

（1）灯光或性引诱剂诱杀成虫。

（2）人工刮除越冬卵块，或人工摘除虫茧，或树干束草诱集越冬幼虫，集中处理。

（3）保护和利用寄生蜂、寄生蝇及多种捕食性天敌。

（4）低龄幼虫期喷洒5%定虫隆乳油1 000~2 000倍液，或2.5%溴氰菊酯乳油4 000倍液，或25%灭幼脲Ⅲ号胶悬剂1 500~2 500倍液，或10%多来宝悬浮剂6 000倍液，或5%高效氯氰菊酯4 000倍液，或50%辛硫磷乳油1 000倍液，或20%菊杀乳油2 000倍液喷雾防控。

（三）袋蛾类

袋蛾又名蓑蛾，常见的种类有大袋蛾 *Cryptotherea variegata* Snellen.、茶袋蛾 *Cryptothelea minusula* Butler.等。均属鳞翅目，袋蛾科。分布于我国台湾及华北、华东、华中、西南、华南等地区。以幼虫吐丝缀合碎叶成护囊，终身负囊危害蔷薇、玫瑰、紫薇、紫荆、月季、梅花、丁香、茶花、梅、柑橘、桃、柿、石榴、枇杷、葡萄、梨、荔枝、龙眼、枇杷、橄榄等多种植物的叶片。

1. 形态识别（表4.23、图4.43、图4.44）

表4.23 两种袋蛾形态特征

虫态 \ 种类	大袋蛾	茶袋蛾
成虫	雌雄异型。雌虫体长26 mm左右，纺锤形，翅退化。头部黄褐色，胸部黄白色，腹末有一带状褐色毛环和肉质突起。雄虫体长18 mm左右，黑褐色，前后翅均为褐色，前翅近外缘有4~5个半透明斑	雌雄异型。雌虫体长16 mm左右，黄白色，足、翅退化，呈蛆状。雄虫体长15 mm左右，茶褐色，前翅外缘有2个长方形透明白斑
幼虫	幼虫体扁圆，有3对胸足，腹足及臀足退化	成熟幼虫体长30 mm左右，黄褐色，胸部背面有4条褐色纵带

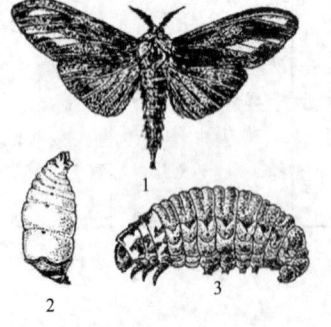

1—雄成虫；2—雌成虫；3—幼虫

图4.43 大袋蛾

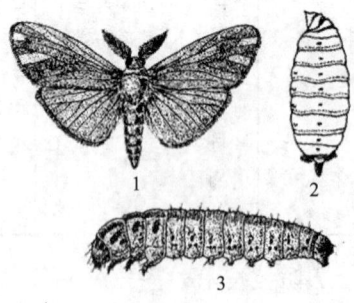

1—雄成虫；2—雌成虫；3—幼虫

图4.44 茶袋蛾

2. 发生特点（表4.24）

表4.24 两种袋蛾发生特点

种类 项目	大袋蛾	茶袋蛾
发生特点	1年发生1~2代。以老熟幼虫在树干上的护囊内越冬。成虫白天羽化，夜间交配。卵产于虫囊内。初孵幼虫取食卵壳，经3~5 d后吐丝下垂，随风飘逸扩散，落于寄主上后，吐丝缀合碎叶成虫囊，终身负囊而行，危害叶片。老熟幼虫吐丝封囊越冬	1年发生1~3代。以老熟幼虫在树干上的虫囊内越冬。雄虫有趋光性，雌虫产卵于护囊内。初孵幼虫取食卵壳，爬出虫囊，吐丝随风分散或爬行分散。寻找寄主吐丝缀合碎叶成虫囊，终身在虫囊内活动和取食。老熟幼虫在虫囊内化蛹

3. 防控技术

（1）利用灯光或性引诱剂诱杀成虫。

（2）冬季结合修剪摘除虫囊。

（3）保护利用寄生蜂、寄生蝇、寄生菌及病毒等天敌。

（4）在低龄幼虫期用毒蛾核型多角体病毒液，或Bt乳剂500倍液，或50%辛硫磷乳油1 000倍液，或20%菊杀乳油2 000倍液于傍晚或阴天喷雾防控。

（四）夜蛾类

危害观赏植物的夜蛾类害虫种类较多，在蔬菜害虫中已介绍多种。此处以玫瑰巾夜蛾 *Paralleliaar ctotaenia* Guence. 为例，说明夜蛾类害虫在观赏植物上的发生危害情况。玫瑰巾夜蛾属鳞翅目，夜蛾科。分布于全国各地。寄主范围广泛。以幼虫危害月季、玫瑰、石榴、柑橘、马铃薯、蓖麻、十姐妹、大丽花、大叶黄杨等植物。低龄幼虫啃食叶肉呈网状，稍大将叶片食害成孔洞或缺刻，甚至吃光叶片。

1. 形态识别

成虫体长18~20 mm，翅展43~46 mm，全体暗灰褐色。前翅有1条白色中带，其上布有细褐点，翅外缘灰白色。后翅有1条白色中带，翅外缘中后部白色，缘毛灰白色。成熟幼虫体长60 mm左右，褐色，体表有黑点，第1腹节背面有1对黄白斑，第8腹节背面有1对黑斑，臀足发达（图4.45）。

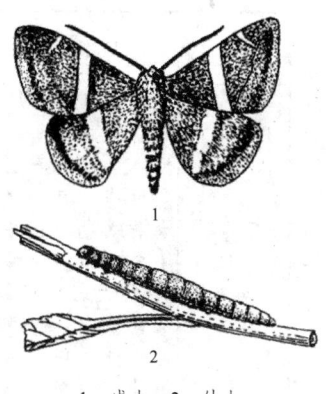

1—成虫；2—幼虫
图4.45 玫瑰巾夜蛾

2. 发生特点

1年发生2～4代，世代重叠。以蛹在土壤中越冬。成虫昼伏夜出，有趋光性。卵散产于叶片上。幼虫蚕食嫩叶、花蕾和花瓣。幼虫老熟后在叶面、落叶或土壤中结茧化蛹。

3. 防控技术

（1）在成虫盛发期，利用性诱剂、糖醋毒液或灯光诱杀成虫。

（2）结合观赏植物管理，人工摘除卵块和初孵幼虫危害叶片，集中处理。

（3）保护和利用自然天敌，如各种寄生蜂、寄生蝇等，充分发挥其自然控制作用。

（4）在低龄幼虫期用Bt乳剂500倍液，或2.5%溴氰菊酯乳油3 000～5 000倍液，或5%定虫隆乳油1 000～2 000倍液，或20%灭幼脲Ⅲ号胶悬剂500～1 000倍液，或50%辛硫磷乳油1 000～2 000倍液在下午或傍晚喷雾防控。

（五）尺蛾类

尺蛾类害虫种类较多，主要包括丝棉木金星尺蛾 *Calospilos suspecta* Warren、大造桥虫 *Ascotis selenaria* S.、国槐尺蛾 *Semiothisa cinerearia* Bremer et Grey、黄连木尺蛾 *Culcula panterinaria* Bremer et grey 等。均属鳞翅目，尺蛾科。幼虫行走屈腹如拱桥。危害菊花、秋葵、一串红、大丽花、美人蕉、唐菖蒲、大丽花、万寿菊、月季、杜鹃、山茶、碧桃、丁香、贴梗海棠、桃花、刺槐、槐、金银木、太平花、杨、榆、石榴、绣球等植物。幼虫咬食叶片成孔洞和缺刻，发生严重时，可将叶片全部食尽。

1. 形态识别（表4.25、图4.46～图4.49，）

表4.25 四种尺蛾形态特征

虫态＼种类	丝棉木金星尺蛾	大造桥虫	国槐尺蛾	黄连木尺蛾
成虫	体长12～17 mm。翅底银白色。前翅外横线呈1行断续的淡黑色斑，其下端为1大黄褐色斑；中横线不成行，在中室端部有1大斑，翅基有1深黄、褐、灰色花斑。后翅外、中横线与前翅外、中横线断续相接，在臀角处有1黄褐色大斑。腹部橙黄色，有三列黑斑	体长15～18 mm，多为浅灰褐色，翅面有黑褐色波状纹，外缘有半月形斑纹	体长12～17 mm，体黄褐色，有黑褐色斑点。前翅有3条明显的黑色横线，近顶角处有一近长方形褐色斑纹。后翅只有2条横线，中室外缘上有一黑色小点	体长18～22 mm。雌蛾触角为丝状，雄蛾为羽毛状。翅底白色，翅面上有许多灰色和橙色斑点，在前翅基部有1个近圆形的橙色大斑，前后翅的外横线上各有1串橙色和深褐色圆斑

续表 4.25

种类 虫态	丝棉木金星尺蛾	大造桥虫	国槐尺蛾	黄连木尺蛾
幼虫	成熟幼虫体长约 30 mm，体褐色，头黑色。前胸背板黄色，有 5 个并列的小黑斑点。胸足、腹足及臀板黑褐色。背线、亚背线、气门上线为蓝白色纵带	成熟幼虫体长 40 mm 左右，体色变化大，多为黄绿色、青白色或灰黄色，体背有明显的毛瘤，具腹足和臀足各 1 对	成熟幼虫体长 30~40 mm，体背紫红色	成熟幼虫体长 65~85 mm，体色变化较大，黄绿、黄褐及黑褐色。头顶两侧具峰状突起，头与前胸在腹面连接处有一黑斑

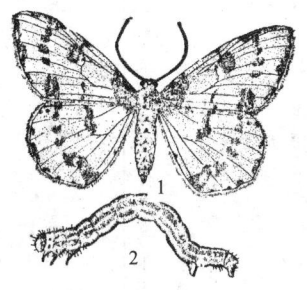

1—成虫；2—幼虫

图 4.46 丝棉木金星尺蛾

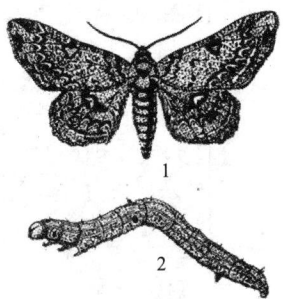

1—成虫；2—幼虫

图 4.47 大造桥虫

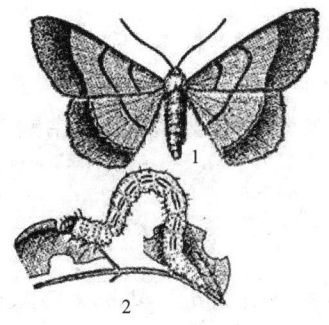

1—成虫；2—幼虫

图 4.48 国槐尺蛾

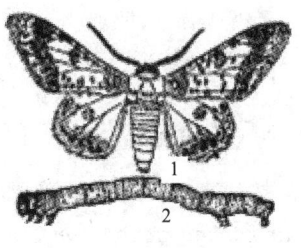

1—成虫；2—幼虫

图 4.49 黄连木尺蛾

2. 发生特点（表4.26）

表4.26 四种尺蛾发生特点

种类 项目	丝棉木金星尺蛾	大造桥虫	国槐尺蛾	黄连木尺蛾
发生特点	1年发生4代。以老熟幼虫或蛹在土中越冬。成虫昼伏夜出，趋光性较强。卵块或堆产于植株上部叶片、枝干、叶柄、小茎交接处。初孵幼虫乳白色，群居取食幼嫩叶片成透明斑状。2龄后爬行分散食叶。3~4龄幼虫为暴食期。各龄幼虫有吐丝下垂的假死习性。幼虫老熟后，爬至植株附近的表土中作土室化蛹	1年发生4~9代。主要以蛹或幼虫在土壤中越冬。南方无明显越冬现象。成虫早晚及夜间活动。对糖、酒、醋液及灯光有强烈趋性。卵块产于叶背，上覆灰黄色绒毛。初孵幼虫群集叶背危害，2龄后分散，日伏夜出，食料缺乏时有成群迁移习性。幼虫老熟后入土化蛹	1年发生3~4代。以蛹在土中越冬。越冬代成虫每年5月上旬出现。成虫有趋光性。卵散产于叶片正面、叶柄或嫩枝上。幼虫期共有6龄，5~6龄为暴食期。幼虫有吐丝下垂的假死习性。老熟幼虫在土中化蛹	1年发生1代。以蛹在土中越冬。成虫有趋光性，白天静伏于树干、树叶等处。卵块产于寄主植物的皮缝或石块上。幼虫盛发期为7月下旬至8月上旬。老熟幼虫于8月中旬开始土中化蛹，盛期为9月

3. 防控技术

（1）设置灯光诱杀成虫。

（2）冬春翻地消灭越冬蛹。

（3）保护和利用寄生蜂、寄生蝇、寄生菌及病毒等自然天敌。

（4）在低龄幼虫期用50%辛硫磷乳油1 000~2 000倍液，或20%菊杀乳油1 500~2 000倍液，或25%功夫乳油3 000~5 000倍液，或10%氯氰菊酯2 000~3 000倍液喷雾防控。

（六）天蛾类

危害观赏植物的天蛾类害虫主要有蓝目天蛾 *Smerinthus planus* Walker、霜天蛾 *Psilogramma menephron* Cramer 等。属鳞翅目，天蛾科。幼虫咬食牵牛花、凤仙花、凌霄、梅花、海棠、樱花、梧桐、丁香、女贞、泡桐、栀子、桂花、茉莉、海桐、白蜡、苦楝、樟、苹果、梨、核桃、李、杏等植物叶片，轻者将部分叶片食成缺刻或孔洞，重者将叶片全部食光，只残存茎秆和部分叶柄。

1. 形态识别（表4.27、图4.50、图4.51）

表4.27　两种天蛾形态特征

种类 虫态	蓝目天蛾	霜天蛾
成虫	成虫体长32～36 mm，灰黄色。胸背中央有1个深褐色大斑，前翅有深褐色波状纹，中部有1个肉色新月形斑。后翅浅灰褐色，中央有1个深蓝色大圆斑，斑外灰白色，周围蓝黑色，上方粉红色	成虫体长45～50 mm，体翅灰白色。胸部背面有由灰黑色鳞片组成的圆圈。前翅上有黑灰色斑纹，顶角有1个半圆形黑色斑纹，中室下方有两条黑色纵纹。后翅灰白色。腹部背中央及两侧各有1条黑色纵纹
幼虫	成熟幼虫体长50～80 mm，黄绿色。胸腹两侧有黄白色颗粒组成的斜线，腹末有尾角	成熟幼虫体长75～96 mm，体绿色。腹部1～8节两侧有1条白斜纹，斜纹上缘紫色，尾角绿色，或褐色

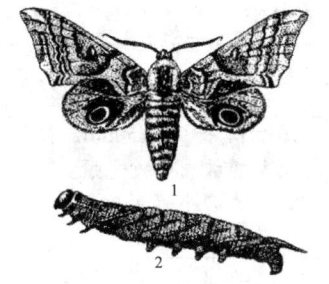

1—成虫；2—幼虫

图4.50　蓝目天蛾

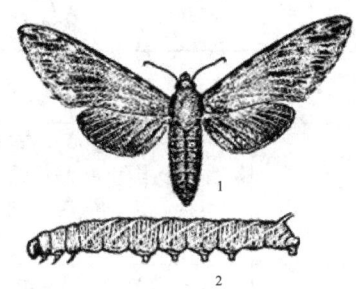

1—成虫；2—幼虫

图4.51　霜天蛾

2. 发生特点（表4.28）

表4.28　两种天蛾发生特点

种类 项目	蓝目天蛾	霜天蛾
发生特点	1年发生1～4代。以蛹在土壤中越冬。成虫多在夜间羽化，飞翔力强。卵散产于叶背或枝条上，少数产卵成串。低龄幼虫取食嫩叶成缺刻，4～5龄幼虫常吃光叶片，仅留枝干。老熟幼虫入土作室化蛹	1年发生1～3代。以蛹在土中越冬。翌年4月下旬至5月羽化。成虫有趋光性，卵多散产于叶背。6～7月幼虫危害最烈，可食尽树叶，树下有深绿色大粒虫粪。幼虫老熟后在表土中化蛹

3. 防控技术

（1）设置灯光诱杀成虫。

（2）人工捕杀幼虫和翻土灭蛹。

（3）在低龄幼虫期用50%辛硫磷乳油1 000～2 000倍液，或2.5%溴氰菊酯乳油2 000～3 000倍液，或50%杀螟松乳油1 000倍液喷雾防控。

（七）灯蛾类

观赏植物常见的灯蛾类害虫有人纹污灯蛾 *Spilarctia subcarnea* W.、美国白蛾 *Hyphantria cunea* Drury（对外检疫对象）等。属鳞翅目，灯蛾科。幼虫危害月季、菊花、蔷薇、芍药、木槿、鸢尾、萱草、一串红、翠菊、金鱼草、腊梅、香石竹、荷花、碧桃、杨、柳、樱花、丁香、榆叶梅、羽衣甘蓝、苹果、杏、桃、李、向日葵等多种植物的叶、花成孔洞或缺刻，甚至吃光叶片，有的还危害果实。

1. 形态识别（表4.29、图4.52、图4.53）

表4.29 两种灯蛾形态特征

虫态 \ 种类	人纹污灯蛾	美国白蛾
成虫	成虫体长20 mm左右。胸部和前翅白色，前翅有两排黑点。停息时，黑点合并成"人"字形。后翅略带红色。腹部背面呈红色	成虫体长9～15 mm，体翅白色。雌虫前翅纯白色。雄虫多数前翅散生有几个或多个黑褐色斑点
幼虫	成熟幼虫体长40 mm左右。黄褐色，体背有暗绿色线纹，各节有突起，并有红褐色长毛	成熟幼虫体长28～35 mm，头黑色，具光泽。体色为黄绿至灰黑。背部两侧线之间有1条灰褐至灰黑色宽纵带。体侧面和腹面灰黄色，背面毛瘤黑色，体侧毛瘤多为橙黄色。毛瘤上着生白色长毛丛，混杂有少量的黑毛

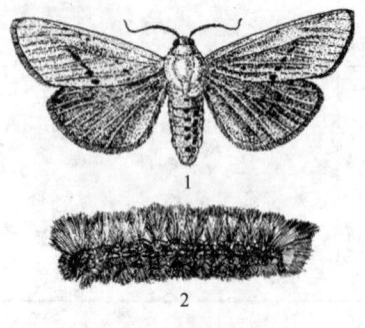

1—成虫；2—幼虫

图4.52 人纹污灯蛾

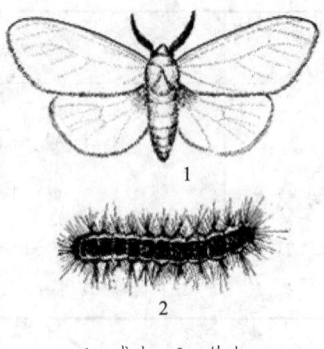

1—成虫；2—幼虫

图4.53 美国白蛾

2. 发生特点（表 4.30）

表 4.30　两种灯蛾发生特点

项目 \ 种类	人纹污灯蛾	美国白蛾
发生特点	1年发生2~6代，世代重叠。以蛹在土壤中越冬。成虫日伏夜出，趋光性强。卵块产于叶背面。初孵幼虫群集叶背啃食叶肉，3龄后分散取食全叶，花和嫩梢，造成孔洞和缺刻。大龄幼虫有假死性。老熟幼虫入土结茧化蛹	在我国1年发生2代。以蛹越冬。翌年5~6月羽化为成虫。卵块产于叶背。幼虫孵化几小时后即可吐丝作网，幼虫在网下取食叶片。6~7月为第1代幼虫危害盛期。8~9月为第2代幼虫危害盛期，9月上旬开始陆续化蛹越冬

3. 防控技术

（1）加强植物检疫，对来自疫区的苗木、接穗及其他有关的植物产品及其包装物、交通工具等必须严格检疫。对带虫原木进行熏蒸处理。用56%磷化铝片剂15 g/m^{3}熏蒸3 d，或用溴甲烷20 g/m^{3}熏蒸1d。

（2）设置灯光诱杀成虫。

（3）冬季翻地灭蛹。

（4）人工摘除卵块，孵化后尚未分散的网幕以及蛹、茧等。

（5）在低龄幼虫期用50%辛硫磷乳油1 000倍液，或10%联苯菊酯乳油2 000倍液，或2.5%溴氰菊酯乳油1 500~2 000倍液，或20%氰戊菊酯2 000~3 000倍液喷雾防控。

（八）枯叶蛾类

危害观赏植物的枯叶蛾类害虫主要包括杨枯叶蛾 *Gastropacha populifolia* Esper、黄褐天幕毛虫 *Malacosoma neustria testacea* Motschlsky等。属鳞翅目，枯叶蛾科。以幼虫咬食月季、玫瑰、樱花、榆叶梅、海棠、梅花、桃花、梨花、杨树、柳树、石榴、紫叶李等多种植物叶片，造成孔洞或缺刻，严重时能将大面积植物叶全部吃光。

1. 形态识别（表 4.31、图 4.54、图 4.55）

表 4.31　两种枯叶蛾形态特征

虫态\种类	杨枯叶蛾	黄褐天幕毛虫
成虫	成虫体长 25～40 mm。全体黄褐色，腹面色浅，头、胸、背中央具暗色纵线 1 条，复眼黑色球形。前翅窄，翅上具 5 条黑色波状横线，近中室端具 1 个黑色肾形小斑。后翅宽短，外缘弧形波浪，翅上有黑横线 3 条，前后翅有稀疏黑色鳞毛	成虫体长 17～24 mm。雄蛾体翅褐色，前翅中央有 1 条深红褐色宽带，缘毛褐色和白色相间。雌蛾前翅中部也具 1 条浅褐色宽带，宽带外侧有 1 条黄色镶边
幼虫	成熟幼虫体长 100 mm 左右。灰绿或灰黑色，生有灰色长毛，腹部两侧生灰黑色毛丛	成熟幼虫体长 55 mm，头部蓝灰色。胴部背面橙黄色，黄色，中央有 1 条白色纵线，体侧有鲜艳的蓝灰色、黄色或黑色带

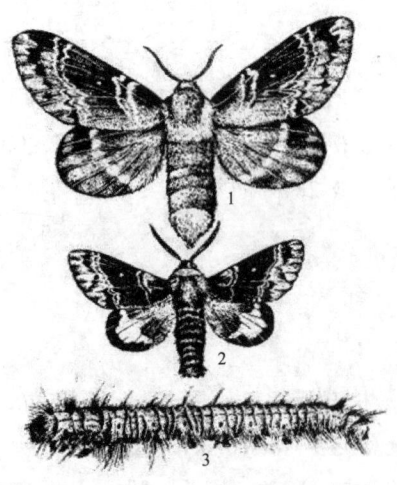

1—雌成虫；2—雄成虫；3—幼虫

图 4.54　杨枯叶蛾

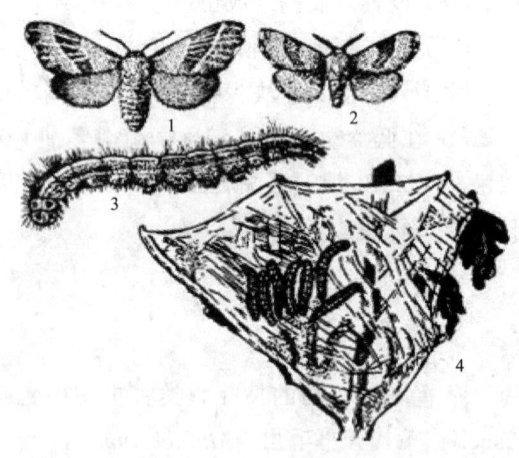

1—雌成虫；2—雄成虫；3—幼虫；4—危害状

图 4.55　黄褐天幕毛虫

2. 发生特点（表4.32）

表4.32 两种枯叶蛾发生特点

项目＼种类	杨枯叶蛾	黄褐天幕毛虫
发生特点	1年发生1~2代。以低龄幼虫伏于枝干或枯叶中越冬。翌春活动，白天静止，夜晚取食嫩芽和嫩叶。幼虫老熟后吐丝缀叶于内结茧化蛹。成虫昼伏夜出。幼虫孵化后分散危害	1年发生1代。以卵在小枝条上越冬。初孵幼虫吐丝作幕，群居生活，稍大后，于枝杈间结成大的丝网群居。白天潜伏，晚上外出取食，大龄幼虫分散取食。6月末7月初幼虫老熟并在叶间作茧化蛹。7月中、下旬羽化，成虫有趋光性。卵块产于细枝上，呈"顶针状"

3. 防控技术

（1）结合修剪，剪除越冬虫卵，或于幼虫越冬前，树干基部绑草绳诱杀，以消灭越冬虫源。

（2）生长期人工摘除卵块、初孵幼虫及蛹茧。

（3）灯光诱杀成虫。

（4）利用白僵菌、青虫菌、松毛虫杆菌等微生物制剂防控幼虫。

（5）低龄幼虫期喷洒2.5%溴氰菊酯乳油4 000倍液，或20%氰戊菊酯2 000~3 000倍液，或25%灭幼脲Ⅲ号1 000倍液喷雾防控。

（九）舟蛾类

舟蛾类害虫，俗名舟形毛虫。危害观赏植物的舟蛾类害虫主要有杨扇舟蛾 *Clostera anachoreta*（Fabricius）、苹掌舟蛾 *Phalera flavescens*（Bemer et Grey）（见苹果害虫）等。属鳞翅目，舟蛾科。杨扇舟蛾以幼虫咬食梅花、海棠、樱花、榆叶梅、杨、柳、苹果、碧桃、山楂、梨、桃、李、杏、等植物叶片，造成缺刻。严重时，吃光叶片仅剩叶柄。

1. 形态识别

成虫体长13~20 mm，淡灰褐色，头顶有1个紫黑色斑。前翅灰白色，顶角处有1块赤褐色扇形大斑，斑下有1个黑色圆点。成熟幼虫体长32~38 mm，头部黑褐色，背面淡黄绿色，两侧有灰褐色纵带。第1、8腹节背中央各有1个大黑红色瘤（图4.56）。

2. 发生特点

1年发生2~8代。以蛹在土中、树皮缝和枯叶卷苞内结薄茧越冬。成虫有趋光性。卵产于叶背,单层排列呈块状。初孵幼虫群集取食叶肉,3龄以后分散取食,常缀叶成苞,在其内躲藏,夜间出苞取食。老熟后在卷叶内吐丝结薄茧化蛹。

3. 防控技术

(1)结合松土、施肥等措施灭蛹。

(2)人工摘除卵块、虫苞。

(3)利用灯光诱杀成虫。

(4)保护和利用天敌,如黑卵蜂、舟蛾赤眼蜂、小茧蜂等。

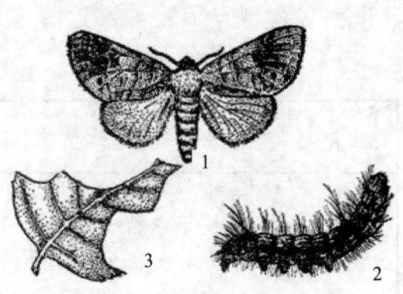

1—成虫;2—幼虫;3—危害状

图4.56 杨扇舟蛾

(5)低龄幼虫期喷施杀螟松乳油1 000倍液,或2.5%溴氰菊酯乳油3 000倍液,或50%辛硫磷乳油2 000倍液,或用Bt乳剂800倍液防控。

(十)螟蛾类

螟蛾类害虫主要有棉卷叶野螟 *Sylepta derogata* Fabricicus、竹织叶野螟 *Algedonia coclesalis* Walker、大丽菊螟 *Ostrinia furnacalis* 等。属鳞翅目,螟蛾科。以幼虫咬食危害菊花、锦葵、蜀葵、海棠、绣球、大丽花、茉莉、木槿、木芙蓉、女贞、木棉、扶桑、梅花、樱花、桃花、石榴、金橘、紫叶李、毛竹、淡竹、刚竹、苦竹等植物叶片、花、花蕾,造成缺刻、孔洞,危害严重时将叶片全部食光,植株不能开花。有的吐丝卷叶结虫苞,在虫苞内啃食叶肉。还有的幼虫钻蛀茎、果,引起断茎或果实腐烂。

1. 形态识别(表4.33、图4.57~图4.59)

表4.33 三种螟蛾形态特征

虫态 \ 种类	棉卷叶野螟	竹织叶野螟	大丽菊螟
成虫	体长15 mm左右,浅黄色。前翅有深褐色波状纹,近前缘外有似"OK"形褐斑	体长10~13 mm,黄褐色。前翅有3条褐色弯曲的横线,后翅只有一条横线。前后翅外缘均有1条褐色阔边	体长13~15 mm,黄褐色。雌体肥大,色较黄,翅面波纹浅褐色。雄体瘦削,色较深,翅面波纹暗褐色
幼虫	成熟幼虫体长26 mm左右。绿色,头和胸足黑褐色,各节有黑色毛瘤,老熟后变成桃红色	成熟幼虫体长18~24 mm。头褐色,前胸背板有6块黑斑,中、后胸各有2块黑斑,腹部各节背面有2对褐色毛片	成熟幼虫体长约19 mm,圆筒形,头红褐色

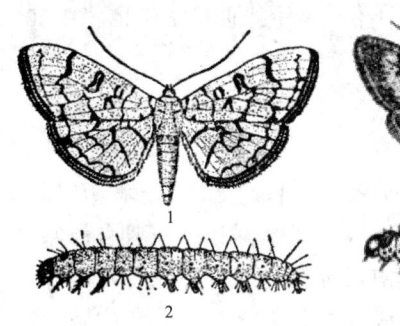
1—成虫；2—幼虫
图4.57 棉卷叶野螟

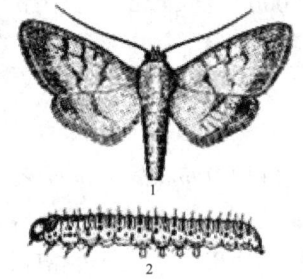
1—成虫；2—幼虫
图4.58 竹织叶野螟

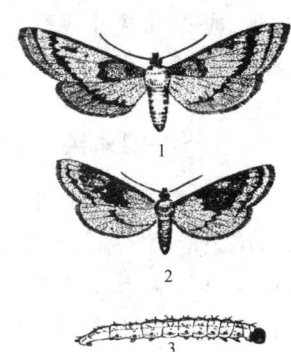
1—雌成虫；2—雄成虫；3—幼虫
图4.59 大丽菊螟

2. 发生特点（表4.34）

表4.34 三种螟蛾发生特点

项目 \ 种类	棉卷叶野螟	竹织叶野螟	大丽菊螟
发生特点	1年发生3~6代。以幼虫在杂草或落叶下越冬。成虫昼伏夜出，有趋光性。卵块产于叶背面。初孵幼虫取食叶肉，留下表皮，3龄后吐丝卷叶成筒状，在其内取食叶片，严重时吃光叶片。有转株危害习性。幼虫老熟后在卷叶内化蛹	1年发生1代，少数2代或3代。以老熟幼虫在土茧中越冬。翌年4月下旬到5月上旬化蛹，5月中、下旬羽化。成虫有趋光性，吸食多种花蜜补充营养。卵块产于叶背，呈鱼鳞状。幼虫在6月中下旬吐丝结苞危害，在苞内取食叶肉，残留表皮及叶脉。被害竹上虫苞累累，竹叶被食尽，竹枝发黄。幼虫老熟后在疏松表土作土茧越冬	1年发生2代。以幼虫在茎秆内越冬。翌年5月中旬，成虫羽化。成虫喜在花芽或叶柄基部产卵。5月下旬，幼虫孵化后钻入茎内，钻入孔附近呈黑色。第二、三代幼虫分别在7月中、下旬和8月中、下旬发生。9月后，幼虫开始越冬

3. 防控技术

（1）秋季清理枯枝落叶及杂草，并集中烧毁，以消灭越冬虫源。

（2）利用灯光诱杀成虫。

（3）在幼虫危害期，可用人工摘虫苞，或捏杀幼虫。

（4）保护和利用自然天敌，如卵期释放赤眼蜂、幼虫期施用白僵菌等。

（5）低龄幼虫期喷 50% 辛硫磷乳油 1 200 倍液，或 50% 杀螟松乳油 1 500 倍液，或 20% 桃小灵乳剂 2 000 倍液，或敌敌畏 1 份+灭幼脲Ⅲ号 1 份稀释 1 000 倍液杀幼虫。

（十一）斑蛾类

斑蛾类害虫包括朱红毛斑蛾 *Phauda flammans* Walker、梨叶斑蛾 *Illiberis pruni* Dyar（见梨害虫）等。属鳞翅目，斑蛾科。朱红毛斑蛾以幼虫咬食海棠、贴梗海棠、山楂、苹果、梨、沙果、山荆子、榕树等植物幼芽、花蕾及嫩叶。展叶时，幼虫吐丝将嫩叶两侧边缘向正面纵包成饺子状，潜藏在叶苞中啃食叶肉，残留网状叶脉和下表皮，叶片变黑枯死。

1. 形态识别

成虫体长约 13.5 mm，体及翅红色。前翅和后翅的臀区有 1 个大深蓝色斑，胸部背面及腹部两侧红色的体毛较长，胸、腹部腹面体毛为黑色。成熟幼虫体长 17~19 mm，头小，常缩在前胸下，每体节有 4 个白色毛突，每个毛突着生 1 根棕色毛，体上能分泌出一种黏液而使其体表黏稠（图 4.60）。

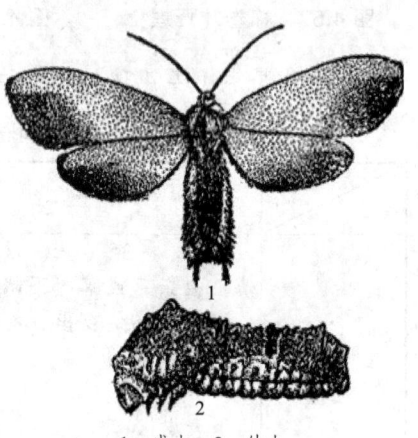

1—成虫；2—幼虫

图 4.60 朱红毛斑蛾

2. 发生特点

1 年发生 2 代。以老熟幼虫在树干基部结茧越冬。翌年 3 月中、下旬为化蛹盛期。4 月上、中旬为羽化盛期。卵块产在树冠顶部叶正面近叶尖处。初孵幼虫啃食叶表皮，随虫龄增大，将叶片吃成孔洞或缺刻。老熟幼虫沿树干下地，在树干基部附近杂草石缝或树根间隙结茧化蛹。

3. 防控技术

（1）于幼虫越冬前在树干基部束草把诱杀。

（2）生长期，人工摘除被害虫叶，捕杀幼虫。

（3）低龄幼虫期喷洒 50% 杀螟松乳油、50% 辛硫磷乳油 1 000 倍液，或 5% 氯氰菊酯乳油 1 500~2 000 倍液，或 2.5% 溴氰菊酯乳油 3 000 倍液防控。

（十二）潜叶蛾类

观赏植物常见的潜叶蛾类害虫有杨白潜叶蛾 *Leucoptera susinella* Herrich-

Schfer、柑橘潜叶蛾 *Phyllocnistis citrella* Stainton（见柑橘害虫）等。属鳞翅目，潜叶蛾科。杨白潜叶蛾以幼虫潜食杨、柳、柑橘、香樟、槐树、桃、李、杏、樱桃、碧桃等植物叶片。初孵幼虫由卵底面蛀入表皮下潜食叶肉，留下弯曲白色的虫道，导致叶片枯萎，早期脱落。

1. 形态识别

成虫体长 3～4 mm，翅展 8～9 mm。体腹面及足银白色，头顶有 1 丛竖立的银白色毛。触角银白色，其基部形成大的"眼罩"。前翅银白色，近端部有 4 条褐色纹，臀角上有 1 黑色斑纹，斑纹中间有银色凸起，缘毛前半部褐色，后半部银白色。后翅披针形，银白色，缘毛极长。成熟幼虫体长 6.5 mm，体扁平，黄白色。头部及胴部每节侧方生有长毛 3 根，前胸背板乳白色，体节明显，腹部第三节最大，后方各节逐渐缩小（图4.61）。

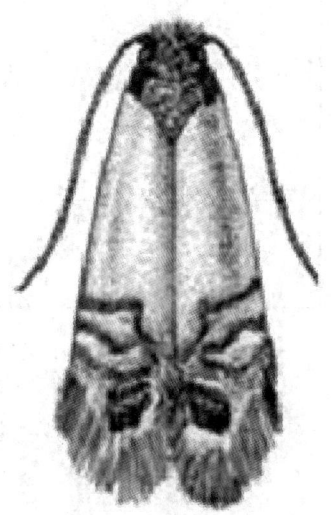

图 4.61 杨白潜叶蛾成虫

2. 发生特点

1 年发生 4 代。以蛹在树干皮缝等处的 H 形白色薄茧内越冬。成虫具趋光性。卵数粒成行产于叶面主、侧脉两边。幼虫孵出后从卵底咬孔潜蛀叶内蛀食叶肉，常有多条幼虫同时蛀食，蛀道扩大连成一片，叶面呈现大的黑斑块。老熟幼虫在叶背结茧化蛹。

3. 防控技术

（1）清除枯枝落叶，集中销毁，消灭其中的越冬蛹。

（2）灯光诱杀成虫。

（3）危害初期，喷施 25% 灭幼脲 3 号悬浮剂 2 000 倍液，或 30% 蛾螨灵悬浮剂 2 000 倍液，或 2.5% 溴氰菊酯 2 000 倍液等防控。

（十三）蛱蝶类

危害观赏植物的主要蛱蝶类害虫有赤蛱蝶 *Vanessa indica* Herbst、桂花蛱蝶 *Kironga ranga* Moore 等。属鳞翅目，蛱蝶科。以幼虫咬食菊花、牡丹、芍药、一串红、紫藤、垂柳、桂花、女贞等植物叶片，造成孔洞、缺刻，重者吃光叶片仅剩叶脉。

1. 形态识别（表4.35、图4.62、图4.63）

表4.35　两种蛱蝶形态特征

虫态＼种类	赤蛱蝶	桂花蛱蝶
成虫	体长20 mm左右，黑褐色，密被绒毛。前翅基部及后缘深褐色，中部红色近顶角外有多个小白斑。后翅深褐色，外缘红色，列生4个黑斑	雌成虫体长22~24 mm，雄成虫体长15~20 mm。头、胸和触角均为黑色，足与腹部黄灰色，前、后翅黑色。前翅边缘较平，沿外缘有3行由黄色斑点组成的纹带。后翅具有与前翅相同的斑纹，边缘为大锯齿状，近翅基处有1个椭圆形斑纹
幼虫	成熟幼虫体长32 mm左右。背面黑色，腹面黄褐色，体背有7个黑褐色枝刺	成熟幼虫体长23~27 mm，绿色至深绿色。胸足褐紫色，腹足黄褐色

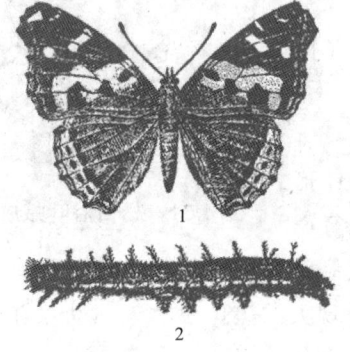

1—成虫；2—幼虫

图4.62　赤蛱蝶

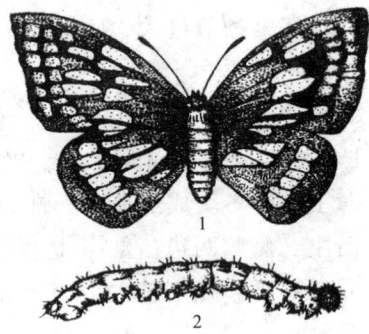

1—成虫；2—幼虫

图4.63　桂花蛱蝶

2. 发生特点（表4.36）

表4.36　两种蛱蝶发生特点

项目＼种类	赤蛱蝶	桂花蛱蝶
发生特点	1年发生2代，世代重叠。以成虫在杂草中、落叶下等处越冬。成虫白天活动，喜食花蜜。卵散产于嫩叶面。初孵幼虫吐丝结网，卷叶危害嫩叶。幼虫老熟后，吐丝倒悬虫体，再蜕皮化蛹	1年发生5代。以幼虫在寄主叶片上越冬。翌年3月下旬至4月中旬，越冬幼虫化蛹。4月中、下旬成虫羽化。初孵幼虫取食叶片尖端成缺刻状，随即在叶片主脉尖端用丝缠绕粪粒连成1根小棒，取食后伏在小棒上。幼虫老熟后，倒悬在叶面化蛹

3. 防控技术

（1）清除枯枝落叶或刮除树干翘皮集中处理，减少虫源。

（2）人工捕杀受害植株上的幼虫和蛹。

（3）保护利用自然天敌，如茧蜂、金小蜂等。

（4）在低龄幼虫期用20%速灭杀丁乳油3 000~3 500倍液，或10%天王星乳油4 000倍液，或Bt乳剂500倍液喷雾防控。

（十四）凤蝶类

危害观赏植物常见的凤蝶类害虫有樟青凤蝶 *Raphium sarpedon* Linnaeue、柑橘凤蝶 *Papilio xuthus* Linnaeus（见柑橘害虫）等。属鳞翅目，凤蝶科。樟青凤蝶幼虫咬食香樟、九里香、柑橘、金橘、佛手、花椒、荔枝、柚、柠檬、菠萝等植物。幼虫咬食植物叶片，造成缺刻，甚至吃光叶片，仅留叶柄。

1. 形态识别

成虫体长21~28 mm，体、翅黑色。前、后翅中央有由1纵列方形、透明的淡绿色斑纹组成的宽带，后翅外缘有4个月牙形淡绿色斑，反面有红斑。成熟幼虫体长40~45 mm，青绿色。后胸中部有1条黄色横隆线，腹末有1对小突起（图4.64）。

2. 发生特点

1年发生3~6代。以蛹在叶背或枝干等处越冬。成虫白天活动，并取食花蜜。卵散产于叶背或芽上。初孵幼虫取食卵壳，后咬食叶片成缺刻，甚至吃光叶片及新梢。幼虫老熟后，在叶背或枝干等处化蛹。

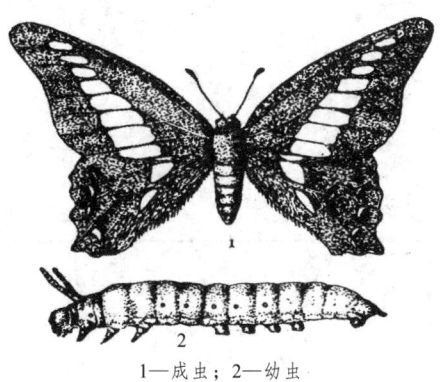

1—成虫；2—幼虫

图4.64 樟青凤蝶

3. 防控技术

（1）清除枯枝落叶集中处理，减少虫源。

（2）人工捕杀受害植株上的幼虫和蛹。

（3）保护和利用自然天敌，如茧蜂、金小蜂等。

（4）在低龄幼虫期用40.7%乐斯本乳油1 000~2 000倍液，或Bt乳剂500倍液喷雾防控。

（十五）灰蝶类

灰蝶类害虫主要有苏铁小灰蝶 Chilades pandava、曲纹紫灰蝶 Chilades

pandava（Horsfield）等。属鳞翅目，灰蝶科。以幼虫危害苏铁、栀子、红花菜豆、小冠花及其他豆科花卉。低龄幼虫咬食叶肉，残留上表皮，稍大咬食叶片成缺刻，严重时把整个叶片吃光，只剩叶柄和主脉。有时也危害幼嫩荚果，或啃食嫩茎表皮。

1. 形态识别（表 4.37、图 4.65）

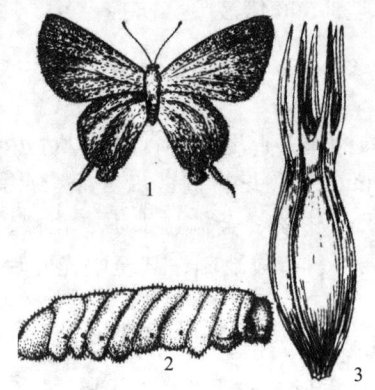

1—成虫；2—幼虫；3—危害状

图 4.65　苏铁小灰蝶

表 4.37　两种灰蝶形态特征

虫态\种类	苏铁小灰蝶	曲纹紫灰蝶
成虫	体长 9~11 mm。雄虫翅面青蓝色，具青色闪光，缘带黑色，缘毛白色，后翅具一列黑色圆点与外缘带混合。雌虫翅棕褐色	雄虫体长 9~12 mm，雌虫略大。雄虫翅面蓝紫色，有金属光泽，亚外缘带由一列黑褐色斑点构成，后翅亚外缘具 1 列斑点及 1 条波状纹，外横斑列连成 1 条波状曲纹。雌虫翅面黑褐色，具青蓝色金属光泽，后翅亚外缘具 1 列围有细白边的黑斑构成
幼虫	成熟幼虫体长 9~13 mm，头黑褐色，胴部绿色，背线色深	成熟幼虫体长 10~14 mm，体扁椭圆形。头小内缩，胴部有青黄、紫红、棕黄色，有纵条纹。第 7 腹节背面中央有蜜腺孔，第 8 腹节背面有 1 对白色的翻缩腺

2. 发生特点（表 4.38）

表 4.38　两种灰蝶发生特点

项目＼种类	小灰蝶	曲纹紫灰蝶
发生特点	1年发生5代。以蛹在土壤中越冬，翌年3月下旬羽化为成虫，成虫把卵散产在植物叶片上。9月下旬老熟幼虫入土化蛹	1年发生6~7代。以幼虫或蛹在鳞片叶的缝隙间越冬。成虫白天活动。卵散产在苏铁小叶背面。初孵幼虫在卷曲的小叶内啃食叶肉，残留表皮。3龄以后咬食叶片成缺刻，甚至吃光嫩叶。老熟幼虫在鳞片叶间化蛹

3. 防控技术

（1）秋冬季清除老黄枯叶，深翻灭蛹。

（2）幼虫孵化初期用 25% 灭幼脲悬浮剂 500~600 倍液，或 20% 氰戊菊酯乳油 2 000 倍液，或 21% 灭杀毙乳油 1 500 倍液，或 20% 菊杀乳油 2 000 倍液，或 40% 敌马合剂乳油 3 000 倍液喷雾。

（十六）叶甲类

危害观赏植物的叶甲类害虫有杨叶甲 *Chrysomela populi* Linnaeus、柑橘台龟甲 *Taiwania obtusata*（Boheman）等。属鞘翅目，叶甲科。成虫和幼虫均咬食牡丹、芍药、紫藤、美人蕉、菊花、榆树、地锦、黄荆、鸡冠花、风仙花、穗冠花、杨、柳、柑橘、葡萄等植物叶片，造成孔洞缺刻，甚至吃光叶片，仅留叶脉。

1. 形态识别（表 4.39、图 4.66、图 4.67）

表 4.39　两种叶甲形态特征

虫态＼种类	杨叶甲	柑橘台龟甲
成虫	体长 10~15 mm，近椭圆形，体蓝黑色，有金属光泽。前胸背板蓝紫色，鞘翅红色，近翅基四分之一处略收缩，末端圆钝	体长 4.0~4.5 mm，卵圆形或近圆形，有金属光泽。前胸背板及鞘翅边缘均为乳黄色，具点刻。鞘翅顶端常有瘤状突，中部密布圆形凹陷
幼虫	成熟幼虫体长 17 mm，橘黄色，头部黑色。前胸背板有 W 形黑色纹，其余各节背面有 2 列黑点。第 2、3 节两侧各有 1 个黑色刺状突起，以后各节侧面黑色瘤状突起，但较扁平	成熟幼虫体长 4.5~6.0 mm，乳黄色，体侧及腹末有长棘刺

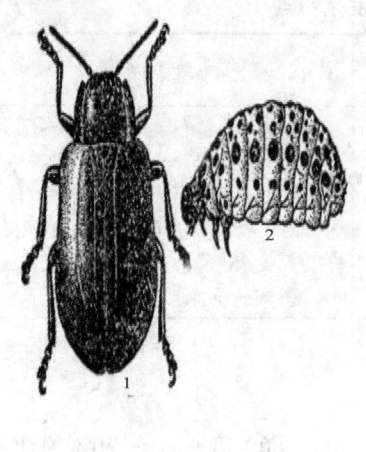

1—成虫；2—幼虫

图 4.66　杨叶甲

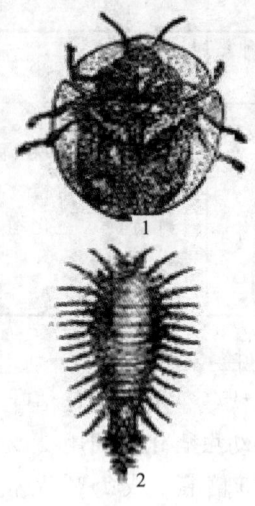

1—成虫；2—幼虫

图 4.67　柑橘台龟甲

2. 发生特点（表 4.40）

表 4.40　两种叶甲发生特点

虫态 \ 种类	杨叶甲	柑橘台龟甲
发生特点	1 年发生 1～2 代。以成虫在落叶杂草或浅土层中越冬。翌年 4 月，寄主发芽后开始上树取食。卵块产于叶背或嫩枝叶柄处。初龄幼虫有群集习性，2 龄后开始分散取食，取食叶缘呈缺刻状。幼虫老熟后，附着于叶背悬垂化蛹	发生世代数及越冬习性不详。以成虫、幼虫取食叶片。初期取食叶肉，仅剩表皮，使叶片成许多小白斑。后期白斑处形成穿孔，造成许多孔洞，影响观赏价值。幼虫常群集叶面，成虫活泼，苗期受害较重

3. 防控技术

（1）清除枯枝落叶集中处理，消灭虫源。

（2）翻地灭蛹。

（3）人工振落或摘除被害虫叶，杀灭成虫和幼虫。

（4）在低龄幼虫期用 5% 氯氰菊酯乳油 3 000 倍液，或 20% 菊杀乳油 2 000 倍液，或 2.5% 溴氰菊酯乳油 2 000～4 000 倍液喷雾防控。

（十七）叶蜂类

常见的叶蜂类害虫包括月季叶蜂和杜鹃叶蜂。月季叶蜂 *Arge pagana* Panzer，又名玫瑰三节叶蜂、蔷薇叶蜂、黄腹蜂，属膜翅目，叶蜂科。危害月季、蔷薇、玫瑰、十姊妹、黄刺玫、粉团蔷薇等植物。杜鹃叶蜂 *Arge similis* Vollenhoven，属膜翅目、三节叶蜂科。危害杜鹃、五月红、石榴红等植物。叶蜂均以幼虫咬食花木的叶片，造成缺刻。虫口密度大时，数十头幼虫群集在叶片上取食，将叶片吃光，仅留下粗大的叶脉。

1. 形态识别（表 4.41、图 4.68、图 4.69）

表 4.41　两种叶蜂形态特征

虫态 \ 种类	月季叶蜂	杜鹃叶蜂
成虫	成虫体长 7.5 mm 左右，头、胸、足蓝黑色，有光泽。中胸背面具 X 型凹陷。翅蓝褐色，半透明；腹部橙黄色，背中央有舌状黑斑	体长 7～10 mm 左右，蓝黑色，有光泽。胸背弓起，有倒箭头斑纹和一横纹。翅淡褐色，密布褐色短毛
幼虫	成熟幼虫体长 20 mm 左右，黄褐色，胴部各节有 3 条黑色横点线，上生短毛。胸足 3 对，腹部第五、第九节和臀节上各着生有 1 对腹足	成熟幼虫体长 17～19 mm，淡绿色。体表有瘤状突起和长毛

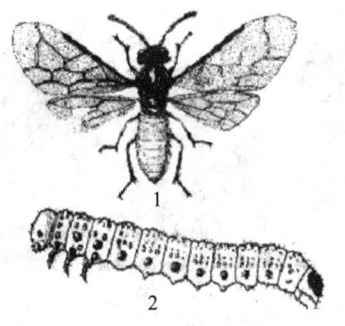

1—成虫；2—幼虫

图 4.68　月季叶蜂

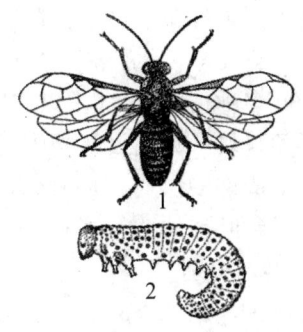

1—成虫；2—幼虫

图 4.69　杜鹃叶蜂

2. 发生特点（表 4.42）

表 4.42　两种叶蜂发生特点

项目＼种类	月季叶蜂	杜鹃叶蜂
发生特点	1 年发生 2 代。以幼虫在土中作茧越冬。翌年 5~6 月羽化，用产卵管在月季新梢基部刺成纵向裂口，在其中产卵 2~3 粒。孵化后，新梢就完全破裂变黑并折断。幼虫有自相残杀和迁移危害习性。老熟后入土结茧化蛹	1 年发生 3 代，世代重叠。以老熟成虫在浅土层或落叶中结茧越冬。翌年 4 月化蛹和羽化，羽化后即交配、产卵。卵散产于叶背表皮下。幼虫蚕食叶片，发生量大时，食光叶片。初孵幼虫吐丝结网，卷叶危害嫩叶。幼虫老熟后，在落叶下或土壤中结茧化蛹

3. 防控技术

（1）冬季结合冬耕，消除土中越冬幼虫，或清除残株落叶，集中处理，减少虫源。

（2）人工捕杀幼虫。

（3）保护和利用自然天敌。

（4）在低龄幼虫期用 50% 杀螟松乳油，或 40% 乐斯本乳油 1 500 倍液，或 20% 杀灭菊酯乳油 2 000 倍液防控。

（十八）潜叶蝇类

潜蝇类害虫主要有菊花潜叶蝇 Phytomyza syngenesiae Hardy、美洲斑潜蝇 Liriomyza sativae Blanchard（见蔬菜害虫）等。属于双翅目，潜蝇科。菊花潜叶蝇以幼虫危害红花羊蹄甲、牵牛花、双色茉莉、香石竹、美人蕉、大丽花、菊花、非洲菊、香豌豆等 100 多种植物。雌成虫以产卵器刺破叶组织产卵，而且雌、雄成虫都要从刺破口吸食汁液，在叶上形成许多白点。幼虫潜食叶肉，形成弯曲虫道，导致叶片枯黄，早期脱落。

1. 形态识别

雌成虫体长 2~3 mm，雄成虫较小，体暗灰色，体上被稀疏刚毛，前翅透明，有紫色闪光。成熟幼虫体长 2.5 mm，圆筒形、蛆状，黄白色或鲜黄色（图 4.70）。

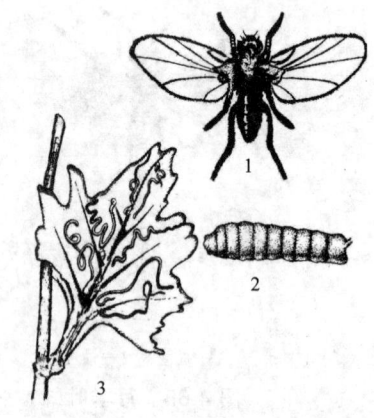

1—成虫；2—幼虫；3—危害状

图 4.70　菊花潜叶蝇

2. 发生特点

在南方一年可发生 10 多代。以蛹在虫道内越冬。4～5 月发生较多，危害较重，夏季发生少，秋季又有发生，但数量不多。成虫白天活动，取食、交尾、把散卵产在叶缘组织内。幼虫潜食叶肉，老叶先受害，严重时 1 叶上有数十条潜道造成全叶枯黄。老熟幼虫在隧道末端化蛹。

3. 防控技术

（1）及时摘除被害叶片，集中销毁。

（2）在卵孵化高峰期喷洒 73% 潜克可湿性粉剂 2 500～3 000 倍液，或 10% 赛波凯乳油 3 000 倍液等药剂。

（十九）蝗虫类

蝗虫类害虫，又名蚱蜢，包括短额负蝗和东亚飞蝗等。短额负蝗 *Atractomorpha sinensis* Bolivar，属直翅目，尖蝗科；东亚飞蝗 *Locusta migratoria* manilensis（Meyen）等，属直翅目，蝗科。成虫和若虫咬食菊花、茉莉、月季、扶桑、蔷薇、佛手、黄杨、鸢尾、一串红、凤仙花、唐菖蒲、鸡冠花、大丽花、长春花、羽衣甘蓝、百日草、珊瑚、芦苇、竹子、柑橘等多种叶片，造成缺刻，甚至吃光叶片，仅剩枝干。

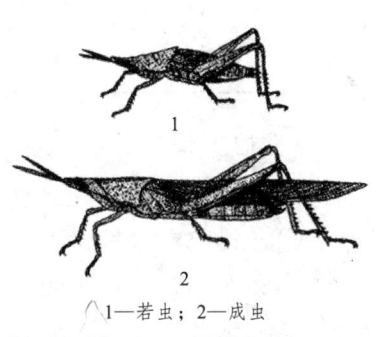

1—若虫；2—成虫

图 4.71 短额负蝗

1. 形态识别（表 4.43、图 4.71）

表 4.43 两种蝗虫形态特征

虫态 \ 种类	短额负蝗	东亚飞蝗
成虫	体长 30 mm 左右。淡黄褐色。头部锥形，前翅绿色。后翅基部红色，端部绿色	雄虫体长 33～48 mm，雌虫体长 39～52 mm。体黄褐色或绿色。复眼后有淡色条纹。前翅发达，常超过后足胫节的中部，具有光泽和暗色斑纹。后翅较宽，折叠于前翅之下，色淡透明，后足腿节上侧隆线细齿明显，后足胫节常为橘红色
若虫	似成虫，体小，只有翅芽，称跳蝻	与成虫相似。经 5 次蜕皮变为成虫

2. 发生特点（表4.44）

表4.44　两种蝗虫发生特点

项目＼种类	短额负蝗	东亚飞蝗
发生特点	1年发生2代。以卵在土壤中越冬。成虫取食叶片，卵散产于土壤中。初孵若虫群集于叶背啃食叶肉，呈网状，稍大后分散危害，食叶成孔洞或缺刻，甚至吃光叶片	1年发生1代。以卵在土中越冬。密度小时为散居型，密度大了以后，个体间相互接触，可逐渐聚集成群居型。群居型飞蝗有远距离迁飞习性

3. 防控技术

（1）人工捕杀若虫。

（2）植树造林，绿化环境，改善蝗区小气候，减少蝗虫产卵繁殖的适生场所。

（3）在低龄若虫期用50%杀螟松乳剂1 000倍液，或20%菊杀乳油2 000倍液，或25%敌马乳油3 000倍液喷雾。

（二十）软体动物类

危害观赏植物的软体动物包括蜗牛类和蛞蝓类。常见种类有灰巴蜗牛 *Bradybaena ravida* Benson、同型巴蜗牛 *Bradybaena similaris*（Ferussac），属柄眼目，蜗牛科。双线嗜粒液蛞蝓 *Phiolomycus bilineatus*、野蛞蝓 *Agriolimax agrestis*，属柄眼目，蛞蝓科。

软体动物可危害芍药、牡丹、兰花、菊花、梅花、桂花、鸢尾、栀子、月季、菖兰、唐菖蒲、一串红、水芋等花卉及十字花科、茄科、豆科蔬菜。成虫和幼虫以齿舌式口器刮取植物叶、茎、幼苗，形成缺刻和孔洞，严重时造成缺苗断垄。并排泄黑色粪便，污染植物。其所爬之处留下银色痕迹，影响光合作用，降低观赏价值。

1. 形态识别（表4.45、图4.72、图4.73）

表4.45 四种软体动物形态特征

虫态\种类	灰巴蜗牛	同型巴蜗牛	双线嗜粘液蛞蝓	野蛞蝓
成体	体长约20 mm，有2对触角，后触角较长，其顶端有黑色眼睛。贝壳近圆球形，黄褐色，并有密生的生长线与螺纹	体色灰白，长约35 mm。贝壳中等大小，壳质坚硬厚实，有5~6个螺层。螺体头上具3对触角，上方1对长，眼着生其顶端，下方1对短小。头部前下方着生口器。腹部腹面有扁平的足	体长35~37 mm。成体裸露，柔软而无外壳。体前端较宽，后端狭长。灰白色或黄褐色。	体长20~25 mm，肉体外露，柔软而无硬壳，灰褐色，体背前端有套膜。头部有触角2对，后触角较长，顶端有眼
幼体	幼贝浅褐色，形似成贝	幼贝形态与成贝相似，但体较小	幼体较小，与成体相似	幼体淡褐色，与成体相似

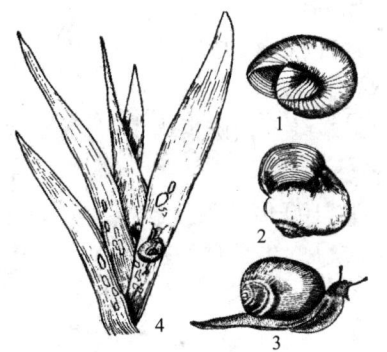

1~2—螺壳；3—成螺；4—危害状
图4.72 灰巴蜗牛

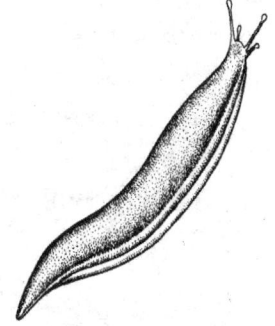

图4.73 双线嗜粘液蛞蝓成体

2. 发生特点（表 4.46）

表 4.46　四种软体动物发生特点

项目＼种类	灰巴蜗牛	同型巴蜗牛	双线嗜粘液蛞蝓	野蛞蝓
发生特点	1年发生1代。以成贝和幼贝在落叶下或浅土层中越冬。3月开始活动。白天躲避在草丛或土缝中，傍晚出土危害。冬季低温和夏季高温条件下休眠，环境条件适宜时便活动危害。雌雄同体，异体受精。卵块产于植物根部附近土壤中，一般10～20粒黏在一起。初孵幼贝群集危害，以后分散危害	每年繁殖1代，多在4～5月间产卵，每个成贝可产卵30～235粒。成贝或幼贝在作物的秸秆堆下或冬作物根际土壤中越冬。生活于潮湿的草丛和灌木丛中。初孵幼贝取食嫩叶叶肉，留下表皮，稍大则用齿舌将叶、茎磨成孔洞或咬断	以幼体和成体在植株根际附近土层中越冬。翌年3月上旬开始活动，幼体变为成体，交尾产卵。4～5月，危害最盛。以成、幼体食害种芽、幼嫩叶片。被害叶片成孔洞、缺刻，被害的茎、叶和花常留下1条银白色发亮的印迹	1年发生1～2代。以幼体和成体在植物根部附近土壤中越冬。翌年3月开始活动，4月越冬的幼体变为成体。雌雄同体，但一般异体受精。卵成串产于土缝中或叶面上。喜在潮湿、阴暗地方生活。白天隐蔽，夜间取食和繁殖。其耐饥性很强，成体在适宜条件下，可活1～3年。一般以5～6月危害严重

3. 防控技术

（1）加强田间管理，发现蜗牛、蛞蝓及时清除。

（2）及时清除田间杂草，以恶化蜗牛、蛞蝓栖息场所。

（3）在植株周围撒生石灰，防蜗牛、蛞蝓。

（4）4～5月危害盛期，田间堆放菜叶或鲜嫩杂草，诱集蜗牛、蛞蝓，然后集中杀死。

（5）危害盛期的傍晚用3%石灰水，或氨水100倍液喷杀。

（6）发生初期使用8%灭蜗灵颗粒剂，或5%蜗牛敌颗粒剂撒施。

二、吸汁性害虫

观赏植物吸汁类害虫多聚集危害树木或花卉的嫩梢、枝、叶、果等部位。成虫或若虫以刺吸式口器吸取植物营养，造成枝、叶枯萎，甚至整株枯死。由于刺吸式口器害虫的危害，还给某些病原菌侵害创造了有利条件，致使植物发病。而这些害虫还有可能是病毒病等病害传播的媒介。

这类害虫多因个体小，发生初期往往被害状不明显，而被人们所忽视。但这类害虫繁殖力强，扩散蔓延快，在防控时如果不抓住有利时机，采取绿色防控的方法，很难达到防控效果。

观赏植物吸汁类害虫可分为两大类，一是昆虫纲中同翅目、半翅目、缨翅目的一些昆虫，如蚧类、蚜虫类、叶蝉、木虱、蓟马、网蝽类等；二是蜘蛛纲中蜱螨目叶螨总科的各种螨类。

（一）蚧类

蚧类是观赏植物重要的吸汁害虫，分布广泛。除柑橘害虫部分已提及的外，常见的有：草履蚧 *Drosichacor pulenta* Kuwana，属同翅目，蛛蚧科，危害玫瑰、蜡梅、月季、樱花、海棠、扶桑、玉兰、大丽花、苹果、板栗、柿等植物；龟蜡蚧 *Ceroplastes japonicus* Green，属同翅目，蜡蚧科，危害含笑、梅花、玉兰、海棠、月季、桂花、紫薇、紫荆、牡丹、蔷薇、剑兰、石榴、无花果、柑橘等41科150多种植物；月季白轮盾蚧 *Aulacaspis rosarum* Borchsenius，属同翅目，盾蚧科，危害月季、蔷薇、玫瑰、米兰、苏铁、桂花、海棠、南天竹、九里香、柑橘等植物；仙人球白盾蚧 *Diaspis echinocacti*，属同翅目，盾蚧科，主要危害仙人球、仙人掌、令箭荷花、昙花、蟹爪兰、六棱柱等植物。成虫、若虫吸食寄主肉质茎中汁液，使受害处变白，被害植株生长发育受到抑制，同时还会感染其他病菌，导致肉质茎部分或全部腐烂。

1. 形态识别（表 4.47、图 4.74～图 4.77）

表 4.47　四种蚧类形态特征

虫态＼种类	草履蚧	龟蜡蚧	月季白轮盾蚧	仙人球白盾蚧
成虫	雌虫体长 8 mm 左右，扁椭圆，紫褐色。体背有纵横皱褶，形似草鞋，体被蜡粉。雄成虫紫红色，翅灰黑色	雌虫体长 4 mm 左右，红褐色。蚧壳灰白色，上部隆起呈龟甲状。雄虫体长 1 mm 左右，棕褐色。具 1 对无色透明翅	雌虫体长 1.2 mm 左右，紫红色。蚧壳近圆形，灰白色，有 3 条纵脊	雌虫体圆形或梨形，前端宽圆，后端略尖。体黄色，长 1.2 mm，腹节侧缘有明显的瓣状突起。雌介壳近圆形，直径 2～2.5 mm。白色，不透明，有时稍带黄色，腹面有一层薄膜，紧贴于植物上
若虫	若虫灰褐色，形似雌虫	若虫体被白色蜡质物，周围有12个三角形蜡芒	2 龄若虫扁椭圆形，橙红色	成熟若虫体卵形，淡黄色。头、胸部发达，向腹末逐渐细小，腹部分节明显

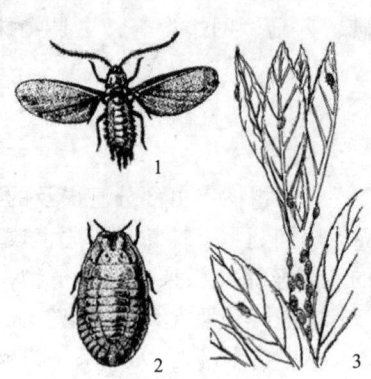

1—雄虫；2—雌虫；3—危害状

图 4.74 草履蚧

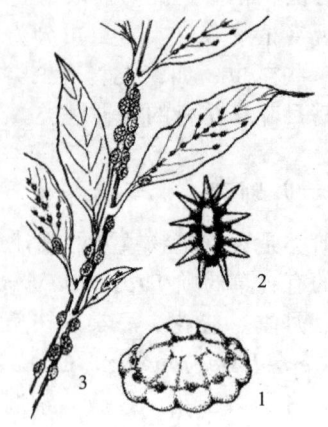

1—雌介壳；2—若虫介壳；3—危害状

图 4.75 龟蜡蚧

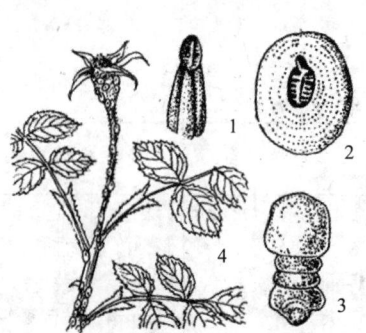

1—雄介壳；2—雌介壳；
3—雌成虫；4—危害状

图 4.76 月季白轮盾蚧

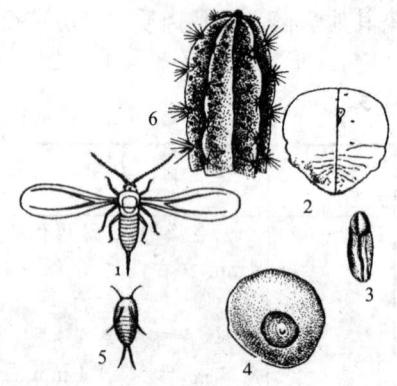

1—雄虫；2—雌虫；3—雄介壳；4—雌介壳；5—若虫；6—危害状

图 4.77 仙人球白盾蚧

2. 发生特点（表 4.48）

表 4.48　四种蚧类发生特点

种类 项目	草履蚧	龟蜡蚧	月季白轮盾蚧	仙人球白盾蚧
发生特点	1 年发生 1~4 代。以若虫或卵在枯叶下或表土层中越冬。次春卵孵化或若虫出蛰后，沿树干向上爬至嫩芽、嫩梢、嫩叶、树干上吸汁危害，导致枝枯、叶落。一般 3 月上中旬是若虫上树盛期，5 月上中旬是成虫交配盛期，5 月下旬雌虫产卵越夏	1 年发生 1 代。以受精雌成虫在寄主上越冬，次年 6 月上中旬为产卵盛期，卵产于母体下。6 月中下旬至 7 月中旬孵化为若虫。初孵若虫爬至叶片上吸取汁液，逐渐分泌蜡质物形成蜡芒。9 月上旬受精，雄虫羽化交尾后死亡，雌虫 10 月下旬越冬	1 年发生 1~3 代，世代重叠。以受精雌虫在寄主上越冬。一年 3 代地区若虫孵化期分别为 5 月中下旬，7 月中下旬，9 月中下旬。雌虫产卵于蚧壳下。初孵若虫自母体下爬出，经过一段时间后，固定刺吸危害。成若虫有群集危害习性，以中下部枝干上数量大	1 年发生 2~3 代。以雌成虫越冬。次年 5、7、10 月均见有若虫孵化和危害。虫口多分布于植株的中、上部。该虫食性比较专化，寄生在仙人掌科植物上，发生严重时，茎和叶片表面布满白色介壳，使植株生长衰弱，被害部呈黄白色

3. 防控技术

（1）冬季剪除被害枝叶，集中处理，减少虫源。

（2）人工抹杀雌虫和若虫。

（3）保护和利用自然天敌。介壳虫天敌种类十分丰富。在天敌较多时，不使用药剂或尽可能不使用广谱性杀虫剂；在天敌较少时，进行人工助迁或人工饲养繁殖，发挥天敌的自然控制作用。

（4）在第一代若虫孵化高峰期，用 25% 优乐得可湿性粉剂 1 500~2 000 倍液，或 20% 吡虫啉可湿性粉剂 1 000 倍液，或 40% 速扑杀乳油 1 000~2 000 倍液喷雾防控。冬季或早春用 3~5 波美度石硫合剂，或 16~18 倍松脂合剂，或 20~25 倍机油乳剂喷雾防控。

此外，近年来利用高分子膜混合喷雾，可以提高杀虫效果。高分子膜喷洒在植株上后，形成一层薄膜，使虫体呼吸困难，窒息死亡。

（二）蚜虫类

蚜虫类害虫种类很多，主要有桃蚜（又名烟蚜）*Myzus persicae* Sulzer（见蔬菜害虫），棉蚜 *Aphis gossypii* Glover，月季长管蚜 *Macrosiphum rosivorum* Zhang，绣线菊蚜 *Aphis citricola vander* Goot 等。属同翅目，蚜科。成虫和若虫群集于菊花、兰花、一串红、三色堇、仙客来、六月雪、大丽花、香石竹、鸡冠花、郁金香、美人蕉、报春花、绣线菊、牡丹、芍药、紫荆、百合、茉莉、芙蓉、扶桑、木槿、梅花、茶花、锦葵、玫瑰、月季、白兰、玫瑰、梅花、七里香、海棠、含笑、樱花、玉兰、女贞、桑等植物嫩梢、幼叶背面吸食汁液，被害叶卷缩，嫩梢扭曲，影响开花。严重时可造成叶片枯黄，枝梢枯死。还传播多种植物病毒病。

1. 形态识别（表 4.49、图 4.78 ~ 图 4.80）

表 4.49　三种蚜虫形态特征

虫态 \ 种类	棉蚜	月季长管蚜	绣线菊蚜
有翅胎生雌蚜	体长 2 mm 左右，前胸背板黑色，春秋为蓝黑色	体长 3.5 mm 左右，草绿色，第 8 腹节有宽横斑，尾片有曲毛 9~11 根	头部黑色，腹部黄绿色，腹管、尾片黑色
无翅胎生雌蚜	体长 1.5~1.8 mm，夏季黄绿色，春季黄褐色或深绿色，体被蜡粉	体长 4 mm 左右，黄绿色，有时橘红色。腹管长圆柱形，端部有瓦纹，尾片较长，圆锥形，有 7~9 根曲毛	体长 1.7 mm 左右，体黄或黄绿色，腹管与尾片灰黑色。尾片圆锥形，有 7~9 根长毛
若虫	体卵圆形，黄绿色	似无翅雌蚜	似无翅雌蚜

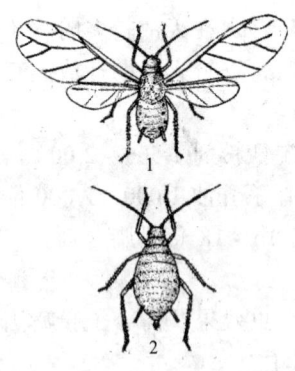

1—有翅雌蚜；2—无翅雌蚜

图 4.78　棉蚜

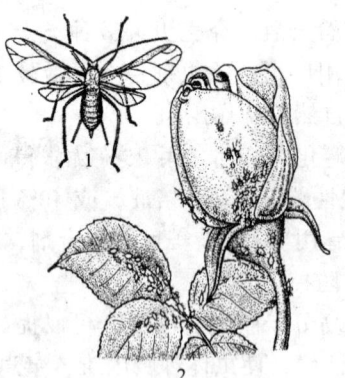

1—有翅雌蚜；2—危害状

图 4.79　月季长管蚜

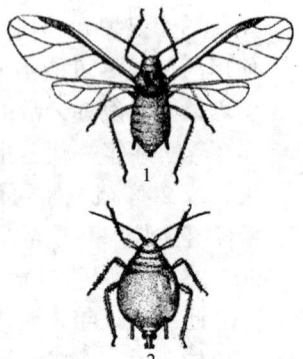

1—有翅雌蚜；2—无翅雌蚜

图 4.80　绣线菊蚜

2. 发生特点（表 4.50）

表 4.50　三种蚜虫发生特点

项目 \ 种类	棉蚜	月季长管蚜	绣线菊蚜
发生特点	1年发生20代左右。以卵在木槿、石榴等枝条上越冬。次春3月上中旬，越冬卵孵化，危害嫩梢。4月下旬至6月下旬为发生盛期，并产生有翅蚜群集于叶背、花蕾等处吸取汁液，使叶片皱缩卷曲，变黄，脱落，并分泌蜜露，诱发煤污病。7月迁至菊花、扶桑、棉花等植物上危害。10月又迁回木槿等木本花卉上危害，并交尾产卵越冬	1年发生10~20代。以成蚜和若蚜在寄主上越冬。次春月季萌芽后，成、若蚜开始活动，取食嫩梢、嫩叶和花蕾，并繁殖。经2~3代后产生有翅蚜，蚜虫数量明显上升，5月中旬出现第一次繁殖高峰，7~8月气温升高，虫口密度下降，9~10月出现第二次繁殖高峰。每年以5~6月、9~10月发生量大，危害最严重。晚秋后，以无翅胎生雌蚜或若蚜在月季等腋芽处越冬	1年发生10代左右。以卵在树皮裂缝、腋芽等处越冬。次年3月花木萌发时，越冬卵孵化，先在越冬寄主上危害，被害叶片向下卷曲或横向卷缩。4~5月产生有翅蚜，迁移至绣线菊等草本植物上繁殖危害，夏末秋初产生有翅蚜，迁移到木本花卉上繁殖危害。10月中旬产生性蚜交配后产卵越冬

3. 防控技术

（1）保护和利用自然天敌，如多种瓢虫、草蛉、食蚜蝇、蝇茧蜂、蚜霉等。

（2）剪除被害严重的嫩梢集中处理，减少虫源。

（3）有翅蚜虫发生时采用黄板诱杀。

（4）发生初期用1.2%烟参碱乳油1 000倍液，或10%吡虫啉3 000~4 000倍液，或50%抗蚜威可湿性粉剂1 500倍液等喷雾防控。冬季施用3~5波美度石硫合剂消灭越冬卵。

（三）粉虱类

粉虱类害虫主要有温室白粉虱 *Trialeurodes vaporariorum* （Westwood）（见蔬菜害虫）和黑刺粉虱 *Aleurocanthus spiniferus* Quaintance 等。属同翅目，粉虱科。黑刺粉虱成虫和若虫主要在牡丹、芍药、米兰、月季、兰花、腊梅、山茶、榕树、樟树、蔷薇、玫瑰、丁香、桂花、九里香、扶桑、菊花、杜鹃、羽衣甘蓝、大丽花、倒挂金钟、虞美人、柑橘、葡萄、枇杷、桃等多种植物叶上吸取汁液，被害叶片褪绿变黄，甚至全株枯死。还可诱发煤污病，降低观赏价值。

1. 形态识别

雌虫体长 1.2 mm 左右，雄虫体长 1 mm 左右，橙黄色，体表有白粉，前翅紫褐色，有 7 个白斑，后翅小，淡紫褐色。成熟若虫体深黑色，扁圆形，体背有 14 对刺毛，体躯周围有 1 圈白色蜡质物（图 4.81）。

2. 发生特点

1 年发生 4～5 代，世代重叠。以大龄若虫在叶背面越冬。次年 3 月化蛹，4 月上中旬羽化。成虫白天活动，卵聚产于叶背面。初孵若虫能短距离爬行，然后固定取食，有群集危害习性。严重时，每张叶片上有数百头若虫，并排泄蜜露，导致枝、叶发黑，枯死脱落。

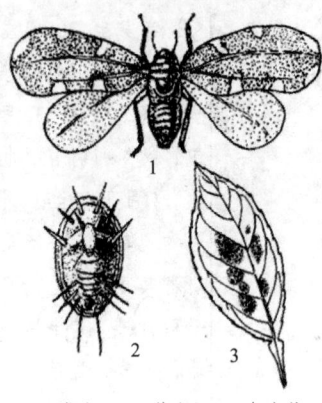

1—成虫；2—若虫；3—危害状

图 4.81 黑刺粉虱

3. 防控技术

（1）及时摘除带虫枝叶，剪除虫枝，集中处理，减少虫源。

（2）用黄板诱杀成虫或用银灰色膜驱虫。

（3）保护和利用自然天敌，如刺粉虱黑蜂、蚜小蜂、瓢虫、草蛉等。

（4）在低龄若虫期用 20% 扑虱灵可湿性粉剂 1 500 倍液，或 10% 吡虫啉可溶性粉剂 1 000 倍液等喷雾防控。在保护地可用 80% 敌敌畏乳油熏蒸。

（四）叶蝉类

危害观赏植物的叶蝉类害虫主要有大青叶蝉 Cicadella viridis（Linnaeus）、小绿叶蝉 Empoasca flavescens（Fabricius）等。属同翅目，叶蝉科。分布于全国各地。成虫和若虫以刺吸式口器吸取杜鹃、梅花、菊花、月季、山茶、海棠、丁香、樱花、木芙蓉、桧柏、杨、柳、刺槐、米兰、山楂、榆、石榴、柑橘、苹果、梨、杏、梅、李、葡萄、核桃、枣、桃、等植物的嫩叶、枝干、果实或根部汁液，造成嫩叶变色、穿孔或破裂，提前枯死脱落。有的成虫产卵于 1 年生嫩梢内，产卵部以上枝梢枯死。能传播病毒病，还可诱发煤污病，影响光合作用，使植株生长衰弱。

1. 形态识别（表 4.51、图 4.82、图 4.83）

表 4.51　两种叶蝉形态特征

虫态 \ 种类	大青叶蝉	小绿叶蝉
成虫	体长 10 mm 左右，头黄绿色，三角形，顶部有两个黑斑。前翅青绿色，后翅烟黑色，前胸前缘黄绿色，后部青绿色	体长 3～4 mm，绿色或黄绿色。头略呈三角形，复眼灰褐色，无单眼。前胸背板淡鲜绿色，两者与头部常具白色斑点。前翅绿色，半透明，后翅无色透明
若虫	大龄若虫似成虫，黄绿色，有翅芽，体背有褐色纵纹	若虫体长 2.2 mm，草绿色，具翅芽

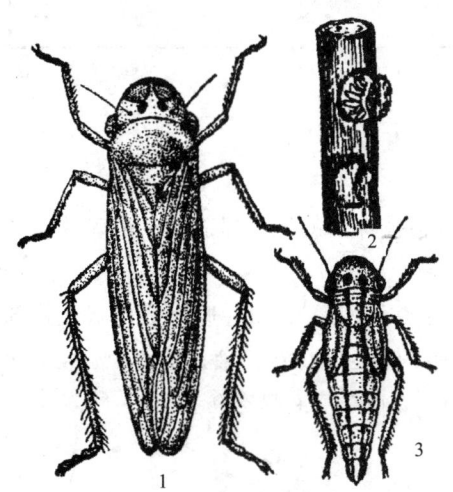

1—成虫；2—卵块；3—若虫

图 4.82　大青叶蝉

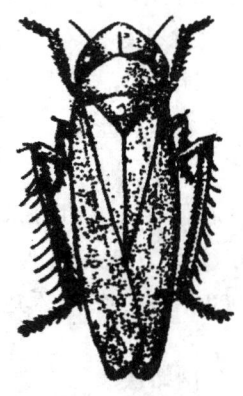

图 4.83　小绿叶蝉成虫

2. 发生特点（表 4.52）

表 4.52　两种叶蝉发生特点

种类 项目	大青叶蝉	小绿叶蝉
发生特点	1年发生3~5代，世代重叠。以卵在嫩枝条的皮层内越冬。次年4月越冬卵孵化。初孵若虫群集危害，稍大后，渐迁至禾本科植物上繁殖危害。10月成虫开始迁至花木上产卵越冬。成虫趋光性强。卵块产于嫩枝或叶片主脉及茎杆组织内。成、若虫群集嫩叶背面危害。初期出现白色小点，严重时枯死脱落。枝干被害形成伤疤，导致失水枯死	发生世代数因地而异，江苏、浙江1年9~11代，广东12~13代。有世代重叠现象。以成虫在杂草丛中或树皮缝内越冬。在杭州，越冬成虫于3月中旬开始活动，3月下旬至4月上旬为产卵盛期，卵产于叶背主脉内。初孵若虫在叶背危害。3龄长出翅芽后，能爬善跳，喜横走。5月下旬至6月中旬、10月中旬至11月中旬为发生危害高峰期

3. 防控技术

（1）剪除被害枝、叶，集中烧毁。

（2）羽化盛期，用灯光诱杀成虫。

（3）在危害严重地区，于卵孵盛期在被害植株下的地面撒施3%辛硫磷颗粒剂，毒杀初孵若虫。

（4）在低龄若虫期用20%叶蝉散乳油800倍液，或20%速灭威可溶性粉剂400~600倍液，或10%吡虫啉可湿性粉剂2 000~4 000倍液，或2.5%敌杀死乳油3 000倍液，或15%达嗪酮乳油1 000~2 000倍液喷雾防控。

（五）网蝽类

危害观赏植物的网蝽主要有梨网蝽 *Stephanitis nashi* Esaki et Takeya（见果树害虫）和杜鹃网蝽 *Stephanitis pyrioides* Scott.。属半翅目，网蝽科。分布广泛。杜鹃网蝽成虫和若虫以刺吸式口器吸取樱花、梅花、月季、腊梅、紫藤、杜鹃、海棠、茶花、西府海棠、贴梗海棠、菊花、一串红、翠菊、大丽花、木槿、扶桑等多种植物叶背汁液，被害处有许多斑点状的褐色粪便和产卵时留下的蝇粪状黑点，整个受害叶片背面呈锈黄色，正面形成苍白色斑点。受害严重时，叶片上斑点成片，全叶失绿呈苍白色，提早脱落。

1. 形态识别

成虫体长约 4 mm，扁平，黑褐色，前胸背板发达，具网状花纹，向前延伸盖住头部，前翅布满网状花纹，两翅接合成 X 形。成熟若虫体长约 2 mm，扁平，前胸发达，翅芽明显，体暗褐色，善于爬行（图 4.84）。

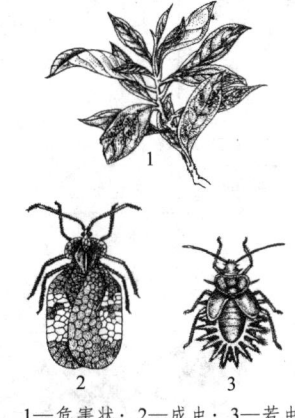

1—危害状；2—成虫；3—若虫

图 4.84 杜鹃网蝽

2. 发生特点

1 年约发生 10 余代。以成虫和若虫在寄主上越冬。卵产于较隐蔽的叶背处。若虫有群集性，在叶片上穿梭取食，使虫体所在的叶背呈黄锈色，叶正面出现白斑，甚至整叶灰白，并排泄粪便使叶片上留下黑色颗粒。

3. 防控技术

（1）及时清除杂草及枯枝落叶，或冬前于树干上束草，诱集越冬成虫，集中处理，降低虫口基数。

（2）树干涂白可灭裂缝内越冬成虫。

（3）保护和利用天敌。注意调查天敌的种类及数量，如有天敌捕食时要少用农药或不用农药。

（4）于 3～5 月在第 1 代若虫孵化期，用 20% 菊马乳油 2 500 倍液，或 50% 马拉硫磷乳油 1 500 倍液，或 10% 吡虫啉可湿性粉剂 2 000～4 000 倍液，或 29% 净叶宝乳油 1 500 倍液喷雾防控。

（六）蓟马类

蓟马类害虫主要有花蓟马 *Frankliniella intonsa* Trybom 和烟蓟马 *Thrip stabaci* Lindeman 等。属缨翅目，蓟马科。以成虫和若虫锉吸菊花、月季、蜀葵、牡丹、茉莉、兰花、荷花、玫瑰、扶桑、香石竹、九里香、凤仙花、夜来香、美人蕉、大丽花、唐菖蒲、金盏菊、冬珊瑚等多种植物叶、芽、花、果的汁液。被害叶常出现灰白色条纹或块斑，花冠出现灰白色斑点，严重时致叶片及花瓣卷曲，甚至落叶落花，影响观赏价值。

1. 形态识别（表 4.53、图 4.85、图 4.86）。

表 4.53　两种蓟马形态特征

种类 虫态	花蓟马	烟蓟马
成虫	体长 1.3 mm 左右，雌虫褐色，雄虫灰白色。前翅有两行均匀排列的脉鬃	体长 1~1.3 mm，淡黄褐色或黄褐色。翅淡黄色，细长透明呈黑色，翅缘有均匀排列的脉鬃。
若虫	黄色或淡褐色，体形与成虫相似	与成虫相似，无翅，淡黄色

图 4.85　花蓟马成虫

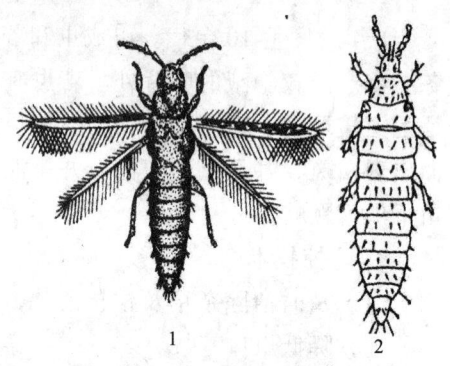

1—成虫；2—若虫

图 4.86　烟蓟马

2. 发生特点（表 4.54）

表 4.54　两种蓟马发生特点

种类 项目	花蓟马	烟蓟马
发生特点	1 年发生 2~5 代，世代重叠。以成虫在枯枝落叶、树干裂缝、杂草上、土缝、石块下越冬。次年 4 月越冬成虫开始危害。卵散产于叶背叶肉内，卵上覆盖褐色胶质物。初孵若虫多群集在叶片主脉两侧危害，后向全叶分布。叶正面出现白斑，叶背呈锈黄色。7~8 月是发生危害的高峰，10 月份后陆续以成虫越冬	1 年发生 10 余代。以成虫和若虫在寄主上越冬。卵产于较隐蔽的叶背处。若虫有群集性，在叶片上穿梭取食，使虫体所在的叶背呈黄锈色，叶正面出现白斑，甚至整叶灰白，并排泄粪便使叶片上留下黑色颗粒

3. 防控技术

（1）清除杂草及摘除虫叶、虫花集中处理，减少虫源。

（2）保护和利用自然天敌，如瓢虫、草蛉、蜘蛛、赤眼蜂等。

（3）害虫发生初期用 10% 多来宝悬浮剂 2 000 倍液，或 3% 莫比朗乳油 1 000~2 000 倍液，或 1.2% 烟参碱乳油 800~1 000 倍液喷雾防控。

（七）螨类

螨类，俗称红蜘蛛、黄蜘蛛、白蜘蛛等。危害观赏植物是仅次于昆虫的微小型动物。螨类主要有朱砂叶螨 *Tetranychus cinnabarinus*（Boisduval）（见蔬菜害虫），柑橘全爪螨 Panonychus citri Me Gregor（见柑橘害虫），山楂叶螨 *Tetranychus viennensis* Zacher 等。属蜱螨目、叶螨科。山楂叶螨以成螨、幼螨和若螨群集于腊梅、樱花、桂花、月季、海棠、芙蓉、蔷薇、茉莉、牡丹、芍药、九里香、山茶、扶桑、紫荆、玉兰、美人蕉、万寿菊、一串红、菊花、凤仙花、鸡冠花、蜀葵、天竺葵、木槿、香石竹、唐菖蒲、郁金香、仙客来、风信子、水仙、百合、鸢尾、仙人掌、桃、柑橘、苹果、梨等多种植物嫩叶背面，以刺吸式口器吸取嫩梢、花器、幼果等处汁液。受害叶片正面呈现许多苍白色小点，失去光泽，严重时全叶苍白，影响生长，造成落叶、落花、落果，枝梢枯死。少数螨类还危害花卉球根、球茎，引起腐烂，使叶片发黄，全株枯萎。

1. 形态识别

雌成螨卵圆形，体长 0.5 mm。雌螨有冬型、夏型之分，冬型体色鲜红，有绢丝光泽，夏型初蜕皮时体红色，取食后变为暗红色。雄成螨体长 0.4 mm，体末端尖削，初蜕皮时为浅黄绿色，逐渐变为绿色及橙黄色。幼螨足3对，体圆形，黄白色，取食后变为淡绿色。前期若螨体侧有明显的墨绿色斑纹；后期若螨可辨别雌雄，雌体卵圆形，翠绿色，雄体末端尖削（图 4.87）。

图 4.87 山楂叶螨成螨

2. 发生特点

在北方 1 年发生 6~10 代。以受精雌螨在枝干树皮裂缝内、粗皮下或在靠近树干基部的土缝里越冬。次年4月中、下旬开始活动取食，5月中、下旬是产卵盛期。5月下旬末为第 1 代幼螨和若螨的发生盛期。6月中旬以后，气温逐渐增高，螨量激增，7月中旬及8月上、中旬为全年发生数量的高峰。9月份出现越冬雌成螨。

3. 防控技术

（1）清除枯枝落叶，集中处理，以减少翌年螨源。秋末雌成螨越冬前，树干束草，诱集越冬虫源，早春取下集中烧毁。

（2）早春用5%柴油乳剂或石硫合剂喷布树体防控越冬雌成螨。石硫合剂在植物休眠期喷3~5波美度，生长期喷0.3~0.5波美度。

（3）保护和利用天敌，如植绥螨、钝绥螨、食螨蓟马、小花蝽、草蛉、瓢虫等。

（4）生长季节，螨类点片发生期用5%尼索朗乳油1 500倍液，或20%哒螨酮可湿性粉剂3 000~5 000倍液，或20%螨克乳油1 000~2 000倍液，或73%克螨特乳油2 000~3 000倍液，或5%阿波罗悬浮剂5 000倍液，或20%灭扫利乳油 2 000~3 000 倍液，或用生物制剂 10%速效浏阳霉素乳油2 000倍液喷雾防控。

三、蛀食性害虫

蛀食性害虫是指以咀嚼式口器危害树干、枝梢和根部的害虫。它们常以幼虫蛀食植物枝、干等器官，蛀成许多虫道，导致树势更加衰弱或遭风折断而死亡。这类害虫除成虫裸露在外，其他各虫态均在枝干内营隐蔽生活。因此，受外界环境影响比较小，种群数量相对较稳定，可连年危害。植物一旦受危害，很难恢复生机，如天牛类、吉丁虫类、小蠹虫类、象甲类、木蠹蛾类、透翅蛾类、茎蜂类等。

（一）天牛类

危害观赏植物的天牛类害虫主要有星天牛 *Anoplophora chinensis* Forster、桃红颈天牛 *Aromia bungii* Faldermann（见果树害虫）、云斑天牛 *Batocera horsfteldi* Hope、菊天牛 *Phytoecia rufiventris* Gautier 等。属鞘翅目，天牛科。分布广泛。成虫啃食植物的嫩叶和嫩枝的表皮。幼虫蛀食菊花、蔷薇、月季、海棠、樱花、山茶、紫薇、梅花、桃花、紫叶李、桑、柳、杨、榆、朱顶红、罗汉松、山楂、金橘、苹果、梨、杏、李、梅、花红、无花果、枇杷等多种植物茎、枝、嫩梢、及主根成孔洞，洞外有虫粪。影响树体养分及水分的运输，导致生长衰弱，甚至枯萎，遇风易折断。

1. 形态识别（表 4.55、图 4.88、图 4.89）

表 4.55　两种天牛形态特征

虫态 \ 种类	云斑天牛	菊天牛
成虫	体长 57～93 mm，黑褐色。全体密布青灰色或黄色绒毛。前胸背板中央具肾状白色毛斑 1 对。鞘翅基部 1/4 处密布黑色颗粒，翅面上具不规则白云状毛斑。体两侧各有 1 条白色纵带	体长 10 mm 左右，黑色。腹部及足橘红色，前胸背板有 1 个橙红色卵圆形斑，鞘翅密布灰色绒毛
幼虫	成熟幼虫体长 40～90 mm。乳白至淡黄色。头部深褐色。前胸背板近方形，橙黄色	成熟幼虫体长 10 mm 左右，淡黄色。前胸背板前端有 1 个褐色大斑，中央有 1 条白色皱纹，背板后 1/3 处有颗粒状的"蝙蝠形"斑，腹末有刚毛

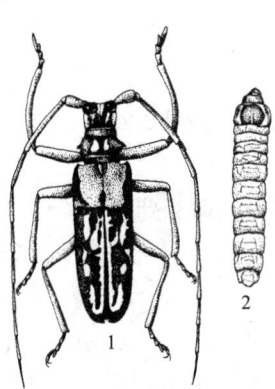

1—成虫；2—幼虫

图 4.88　云斑天牛

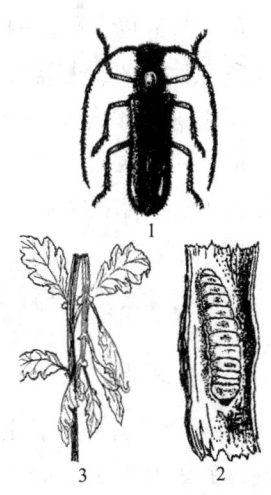

1—成虫；2—幼虫；3—危害状

图 4.89　菊天牛

2. 发生特点（表 4.56）

表 4.56　两种天牛发生特点

项目＼种类	云斑天牛	菊天牛
发生特点	2~3 年发生 1 代。以成虫或幼虫在虫道中越冬。越冬成虫 5~6 月咬羽化孔钻出树干，经 10 天取食，开始交配产卵。产卵时先将树干咬 1 个椭圆形蚕豆粒大小的产卵刻槽，产卵后，把刻槽四周的树皮咬成细末屑堵住产卵口。初孵幼虫把皮层蛀成三角形蛀道，木屑和粪便从蛀孔排出，致使树皮外胀纵裂	1 年发生 1 代。以成虫、老熟幼虫或蛹在根际附近的根茎内越冬。成虫 5 月开始在叶背活动，有假死性。卵散产于嫩梢组织内。初孵幼虫在茎内由上向下蛀食，9 月后深入根部化蛹，10 月羽化为成虫越冬

3. 防控技术

（1）成虫盛发期在晴天中午人工捕杀成虫。

（2）及时修剪危害严重的枝条，砍伐被害严重的老树，并烧毁虫源木。

（3）冬春检查树干基部，发现新鲜虫粪的植株，先用铁丝除去虫粪，再用 80% 敌敌畏 10~20 倍液药棉塞入虫孔；或用注射针管向虫孔内注射敌敌畏药液；或用磷化铝药片塞入孔内，再用泥浆封虫孔。

（4）成虫发生期在树冠喷施 20% 菊杀乳油 2 000 倍液，或者 90% 晶体敌百虫 1 500 倍液防控。

（5）及时剪除萎蔫茎梢，集中处理，防除菊天牛卵和幼虫。

（二）吉丁虫类

危害观赏植物的吉丁虫主要有六星吉丁虫 *Chrysobothris succedanea* Saunders、金缘吉丁虫 *Lampra limbata* Gebler 等。属鞘翅目，吉丁虫科。成虫啃食西府海棠、垂丝海棠、樱花、梅花、合欢、桃花、悬铃木、重阳木、枫、柳、杨、榆、金橘、杏花、红叶李、梨、枇杷等多种植物嫩叶和嫩枝的表皮，幼虫蛀食树枝、树干皮层，影响树体养分及水分运输，削弱树势，甚至全株枯死。

1. 形态识别（表 4.57、图 4.90、图 4.91）

表 4.57　两种吉丁虫形态特征

虫态 \ 种类	六星吉丁虫	金缘吉丁虫
成虫	体长 10～12 mm，墨绿色，有紫黑色光泽。鞘翅上有纵脊线，并有排列成 1 行的 3 个白色圆斑	体长 13～16 mm，翠绿色，有金属光泽。前胸背板上有五条蓝黑色条纹，翅鞘上有 10 多条黑色小斑组成的条纹，两侧有金红色带纹
幼虫	成熟幼虫体长 30 mm 左右，体扁平，头小。胴部黄褐色。前胸背板横椭圆形，后方有叉状纵沟	成熟后幼虫体长约 30 mm，体扁平，头小，由乳白色变为黄白色，前胸第一节扁平肥大，上有黄褐色人字纹，腹部逐渐细长，节间凹进

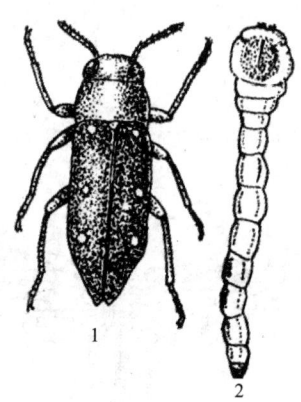

1—成虫；2—幼虫

图 4.90　六星吉丁虫

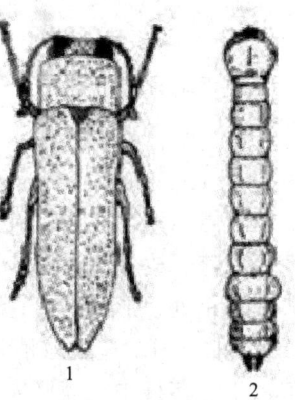

1—成虫；2—幼虫

图 4.91　金缘吉丁虫

2. 发生特点（表 4.58）

表 4.58　两种吉丁虫发生特点

项目＼种类	六星吉丁虫	金缘吉丁虫
发生特点	1 年发生 1 代。以幼虫在虫道内越冬。次年春季气温回升，越冬幼虫活动危害。5 月下旬化蛹。6~7 月羽化，成虫白天停息于枝叶上，咬食叶片成较深的锯齿状缺刻，受惊时有假死坠地或斜飞逃逸的习性。卵散产于枝干树皮裂缝或伤口处。初孵幼虫先在韧皮部蛀食，出现流胶，再蛀食形成层，最后蛀食木质部，排泄物不排出树体，不易发现	1 年发生 1 代。以老熟幼虫在木质部越冬。第二年 3 月开始活动，4 月开始化蛹，5 月中、下旬是成虫出现盛期。成虫羽化后，在树冠上活动取食，有假死性。6 月上旬是产卵盛期，多产于树势衰弱的主干及主枝翘皮裂缝内。幼虫孵化后，即咬破卵壳而蛀入皮层，逐渐蛀入形成层后，沿形成层取食。8 月幼虫陆续蛀进木质部越冬

3. 防控技术

（1）成虫羽化前及时修剪虫枝，集中处理，以消灭越冬幼虫。

（2）春季刮除翘皮，再涂刷 5 波美度石硫合剂，以保护伤口。

（3）成虫羽化盛期喷施 50% 喹硫磷乳油 1 000 倍液，或 10% 安绿宝乳油 1 500 倍液，或 21% 增效氰马乳油 2 000 倍液防控。

（三）茎蜂类

危害观赏植物的茎蜂主要有玫瑰茎蜂 Neosyrista similis Moscary 和梨茎蜂 Janus piri Okanota et Muramatsu（见果树害虫）等。属膜翅目，茎蜂科。玫瑰茎蜂危害月季、蔷薇、玫瑰、梨、沙果等植物。成虫产卵于新梢处，形成伤口，造成断梢。幼虫蛀食嫩梢、茎秆，造成嫩梢萎蔫，茎秆折断。被害嫩梢、茎秆中充满坚实的虫粪。

1. 形态识别

成虫体长 20 mm 左右，体黑色，有光泽。翅茶褐色，半透明，腹末有 3 根尾刺。成熟幼虫体长 17 mm 左右，乳白色，头部淡黄色，腹末有褐色尾刺（图 4.92）。

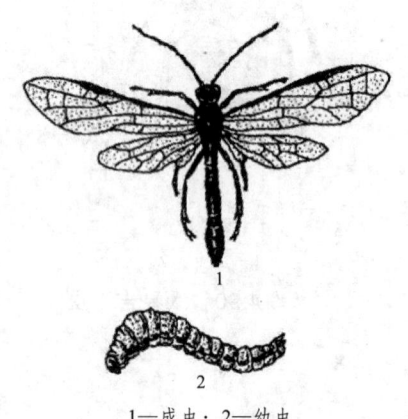

1—成虫；2—幼虫

图 4.92　玫瑰茎蜂

2. 发生特点

1年发生1代。以幼虫在被害茎内越冬。次年4月化蛹,5月出现成虫。卵散产于当年的新梢和含苞待放的花梗上。幼虫孵化后,即由髓部不断向下蛀食,将粪便充实于空茎内,不外排。秋季幼虫蛀入地下部分或多年生较粗的枝条里作薄茧越冬。

3. 防控技术

(1)发现被害嫩梢、枝条和茎,立即剪除并集中处理。

(2)成虫盛发期喷施50%杀螟松乳油800~1 000倍液,或40%乐斯本乳油1 500倍液,或50%辛硫磷乳油1 000倍液,或2.5%功夫乳油1 500~2 000倍液,或20%菊马乳油2 000倍液等防控。

(四)木蠹蛾类

危害观赏植物的木蠹蛾类害虫主要有咖啡木蠹蛾 *Zeuzera coffeae* Nietner 和芳香木蠹蛾 *Cossus cossus* Linnaeus 等。属鳞翅目,木蠹蛾科。分布于华南、西南、华东、华中、山东、东北、华北、西北等地区。以幼虫蛀食月季、樱花、山茶、菊花、紫荆、海棠、杜鹃、木槿、丁香、桃花、香石竹、白兰花、广玉兰、刺槐、柳、榆、杨、核桃、苹果、香椿、梨、山楂、石榴、杏等植物。幼虫蛀食根颈、根和枝干的皮层和木质部,形成不规则的隧道,被害枝上有黄褐色颗粒状粪便排出,并散落于地面。导致枝叶枯萎,甚至全株枯死。

1. 形态识别(表4.59、图4.93、图4.94)

表4.59 两种木蠹蛾形态特征

虫态\种类	咖啡木蠹蛾	芳香木蠹蛾
成虫	体长15~20 mm,体翅均灰白色。翅面散布有许多蓝黑色短斜斑,后翅外缘有8个近圆形的蓝黑色斑点。中胸背板两侧有3对青蓝色鳞毛组成的圆斑	体长24~40 mm,翅展80 mm,体灰乌色。触角扁线状,头、前胸淡黄色,中后胸、翅、腹部灰乌色,前翅翅面布满呈龟裂状黑色横纹
幼虫	成熟幼虫体长30 mm左右,红褐色。头部橙黄色,前胸背板黑色,后缘中央有3~5列刺突,中胸至腹部各节有黑褐色小颗粒,上有白毛。臀板黑褐色	成熟幼虫体长80~100 mm。初孵幼虫粉红色,大龄幼虫体背紫红色,侧面黄红色,头部黑色,有光泽。前胸背板淡黄色,有两块黑斑,体粗壮。体表刚毛稀而粗短

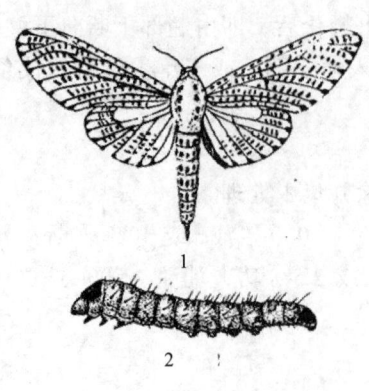

1—成虫；2—幼虫

图 4.93　咖啡木蠹蛾

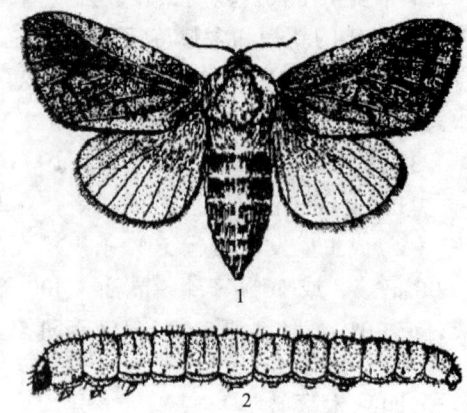

1—成虫；2—幼虫

图 4.94　芳香木蠹蛾

2. 发生特点（表 4.60）

表 4.60　两种木蠹蛾发生特点

项目\种类	咖啡木蠹蛾	芳香木蠹蛾
发生特点	1年发生1~2代。以幼虫在虫道内越冬。5月中旬~7月上旬羽化，成虫昼伏夜出，有假死性和弱趋光性。卵散产或聚产于嫩梢或嫩叶、芽腋处。初孵幼虫吐丝覆盖卵壳，并群集取食卵壳，再由嫩梢顶端的芽腋、叶柄处蛀入。1~2d后，蛀孔以上凋萎，干枯，并常被折断。幼虫有转株危害习性，老熟后在虫道内筑蛹室化蛹	2年发生1代。以幼虫在被害树木的木质部或土里越冬。在土里越冬的老熟幼虫于次年4、5月份化蛹，5、6月份成虫羽化外出。成虫有趋光性。卵块产于树皮裂缝或根际处。5~6月幼虫孵化，常10余头小幼虫群集钻入树皮蛀食危害，在树木裂缝处排出均匀细小的褐色木屑。长大后便蛀入木质部。10月下旬幼虫在木质部的隧道里越冬，翌年4月继续向上蛀食危害。第二年9月下旬至10月上旬，老熟幼虫爬出隧道到树木附近根际处、杂草丛生的土梗、土坡等向阳干燥的土壤里结茧越冬

3. 防控技术

（1）及时伐除虫源树并及时烧毁，结合秋季整形修剪，锯掉有虫枝烧毁。

（2）利用成虫的趋光性，用灯光诱杀。

（3）树干涂白防止成虫产卵危害。

（4）初孵幼虫期喷施50%杀螟松乳油1 000倍液，或20%杀灭菊酯乳油2 000倍液。

（5）幼虫初蛀入期用钢丝钩杀，或去除虫粪后用80%敌敌畏乳油注入或塞药棉球，后用泥土封闭虫孔灭虫。

（五）透翅蛾类

危害观赏植物的透翅蛾主要是白杨透翅蛾 *Parathrene tabaniformis* (Rottenberg)。属鳞翅目，透翅蛾科。分布于东北、华东、华北、华中、西北、西南等地区。以幼虫危害白杨、垂柳等植物。蛀害1～2年生寄主的树干、侧枝、顶梢、嫩芽，造成嫩梢枯萎、秃梢，枝蔓被害部肿大，风吹倒折死亡。

1. 形态识别

成虫体长11～21 mm，外形似胡蜂。头和胸部之间有橙黄色鳞片围绕，头顶有米黄色鳞片，前翅纵狭，有赭色鳞片，中室与后缘略透明。后翅透明，缘毛灰褐色。腹部圆筒形、黑色，有5条橙黄色环带。成熟幼虫体长30 mm，圆筒形，初龄幼虫淡红色，老熟时黄白色，胸足3对，腹足、臀足退化（图4.95）。

2. 发生特点

多数1年发生1代，少数1年2代。以幼虫在枝干隧道内越冬。翌年4月初取食危害，4月下旬幼虫开始化蛹，成虫5月上旬开始羽化，盛期在6月中旬到7月上旬，10月中旬羽化结束。

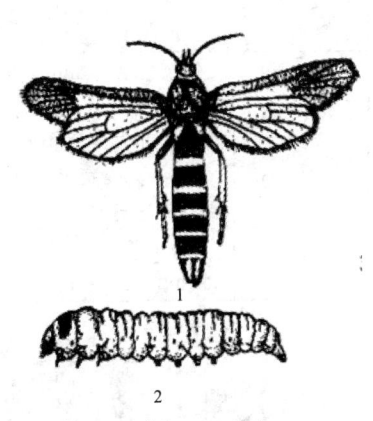

1—成虫；2—幼虫

图4.95 白杨透翅蛾

卵始见于5月中旬，少部分孵化早的幼虫，若环境适合，当年8月中旬还可化蛹，并羽化为成虫，发生第2代。成虫飞翔力强而迅速，夜间静伏。卵多产于叶腋、叶柄、伤口处及有绒毛的幼嫩枝条上。卵细小，不易发现。卵期7～15 d，幼虫8龄。初龄幼虫取食韧皮部，4龄以后蛀入木质部危害。幼虫蛀入后，通常不再转移。9月底，幼虫停止取食，以木屑将隧道封闭，吐丝做薄茧越冬。

3. 防控技术

（1）结合冬季修剪，剪除膨大的虫蔓和被害枝，减少虫源。

（2）生长期发现被害枝枯萎，及时剪除销毁。

（3）成虫羽化期，用性诱剂诱杀。

（4）产卵约1周后，喷洒50%辛硫磷乳油1 000倍液，或BT乳剂1 000倍液防控。

（六）小蠹虫类

危害观赏植物的小蠹虫类主要有柏肤小蠹 *Phloeosinus aubei* Perris 和纵坑切梢小蠹 *Tomicus piniperda* Linnaeus 等。属鞘翅目，小蠹虫科。分布于辽宁、河南、陕西、江苏、浙江、湖南、四川、云南等省。主要危害侧柏、桧柏、杉树、华山松、高山松、油松、云南松及其他松属树种。成虫补充营养期危害枝梢，常将枝梢蛀空，易遭风折；繁殖期中危害干、枝，造成枝和植株死亡。

1. 形态识别（表4.61、图4.96、图4.97）

表4.61　两种小蠹虫形态特征

虫态 \ 种类	柏肤小蠹	纵坑切梢小蠹
成虫	体长2~3 mm，赤褐色或黑褐色，体表无光泽。头部小，藏于前胸下。前胸背部有粗点刻，中央有1条隆起线。前翅上有9条纵沟纹，雄虫鞘翅斜面有栉齿状突起	体长3.5~4.5 mm，全体黑褐色，有强光泽。鞘翅长度为前胸背板长度的2.6倍，鞘翅斜面第2沟间部凹陷，其表面平坦，没有颗瘤和竖毛
幼虫	成熟幼虫乳白色，体长2.5~3.5 mm，弯曲	成熟幼虫乳白色，头黄色。体长5~6 mm，体粗多皱纹，微弯曲

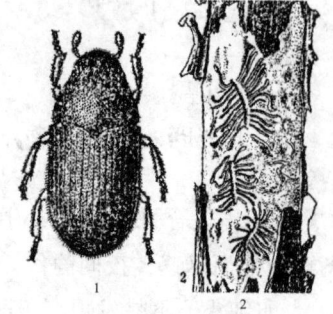

1—成虫；2—危害状

图4.96　柏肤小蠹

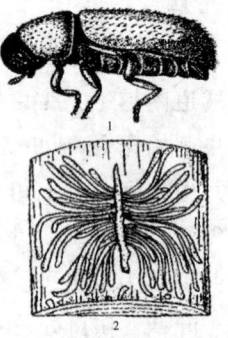

1—成虫；2—危害状

图4.97　纵坑切梢小蠹

2. 发生特点（表4.62）

表4.62 两种小蠹虫发生特点

项目 \ 种类	柏肤小蠹	纵坑切梢小蠹
发生特点	1年发生1代。以成虫在柏树枝梢内越冬。次年3月下旬至4月中旬陆续出蛰，雌虫自衰弱的侧柏、桧柏树皮上咬圆形侵入孔，蛀入皮下和木质部表层，雄虫跟踪进入，并共同筑成5~8 cm长的不规则交配室交配。雌虫交配后向上蛀纵形母坑道，并沿坑道两侧蛀成卵室，产卵其中。雄虫将母坑道的木屑及排泄物推出蛀入孔外。卵4月中旬孵化。5月中、下旬老熟幼虫在坑道末端与幼虫坑道呈垂直方向筑1个深约4 mm的圆筒形蛹室，并在其中化蛹。成虫于6月上旬羽化，后沿羽化孔上爬行，待翅变硬即飞向健康的柏树冠上部、边缘的枝梢蛀入，并向下蛀食。成虫于10月中旬后进入越冬状态	1年发生1代。以幼虫、成虫在树皮下越冬。在南方，一般3月下旬成虫开始飞出，取食马尾松梢头，然后成虫在衰弱立木或采伐后的干枝内筑繁殖坑道，交尾产卵。4月中旬幼虫孵化，幼虫期约1个月，5月中旬开始化蛹。5月下旬至6月上旬新成虫出现，开始蛀食新枝梢头。该虫卵、幼虫、蛹均在坑道内度过。成虫羽化后蛀入树梢，蛀食松枝，蛀孔直径约3 mm，自下向上逐渐深入髓部，蛀食一定距离后退出旧孔，另蛀新孔

3. 防控技术

（1）严格检疫，防止带虫苗木或原木传入。

（2）加强对侧柏、桧柏、松树的栽培管理，增强树势，减少小蠹虫入侵。

（3）诱杀成虫。人工设置饵木，选择直径在2 cm以上的木段进行诱集，及时将诱集木段置入较细的密闭纱网内处理。

（4）保护和利用天敌，如保护和释放管氏肿腿蜂等。也可应用粉拟青霉菌 *Paecilomyces farinosus* 粉剂或莱氏野村菌 *Nomuraea rileyi* 粉剂，或8%绿色威雷微胶囊水悬剂防控。每年1~2次，有较长的持效期，有利于保护天敌和环境，实现可持续控灾。

（5）成虫危害时，喷2.5%溴氰菊酯乳油、20%杀灭菊酯乳油1 500~2 000倍液防控。

小 结

　　观赏植物种类繁多，其病虫类别及发生危害情况都很复杂，包括多种真菌类病害、细菌、病毒、线虫类病害；食叶性害虫、吸汁性害虫、蛀干害虫等。要有效地控制这些病虫的发生和危害，必须在正确识别病虫的基础上，根据病虫的发生特点，坚持绿色防控原则，将各种防控技术有机地结合起来，才能收到应有的效果。

自测训练

　　1. 如何识别观赏植物的白粉病？怎样有效进行防控？
　　2. 玫瑰锈病不同时期在寄主植物上各有哪些症状特征？
　　3. 观赏植物炭疽病的典型症状特征是什么？如何有效进行防控？
　　4. 牡丹灰霉病的主要识别依据是什么？有效防控技术有哪些？
　　5. 简述大丽花青枯病的症状特征及绿色防控技术。
　　6. 月季黑斑病的症状特征及绿色防控技术各是什么？
　　7. 观赏植物病毒病有哪些典型的症状表现？如何有效控制其发生和危害？
　　8. 药剂防控观赏植物树干腐烂病的有效方法是什么？
　　9. 防控观赏植物白粉病、锈病、炭疽病、叶斑病、灰霉病、霜霉病各应选择哪些有效药剂？
　　10. 根据观赏植物叶部、枝干病害的发病特点，拟订绿色防控方案。
　　11. 怎样正确识别刺蛾、毒蛾、袋蛾、夜蛾、尺蛾、灯蛾、天蛾等害虫的幼虫？
　　12. 食叶性害虫危害观赏植物有何共性？哪些防控技术可有效控制其危害？
　　13. 防控蚧类害虫的最佳时期和技术各有哪些？
　　14. 常见观赏植物蛀食性害虫主要有哪些类别？在危害特点和防控技术方面有哪些共性？
　　15. 根据各类观赏植物害虫的发生危害特点，拟订绿色防控方案。

参考文献

[1] 彭素琼，徐大胜.园艺植物保护基础[M].成都：西南交通大学出版社，2013.

[2] 彭素琼，徐大胜.园林植物病虫害防治[M].成都：西南交通大学出版社，2013.

[3] 王润珍，等.园艺植物病虫害防治[M].北京：化学工业出版社，2012.

[4] 费显伟.园艺植物病虫害防治[M].北京：高等教育出版社，2010.

[5] 王运兵，徐小娃.无公害果园农药使用指南[M].北京：化学工业出版社，2010.

[6] 彭素琼.常见花木病虫害诊治技术指南[M].成都：西南交通大学出版社，2009.

[7] 张红燕，石明杰.园艺作物病虫害防治[M].北京：中国农业大学出版社，2009.

[8] 张随榜.园林植物保护[M].2版.北京：中国农业出版社，2008.

[9] 江世宏.园林植物病虫害防治[M].重庆：重庆大学出版社，2007.

[10] 杨向黎，等.园林植物保护及养护[M].北京：中国水利水电出版社，2007.

[11] 黄宏英，程亚樵.园艺植物保护概论[M].北京：中国农业出版社，2006.

[12] 陈于勒.新编兰花病虫害防治图谱[M].沈阳：辽宁科学技术出版社，2005.

[13] 夏西纳，等.园林观赏树木病虫害无公害防治[M].北京：中国农业出版社，2004.

[14] 金波.园林花木病虫害识别与防治[M].北京：化学工业出版社，2004.

[15] 梁莉，等.常见花卉病虫害防治[M].长春：延边大学出版社，2004.

[16] 李庆孝，何传椐.生物农药使用指南[M].北京：中国农业出版社，2004.

[17] 吴文君，高希武.生物农药及其应用[M].北京：化学工业出版社，2004.

[18] 虞轶俊.蔬菜病虫害无公害防治技术[M].北京：中国农业出版社，2003.

[19] 高文琦，郁樊敏.蔬菜病虫草害识别与防治彩色图解[M].北京：中国农业

出版社，2003.

[20] 万树青. 生物农药及使用技术[M]. 北京：金盾出版社，2003.

[21] 张有军，等. 农药无公害使用指南[M]. 北京：中国农业出版社，2003.

[22] 徐公天. 园林植物病虫害防治原色图谱[M]. 北京：中国农业出版社，2003.

[23] 岑炳沾，等. 景观植物病虫害防治[M]. 广东：广东科技出版社，2003.

[24] 杨子琦，曹国华. 园林植物病虫害防治图鉴[M]. 北京：中国林业出版社，2002.

[25] 张宝棣. 园林花木病虫害诊断与防治原色图谱[M]. 北京：金盾出版社，2002.

[26] 王国平，冯明祥. 大棚果树病虫害防治[M]. 北京：金盾出版社，2001.

[27] 房德纯. 白菜甘蓝类蔬菜病虫害诊治[M]. 北京：中国农业出版社，2001.

[28] 王善龙. 园林植物病虫害防治[M]. 北京：中国农业出版社，2001.

[29] 吕佩珂，等. 中国花卉病虫原色图鉴（上、下册）[M]. 北京：蓝天出版社，2001.

[30] 邱强. 花卉病虫实用原色图谱[M]. 郑州：河南科学技术出版社，2000.

[31] 贺振. 花卉病虫害防治[M]. 北京：中国林业出版社，2000.

[32] 王瑞灿，孙企农. 园林花卉病虫害防治手册[M]. 上海：上海科学技术出版社，1999.

[33] 林焕章，等. 花卉病虫害防治手册[M]. 北京：中国农业出版社，1999.

[34] 金波，等. 花卉病虫害防治彩色图说[M]. 北京：中国农业出版社，1998.

[35] 金波. 花卉病虫害防治手册[M]. 北京：中国林业出版社，1997.

[36] 刘树生，等. 蔬菜病虫草害识别与防治手册[M]. 北京：中国农业出版社，1995.

[37] 赵怀谦，等. 园林植物病虫防治手册[M]. 北京：农业出版社，1994.

[38] 吴坤福，等. 农林病虫草害防治百科[M]. 北京：中国商业出版社 1994.

[39] 徐明慧. 园林植物病虫防治[M]. 北京：中国农业出版社，1993.

[40] 曾昭慧，等. 植保实用技术手册[M]. 北京：科学普及出版社，1993.

[41] 萧刚柔. 中国森林昆虫[M]. 增订本. 北京：中国林业出版社，1993.

[42] 夏宝池，等. 中国园林植物保护[M]. 南京：江苏科学技术出版社，1992.

[43] 夏宝池，等. 园林植物保护手册[M]. 南京：江苏科学技术出版社，1991.

[44] 上海园林学校. 园林植物保护[M]. 北京：中国林业出版社，1990.

[45] 王克，赵文珊. 果树病虫害及其防治[M]. 北京：中国农业出版社，1989.

[46] 廖健雄. 花木果病虫害防治[M]. 台北：五洲出版社，1988.

[47] 冷怀琼.果树病害[M]. 成都：四川科学技术出版社，1987.

[48] 王瑞灿，等. 观赏花卉病虫害[M]. 上海：上海科学技术出版社，1987.

[49] 韩金声. 花卉病害防治[M]. 昆明：云南科技出版社，1986.

[50] 严衡元，等. 花卉病虫害防治[M]. 杭州：浙江科学技术出版社，1985.